2ª Edição

Cris Manfro

Mulher

Do rosa bebê ao rosa choque.
Qual é o seu tom?

1985 - 2018
editora ALCANCE®
33 anos de Alcance
Prêmio Jabuti

Revisão: Paulo Monti e Lena Nascimento de Moraes
Diagramação e Criação de Capa: Ericson Peres / Willian Castro
Arquivo digitado e corrigido pela autora, com revisão final da mesma,
autorizando a impressão da obra.
Editor: Rossyr Berny
Contato com a autora:
E-mail: acmanfro@terra.com.br

Para conhecer mais autores da Alcance acesse:
www.youtube.com e procure por *Editora Alcance*

Dados Internacionais de Catalogação na Publicação (CIP)

M276m Manfro, Cristina
         Mulher. Do rosa bebê ao rosa choque.
         Qual é o seu tom? / Cristina Manfro.
         – Porto Alegre : Alcance, 2018. – 256p.

         1. Psicologia.   2. Condição da mulher.   I. Título.

CDU – 159.922 ou 396

Marinez Moral Montana – Bibliotecária CRB 10/1893

ISBN: 978–85–7592–170–8

ALCANCE®
33 anos de Alcance
Prêmio Jabuti

(51) 98535 3970
Rua Bororó, 5 - Bairro Assunção - Porto Alegre/RS - 91900-540
(51) 98537 0000 (51) 99103.3566 *TIM* (51) 98233 7038 (51) 99669 0908
rossyr@editoraalcance.com.br www.editoraalcance.com.br /EditAlcance

Dedicatória

Dedico com amor:

Às mulheres da minha vida: Minha mãe, Hedvig; Minhas filhas, Mirela e Milena.

Aos Homens da minha vida: Meu marido Andrey; Meus filhos Lucas e Henrique; e aos netos Matteo e Gabriel.

Aos amigos, colegas, alunos e leitores.

Agradecimentos

Ao meu editor, Rossyr Berny, pelas palavras generosas e de incentivo para essa segunda edição.

À Tiele, por cuidar das minhas coisas.

Agradeço ao jornal **NH**, de Novo Hamburgo, e demais jornais; e à revista Expansão-RS, pela oportunidade de me levar a tanta gente; nestes 20 anos de parceria.

A todos os institutos e faculdades, que me acolhem e me dão o privilégio de trabalhar e me realizar, compartilhando o saber.

À Rádio ABC e meus colegas do programa "Ponto e Contra Ponto", pela oportunidade de crescimento;

A todos os meus pacientes, homens e mulheres. Verdadeiramente os "heróis da minha vida".

A todos muita gratidão

Prefácio

Um dos livros mais impressionantes que li, e dos mais marcantes, foi *Cem anos de solidão*, de Gabriel Garcia Marquez, na prosa; e na poesia, todos os poemários de Drummond.

Aprendi que tanto no realismo mágico, na prosa fantástica, encontrei na poesia do cotidiano a multiplicidade de temas tão raramente abordados, aprofundados e ricos como o que encontramos neste **Mulher.** *Do rosa bebê ao rosa choque. Qual é o seu tom?*

Já na leitura do índice os temas a serem abordados levam o leitor interessado na vida e no saber a redescobrir novos tratos de questões delicadas. Sempre com luzes acesas em todas as lâmpadas do mundo e do ser por ele próprio. Cris Manfro oferece o mapa e o fósforo. Pois do outro lado, à sua frente, o leitor, o paciente, está pronto às trocas que levam a dias melhores.

Cris Manfro nos traz à tona o exemplo dos icebergs que os olhares rápidos somente notam o mínimo que se mostra, mas não atentam à quase totalidade que está encoberta, submergida nalguns oceanos e, sobretudo, nos corações da humanidade. Nesta multiplicidade de inseguranças que madrugam e tomam o rumo de seu trabalho e depois feitos robôs retomam o caminho de volta pra casa. Por vezes com angústias ainda maiores.

A autora não tem pejo em expor-se, quase eviscerar-se em suas verdades e dúvidas. Pois é no medo que a força de reação toma luz.

Lembro várias passagens do seu trabalho que por si só são livros, quase bulas, receitas de como é possível vencermos empecilhos para a vitória pessoal. Ninguém se predestina à vilania, pois a felicidade e o riso podem estar no próximo passo. Por isso caminhamos a cada amanhecer, a cada dia e a cada anoitecer.

Os ensinamentos que perpassam este trabalho já chaves que devemos empunhar para abrirmos os cofres cheios de realizações positivas.

Atente ao que ensinamentos nos saltam aos olhos, emergidos destas páginas: As vidas múltiplas da mulher, pessoal, profissional e o mundo de atividades que cada aspecto significa; in/dependências das solteiras, separadas, livres, abnegadas, rebeldes, tirana, escrava; amor, sexualidade; princesa ou patinho feio. Vale tudo isso para o mundo masculino, claro.

Obra completa, vade-mécum, bíblia, todas as definições se adéquam honrosamente a completude **Mulher.** *Do rosa bebê ao rosa choque. Qual é o seu tom?*

Airton Ortiz - Escritor e jornalista

Sumário

2ª Edição

Cris Manfro

Mulher

Do rosa bebê ao rosa choque.

Qual é o seu tom?

ALCANCE

Mulher

Do rosa bebê ao rosa choque.

Qual é o seu tom?

"Cada vida afeta a outra, e a outra afeta a seguinte, e o mundo está cheio de histórias, mas todas as histórias são uma só."

Micht Albom

A afirmação acima é um dos motivos de você estar lendo este livro agora. Eu e você somos partes intrínsecas de muitas vidas, e nós precisamos acreditar que cada um de nós tem um papel significativo a desempenhar na vida de outras pessoas. Eu o escrevi para mim, mas acabei pensando em nós. A princípio, não tinha pretensão de que ele chegasse até você. Mas, agora, confesso que torço para que você goste e lhe seja útil. Creio que é uma oportunidade de não sentir arrependimento por coisas não ditas ou não passadas adiante. Acredito, também, que a reflexão faz com que eu ganhe um melhor discernimento através das experiências boas e más. Eu não quero apenas viver mais, mas quero viver melhor e desejo que todos possam viver melhor. O apresentador de televisão Art Linkletter, 94 anos, escreveu algo que tem tudo a ver com o que penso. Ele diz:

Eu nunca quero ser
o que quero ser,
porque sempre haverá algo esperando por mim.
Sempre haverá uma colina mais alta, com uma vista sem fim,
alguma coisa que nunca aprendi esperando para ser aprendida.
Então, até que chegue o fim da minha vida,
ainda não terei completado a medida.
Deixe-me continuar – a crescer.

Tudo começou quando os colegas da UNIPSICO, Cooperativa de Psicólogos de Novo Hamburgo, me solicitaram uma palestra, que teria como pauta o universo feminino. Eu havia pensado no tema: "De Cinderela a Amazona." Queria mostrar a trajetória e o desejo das mulheres em se colocarem entre estes dois pólos. Porém, meus colegas foram além, e trouxeram o tema: "Do rosa bebê ao rosa choque. Qual é o seu tom?" É desnecessário dizer que me apaixonei pelo tema, que foi crescendo dentro de mim, depois se personificando nestas linhas. Creio que eu mesma ainda busco meu tom. Sabe, tipo crise de meia idade. Nietzsche afirmou que o sistema de pensamento filosófico sempre resulta de sua autobiografia, e acredito que, como diz Irvin Yalon, isso vale para todos os terapeutas, na verdade para qualquer pessoa que reflete sobre o pensamento. Este livro foi, e está sendo, muito importante para mim. O simples fato de ele existir já é um grande ganho para a minha autoestima. Porém, como sintoma feminino normal, não consigo fugir do desejo de que ele seja bom também para você. Talvez nesta afirmação exista uma constatação de uma das características do universo feminino, o desejo de que tudo seja bom para todos, o desejo de agradar. Eu tinha certa relutância em publicá-lo. Se você o está lendo agora, é porque venci este medo. Eu tinha e, de certa forma, ainda tenho a sensação de que estou falando de coisas que todo mundo já sabe, de que decidi dizer tudo novamente, e sinto uma dose de vergonha em razão desta repetição. O professor Lewis, no entanto, coloca que, mesmo na vida social, você jamais causará boa impressão a outras pessoas, enquanto não parar de pensar na impressão que está causando. Mesmo na literatura e na arte, ninguém que se preocupe especificamente com a originalidade, poderá jamais sê-lo, ao passo que, se tentar falar a verdade, sem ligar a mínima para quantas vezes a mesma verdade foi declarada no passado, nove entre dez pessoas serão originais sem perceber. Ele cita: "se entregue, pois encontrará a si mesmo." Este livro é uma oportunidade para a reflexão de verdades. Parece mesmo mais correto, ao invés de usar a palavra verdade, usar a palavra dúvida, pois Nietzsche nos diz que "os inimigos de verdade não são as mentiras, mas as convicções." Procurei aprender sem julgar, não rotular e a estar sempre aberta. Há um credo terapêutico que diz que a vida não examinada não vale a pena ser vivida.

Busco aqui um desnudamento dos sentimentos da mulher e de suas relações com ela mesma e com os outros, quem sabe não estaria buscando desnudar minhas próprias histórias e sentimentos? Desejo sentir-me livre para falar, para aprender e desaprender.

O terapeuta Patrick Casement, em seu livro *Aprendendo com o Paciente*, relata claramente que os terapeutas, ao contrário do que muitos possam pensar, são pessoas comuns, não necessariamente brilhantes. Mas alguns parecem esperar de si mesmos essa infalibilidade, talvez para atender um desejo não admitido de sabedoria ou poder. Ele fala da sabedoria realizada sob pressão para parecer competente, usando clichês analíticos que parecem tirados de prateleiras. Eu gostaria de poder fugir deste modo de comunicação. A comunicação em que estou interessada é a comunicação com o meu e o seu coração. John Wesley, fundador da Igreja Metodista, colocou: Faça todo o bem que puder, de todas as maneiras que puder, como puder, em todos os lugares que puder, sempre que puder, para todos que puder e enquanto puder. Este, no momento, tem sido o meu lema, mas com um adendo: somente quero que vocês nunca esqueçam que a afirmação é se puder.

Acredito que as mulheres, em geral, continuam oprimidas emocionalmente, mesmo com tantas conquistas e avanços. Muitas delas apresentam uma dificuldade enorme em se tratar bem. Pelo contrário, tenho conhecido muitas histórias, onde a mulher é o agente de sua própria destruição. Percebo que tenho vivido sempre preocupada, por estar sempre preocupada. Junto com isso, comecei a perceber que o que eu vivenciava, os sentimentos na minha vida eram semelhantes a tudo aquilo que eu compartilhava com muitas mulheres em meu consultório. Resolvi tentar aliviar o meu coração e o de muitas mulheres, através de algo chamado normalização. Resolvi compartilhar e trocar ideias. Na verdade somos todas muito parecidas. Resolvi falar de mim e de você. Senti vontade de falar de nós e para nós.

Eu li certa vez a frase: "A minha melhor sensação e que, em muitos anos me fez falta, é a sensação de fazer alguém feliz." Bem, creio que esta frase tem muito de mim. Ter a sensação de fazer alguém feliz tem contribuído muito para minha felicidade nos últimos anos, seja em meu consultório, seja na minha família. Mas faltava algo. Faltava a sensação de eu me ver mais generosa e cuidadosa comigo também. Estava sempre desejando coisas, mas elas pareciam estar sempre longe. Tinha a sensação de que minhas coisas poderiam ser postergadas, para todo o sempre, para uma hora que fosse mais adequada. Isto faz com que as mulheres fiquem sempre com uma sensação de estarem pior, incompletas.

Estava, de certa forma, longe dessa sensação mais completa. Sentia-me em dívida e em dúvida comigo. Quantas mulheres sentem-se assim? Não raro, era mais fácil cobrar e culpar os outros pelos meus sentimentos. Achava que eu pensaria diferente e me sentiria melhor se tivesse mais, se me proporcionasse mais coisas, se trabalhasse mais e, principalmente, se eu fosse mais. Sempre a palavra mais.

Na mídia temos hoje modelos muito pesados. Parece que todo mundo é mais em tudo em relação a nós. São mais inteligentes, mais bonitos, mais jovens, mais competentes. Quase sempre acabamos nos sentindo muito mal. É muito fácil a gente se sentir um lixo. Muitos níveis de comparação que usamos são inadequados e irreais. Nossa imagem vai se tornando cada vez mais distorcida. Eu lembro que aos 20 anos eu já fazia contas do quanto uma apresentadora de televisão tinha de dinheiro no banco, e do quanto eu tinha, podem rir. Com isso, geramos uma impaciência que não permite que galguemos degraus. Queremos um crescimento e um sucesso instantâneos. Mesmo quando este sucesso chega, a sensação de que ele devia ter vindo há muito tempo atrás continua incomodando.

Antigamente, as pessoas se desenvolviam e cresciam aos poucos. Hoje, esperamos que já estejamos prontas para tudo. Resolvi então tentar abrir mão deste esperado sempre mais já há algum tempo, mais precisamente quando ouvi: "quero aprender a desejar o menos possível e saber o mais possível." Acredito que reforcei mesmo essa ideia. Essa frase foi libertadora para mim. Não somente pela liberdade que ela oferece, mas pela dica do aprender, que somente veio incrementar aquilo que sempre acreditei, ou seja, que a ignorância oprime e escraviza. E não falo do aprendizado acadêmico, e sim da ignorância a respeito das coisas e, principalmente, a respeito de si mesma. Segundo Gutemberg de Macedo: "o auto desenvolvimento exige o desejo de ler e estudar continuamente. Apesar dos inúmeros instrumentos e meios de aprendizado, hoje disponíveis, nenhum se iguala ao estudo solitário, disciplinado e perseverante". Mas estudar sem pensar não tem valor algum. Ele cita o jurista Rui Barbosa no livro *Elogios Acadêmicos e Orações de Paraninfos*: "os que madrugam ao ler, convém madrugar também no pensar. Vulgar é o ler, raro é o refletir. O saber não está na ciência alheia, mas, principalmente, nas ideias próprias, que se geram dos conhecimentos absorvidos, mediante a transmutação por que passam no espírito que os assimila. Um sabedor não é um armário de sabedoria armazenada, mas transformador reflexivo de aquisições digeridas."

Então comecei a questionar, refletir e aprender sobre mim mesma, e sobre a feminilidade. E me deparei com uma surpresa. E a surpresa é que, em se tratando de sentimentos, todas nós, mulheres, não mudamos muito. Concordo com a psicanalista Françoise Dolto em *Novelles Conferénces*, quando escreve: "se quiserem aprender mais sobre a feminilidade, interroguem sua própria existência, leiam os poetas ou esperem que a ciência tenha condições de lhes dar respostas, mais profundas e coordenadas." Isto fez com que eu tivesse mais vontade de ler e escrever sobre o assunto. E lá fui eu ler poetas e questionar a minha própria existência. Com uma vontade de compartilhar, eu diria até de me confessar, e de falar com você. Ao erguer questões, mesmo tendo minhas angústias e preocupações, eu estou sentindo o que o filósofo George Santayana chama de fé animal. Sinto-me em um mergulho profundo, mas sereno. Este pode ser o sentimento da fé profunda, a serenidade.

Erich Fromm defendia que o bom terapeuta mergulhasse em suas próprias trevas e se identificasse com todas as fantasias e impulsos do paciente. Sinto que comecei a mergulhar nas minhas próprias trevas, tendo todas as mulheres como companheiras. Acredite, levei você comigo. Comecei a viajar por questionamentos que não sei se têm respostas adequadas. Talvez criem mais questionamentos, talvez sejam questionamentos equivocados. Eu li, certa vez, uma frase que dizia que podemos melhorar para pior. Esta é uma grande dúvida que tenho em relação às mulheres e a mim mesma. Será que não melhoramos para pior? Por isso não desejo que esse livro seja um compêndio de verdades, mas um caderno de reflexões. Meu sonho é que possamos voltar a ser mais naturais, já que de acordo com Lya Luft, ser natural está em crise. O que é uma pena, porque tudo deveria ser feito não somente para sermos melhores, mas principalmente para sermos mais felizes. Ser natural é fundamental para a tal felicidade. Não vivemos plenamente com tantas preocupações com as formas.

Estou também tentando me libertar de outro sentimento, o de achar que o que escrevo não é bom o bastante volta à tona, a questão de agradar. Estou tentando me despojar, eu falei tentando, do sentimento já vivenciado em meu primeiro livro, ou seja, de obrigatoriamente esperar uma resposta sua, mas isso não é nada fácil para mim. De certa forma, são duas forças contraditórias. Até porque, certamente, as opiniões podem ser contrárias. Creio que necessitamos nos libertar da ideia de que precisamos pensar de modo igual. Já cheguei à conclusão de que não temos mesmo como controlar aquilo que os outros pensam de nós. Depois de ler um livro sobre cães, estou aprendendo a não ter medo de fazer papel de boba. Li que não devemos ter tanto medo de ser motivo de piada, desde que isso alegre os outros. Cito novamente Luis Fernando Verissimo, como em meu primeiro livro, *Conectados na alma*, histórias de dores e amores: "uma pessoa somente é livre quando perde o medo do ridículo." Mas, nem por isso, perderei o que levo muito a sério, que é o meu comprometimento com meu trabalho e minha dedicação de fazer muito bem o que me proponho, de uma maneira íntima e verdadeira, com acertos e, com certeza, com erros.

Ao ler este livro, quero que sinta o gosto da liberdade que eu tenho sentido em escrevê-lo. Liberdade, diz o escritor Gabriel Chalita, é a possibilidade de duvidar, de errar, de procurar, de experimentar, de dizer não a uma imposição, seja artística, literária, filosófica, política, religiosa. É, principalmente, dizer não com consciência, sem teimosia, mas com convicção. Creio que, como terapeuta, funciono da mesma forma. O escritor Irvin D. Yalom, em seu livro *Mentiras no Divã*, através de seu personagem-terapeuta exprime: "minha técnica é abandonar todas as técnicas." Eu diria mais, minha técnica é poder aproveitar todas as técnicas. Temos muito medo de ser diferentes, então procuramos nos enquadrar no conhecido, naquilo que é confortável. Adoraria que as mulheres perdessem o medo de ser diferentes e, por vezes, apostassem em se desacomodar. Acumulamos muitas resoluções interiores e poucas exteriores.

Escrevi o livro "cheia de amor para dar." E, por isso, demorou muito tempo. Foi escrito aos poucos, permitindo que eu o saboreasse pedaço a pedaço. Não escrevi um livro com o pensamento de tanto faz se está bom ou ruim. Escrevi saboreando-o, pois lembrava que o filósofo Dinamarquês Soren Kierkegaard, de quem sou fã incondicional, escreveu: "a maioria das pessoas persegue o prazer com tanta pressa, que passa correndo por ele." Escrever, para mim, é um grande prazer. Diversão e trabalho, em minha opinião, não podem e não são excludentes, são duas palavras complementares. Não gosto muito das questões gramaticais e confesso que isso é, sem dúvida, um grande erro e, neste aspecto, preciso melhorar muito. Mas espero ter feito algo que seja útil e que realmente sirva para você.

Assim como diz Gabriel Chalita, eu espero que este livro seja um convite à ação: "Que os incomodados vençam os acomodados, que os inquietos vençam os magoados. E que uma força surja, a cada dia, nascida da coragem de quem não tem medo dos acontecimentos, nem espera que eles aconteçam." É uma busca que o terapeuta Bion denominava de vir a ser eterno. Ele acreditava que nunca deveríamos sair deste estado, um processo que começa, continua e nunca é acabado. Acredito que faço aqui uma declaração de amor. A partir do momento em que divulga-nos o que tem internamente guardado através da escrita, isso acaba sendo uma declaração de amor. Desejo que este livro seja um bom caminho para você trilhar. Algumas vezes uma forma de demonstrar amor é o silêncio, em outras é o desnudamento e a própria exposição. A minha exposição, acredito ser um ato de amor a quem quero bem, e uma forma de agir amorosamente com aqueles que tenho dificuldade de amar. Por último, gostaria que meu livro tivesse margens mais largas, para que você pudesse riscar, rabiscar, desenhar. Certa vez li um poema de Mario Quintana chamado *Da Paginação*:

"Os livros de poemas devem ter margens largas
e muitas páginas em branco,
suficientes claros nas páginas impressas,
para que as crianças possam enchê-los de desenhos – gatos, homens,
aviões, casas, chaminés, árvores, luas, pontes, automóveis, cachorros,
cavalos, bois, tranças, estrelas – que passarão também
a fazer parte do poema..."
Portanto, lá vou eu novamente.
Pegue seu lápis e venha comigo.

Será que nossas ancestrais eram mais felizes que nós, mulheres da atualidade? A verdade é que nada indica que a resposta a essa pergunta seja sim. Podemos inferir que, como as mulheres eram muito dependentes, então, consequentemente, eram presas e assim infelizes. Mas, quem falou que não existiam ou ainda existam mulheres presas, dependentes e felizes? Eu conheço mulheres que são totalmente dependentes do marido e que se sentem felizes. Certa vez, li uma crônica que dizia que, as mulheres em suas dependências, carregam seus maridos para onde querem, para onde bem entendem, mesmo quando dizem que carregam uma cruz. O problema é que nos enchemos de teorias e, ao que tudo indica, sem questionamentos. E, estas teorias, como relata o professor de economia Steven Levitt no seu livro *Freakomics*, em pouco tempo acabam virando sabedoria popular, só que muitas delas não estão corretas. Aprendi a ter medo até de certos especialistas que utilizam suas informações com um sentido de superioridade, criando estas teorias. Ceres Sartori, professora da cidade de Passo Fundo, RS, escreveu um artigo chamado "O amor não sai da moda", em 1995, descrevendo: "a história é essencialmente marcada por tendência, a moda é caracterizada por tendência, o pensamento de época é total tendência. Essas tendências vão e vêm, aparecem e desaparecem, entram na moda, saem da moda, mas o amor nunca saiu e nunca sairá de moda." Eu tenho minhas dúvidas em relação a isso, porque muitas vezes tenho visto o amor fora das prioridades humanas. O que não sai de moda é a cobrança para com as mulheres. Na atualidade, esta cobrança somente usa novas roupagens.

Algumas mulheres não sentem a necessidade de serem desbravadoras ou descobridoras de novos caminhos. Gostam verdadeiramente das tarefas de casa, do cuidado diário para com os filhos e das suas panelas. Só que, ultimamente, parece que elas não têm tido este direito. Conheço também muitas daquelas mulheres aparentemente liberadas, em todos os sentidos, e que, nem por isso, demonstram-se mais felizes, sentindo-se mais valorizadas. Algumas são até chefes da família, mas por alguns momentos adorariam sentir a total dependência de um homem. Allan e Bárbara Pease, em seu livro *Porque os homens mentem e as mulheres choram*, afirmam: "O feminismo começou chamando a atenção para a desigualdade entre os sexos e prometendo libertar as mulheres dos grilhões que as mantinham aprisionadas ao fogão. Hoje, cerca de 50% das mulheres do mundo ocidental trabalham, mesmo quando não querem. Sofremos agora de úlcera, cardiopatias e outras enfermidades relacionadas ao estresse, exatamente como aconteceu com os homens." Os grilhões apenas mudaram de lugar. Ou, quem sabe, muita gente finge não ter preconceitos ou discriminações porque, afinal de contas, discriminar hoje está fora de moda e, ao menos, como diz Steven Levitt: "as pessoas esforçam-se para parecer livres de preconceito, pelo menos em público." O que não significa o fim da discriminação em si, apenas que as pessoas têm vergonha de exibi-la. Ele também questiona, "como saber se a ausência de discriminação contra negros e mulheres representa uma ausência genuína da mesma ou tão somente uma fachada?"

Também conheço mulheres cuja independência lhes trouxe vida e fez com que se abrissem para o mundo e para suas potencialidades, muitas somente a partir da morte do companheiro. Para estas mulheres, a morte representou a liberdade e a permissão para o riso, para o próprio cuidado, para a descoberta de si mesma. Aquela vizinha que era obesa e que você sempre via com aquele vestido velho e surrado, ou com aquele velho roupão desbotado, varrendo a rua em frente de casa, com o cabelo por pentear. Agora, após a morte do marido, desfila pela frente da sua calçada mostrando lábios vermelhos, perfumada e com um lindo vestido floreado.

Há mulheres, donas de casa, que adorariam estar no mercado de trabalho, bem como outras, em que o contrário também é verdadeiro. Muitas adorariam estar no conforto e no aconchego de seu lar, sem precisar sair e encarar o mundo competitivo do mercado de trabalho. Mas um grupo olha estas mulheres que ficam em casa com certa piedade, como escreve Lya Luft em seu livro *Pensar é transgredir*, o que pode nos levar a uma inversão exagerada. "Ficar em casa será tão pouco assim? Será uma função inferior?" Às vezes, precisamos plantar bananeiras mentais para entender o que se passa e descobrir o que deveríamos fazer. Têm também as que decidem dar viradas de mesas aos cinquenta ou sessenta anos optando por voltar a estudar. Estas, muitas vezes, precisam aguentar o comentário de outras amigas: "para que voltar a estudar depois de velha? Provavelmente não haverá lugar no mercado de trabalho?"

A sociedade, mais do que cuidado, tem cobrado das mulheres. Tudo parece ser responsabilidade delas. O problema é que aceitamos isso, assumindo demasiadas responsabilidades. Algumas de nós deixaram de ser propriedade de seus homens para ser propriedade de instituições. Se, antigamente a mulher foi empurrada para uma condição social inferior, como afirma Desmond Morris, na atualidade, ela é empurrada, muitas vezes, por ela mesma, para uma condição superior. Com isso, muitos homens são tratados como idiotas. Li, certa vez, em uma revista feminina, a seguinte frase: "O que é um homem?" A resposta: "Homem é um suporte para pênis." Apesar do riso fácil que isto produz num primeiro momento, logo em seguida constatamos que nós, mulheres, agora estamos desvalorizando e desqualificando os homens. E isso não nos levará a nenhum crescimento. A desqualificação de pessoas, independente do sexo, nos leva à involução. Eu até ousaria dizer que, no momento, estou até acreditando no final da chamada guerra dos sexos. Só que está iniciando uma nova guerra, a dos egos ou o conflito dos narcisistas. E, sem observar as regras básicas de proteção e cuidados, tanto pessoais quanto para com os demais. No entanto, continuamos falando muito em evolução feminina, só que parece que as mulheres não estão melhorando nada, no que diz respeito ao cuidado para com elas mesmas ou, ao menos, sentindo-se mais felizes.

A responsabilidade pelos outros nunca assustou as mulheres. Acostu-mamos-nos com isso. Mas o cuidado e a responsabilidade por nós mesmas é algo novo e que nos assusta. Saber pedir, exigir e, principalmente, escolher, são palavras novas no universo feminino. Primeiramente, obedecíamos a nossos pais, depois a nossos maridos. Atualmente, algumas mulheres obedecem aos seus filhos ou algumas instituições. A liberdade, apesar de desejada, sempre nos assustou. Você foi encorajada a ser livre? Você foi encorajada a acreditar que era capaz de cuidar de si mesma? Não, pelo contrário, fomos sempre estimuladas a sentir medo de tudo que não fosse previsível e controlável. A liberdade de gostar e acreditar em si mesmas nem sempre nos foi dada. Além disso, hoje são tantas cobranças, que estar satisfeita consigo mesma é raridade.

Mensagens duplas continuam sendo o que mais recebemos: vençam, mas não demais. Cresçam, mas não muito. Sejam educadas, mas sejam autênticas. Sejam femininas, mas determinadas. Acredito que fomos treinadas para viver num quase. Num meio termo. Um meio termo diferente de equilíbrio. Falo do meio termo, que faz com que não consigamos ser nem uma coisa nem outra. A consultora Sandra Ford Walston, em seu livro *Coragem, Coração e Alma de Toda Mulher*, afirma: "as meninas são treinadas para ser menos do que realmente são, para ser o que a cultura quer de suas jovens mulheres, não para ser o que elas próprias desejam ser." Os incentivos são contraditórios e reagimos de acordo com estes incentivos desde nossa infância. Eles podem ser negativos ou positivos. Muitos incentivos têm por finalidade nos manter eternamente infantilizadas.

E assim continuamos sendo eternas garotinhas. Que nem sempre sabem claramente onde querem ir. A verdade é que a única certeza que realmente podemos ter é que antigamente as mulheres eram menos culpadas e menos estressadas do que somos hoje em dia. Seus papéis eram totalmente definidos e, apesar da aparente apatia, pela falta de escolhas, tinham a certeza de saber o que todos esperavam delas. Tudo era conhecido e pré-determinado. Hoje também sabemos o que esperam de nós. Esperam nada mais do que tudo. Esperam a perfeição e cobram por isto. E nós também nos cobramos a mesma perfeição. Na verdade, nós mesmas somos nossas maiores cobradoras de performance. Queremos dar conta de inúmeros papéis e múltiplas tarefas. E, pior de tudo, é que sentimos certo orgulho disso. Orgulho ou superioridade?

As mulheres reclamam, mas no fundo, desejam aquele amontoado de tarefas e deveres. É uma forma de sentirem-se importantes. E como prêmio, acabam ganhando ressentimentos e talvez um infarto. Nos tornamos mulheres de 40 anos enfartadas, ou no coração, ou na alma. O escritor Mitch Albon, no livro *A última Lição, O sentido da Vida*: "a cultura que temos não contribui para que as pessoas estejam satisfeitas com elas mesmas. A vida é uma série de puxões para frente e para trás. Queremos fazer uma coisa, mas somos forçados a fazer outra." Ouvi certa vez o termo Multitasking, criado pela informática, para descrever sistemas operacionais capazes de rodar vários aplicativos ao mesmo tempo. Hoje, é preciso ser esposa dedicada, profissional de sucesso, amante fogosa, do marido, é claro, e ainda manter um corpo perfeito, um rosto sem rugas, ser magra e ser mãe de filhos sem problemas. Acreditem, mas 74% dos problemas com filhos são atribuídos às mães. Permitam-se dizer: "não há mãe com problema, sem pai com problema." Esta afirmação é do livro de Alon Gratch, *Se os homens falassem*. E Lya Luft em seu livro *Perdas e Danos*, afirma: "Gastamos rios de lágrimas como mães para tentarmos controlar o que não podemos controlar. Ter filhos é ser agradavelmente responsável." Mas isso não significa que os deformamos ou moldamos. Podemos simplesmente influenciá-los. Não temos é como viver por eles, coisa que somos sempre compelidas a fazer. As mães tornaram-se álibis para tudo que não anda conforme o esperado em relação aos filhos. Somos acusadas de amar demais, de sermos protetoras demais, ausentes demais, trabalhadoras demais.

Quanto vale uma mulher? Qual a base de cálculos que utilizamos para saber nosso valor como indivíduos? Certa vez ouvi uma história de uma centopéia que não sabia andar, porque suas centenas de pés estavam fora de compasso. A indicação que o doutor fez para o caso da centopéia foi mandá-la andar sem olhar e nem pensar sobre seus pés. A solução estava em tirar o foco do problema, deixando que a sabedoria do corpo o resolvesse. Pois bem, vejo as mulheres como esta centopéia que não conseguem parar de pensar em como fazer a respeito de tudo. Tropeçam nos próprios pensamentos e ações, com uma dificuldade enorme de ser naturais e espontâneas. Estamos aprendendo agora aquilo que os homens já acostumaram a fazer há muito tempo, para avançar na carreira e na profissão, ganhando respeito e confiança de todos. Estamos aprendendo a esconder nossa insegurança e ansiedade, camuflando nossas emoções.

Ainda hoje, as mulheres sentem-se responsáveis pela chamada pseudo-harmonia do lar. Aliás, isto sempre foi delegado às mulheres. A harmonia da casa e da família continua sendo papel materno. Alguns costumam atribuir o termo "arquitetas da relação". A mulher é responsável por fazer com que tudo ande bem em casa. Quando os maridos chegam, a frase mais ouvida pelos filhos é: "Corram, guardem os brinquedos, papai está chegando." Tudo precisa estar bem e em ordem. É preciso mostrar que se fez tudo certo. Caso a mulher trabalhe fora, precisa chegar e tirar disposição, lá do calcanhar, para mostrar que tem fôlego para assumir as tarefas de mãe e dona de casa. Por vezes eu me pergunto se evoluímos em nossos sentimentos. Li, recentemente em uma revista, uma afirmação do autor de novelas Manoel Carlos: "vocês evoluíram rápido, hoje rompem até por amor a si mesmas." Pois, eu diria que poucas mulheres fazem isso. Uma minoria tem essa atitude de desprendimento em relação aos outros e às tarefas que consideram suas.

Creio que romper com velhos padrões e dar viradas de mesa não são o maior problema. Hoje muitas mulheres conseguem este feito. Lya Luft, em *Pensar é transgredir*, diz que o mundo mudou, os hábitos se transformaram incrivelmente, muita coisa aconteceu, mas o homem e a mulher das cavernas ainda habitam em nós, sob a casca de algum requinte. O problema está na dificuldade de assimilarmos sentimentos, como a culpa e o consequente remorso que persegue insistentemente as mulheres. Em seu livro *O Flerte*, o psicanalista Adam Philips escreve: "as pessoas procuram tratamento psicanalítico porque o modo como estão lembrando não as libera para esquecer."

Em pesquisa realizada pelo consultor de imagem John T. Molloy, em seu livro *Porque os homens se casam com algumas mulheres e não com outras*, lemos que 70% das mulheres solteiras, na faixa dos 40 e 50 anos, acreditavam que uma mulher que abre mão de casar e ter marido e filhos pela carreira profissional, provavelmente um dia se arrependerá desta decisão. Em contrapartida, 20 % das mulheres solteiras, bem sucedidas, dizem estar satisfeitas com a vida que levam e que não mudariam, mesmo que tivessem oportunidade. Cerca de metade delas diziam-se atraídas por homens, porém casamento não era para elas, gostavam demais da sua independência para passar a dar satisfação a alguém.

Porém, eu acredito que ninguém precisa trocar aliança pelo anel de formatura. Temos vários dedos e duas mãos. O percentual de mulheres bem sucedidas que não se casam é apenas ligeiramente maior do que as que casam e têm filhos. A maioria das que não casaram, não o fizeram por causa de sua da profissão, mas sim de organização. Gutemberg B. de Macedo, em seu livro, *Carreira: Que Rumo Tomar*, comenta: "o sucesso externo não justifica o insucesso interno." A vida pode e precisa ter simetria.

O medo de perder o reconhecimento social persegue as mulheres, como se estivéssemos na idade média. Recente pesquisa demonstrou que 81% das mulheres costumam dizer: "parece que hoje tenho muito mais com que me preocupar do que há alguns anos." Acho que este ainda é o maior obstáculo para quem quer tomar decisões. O problema nem é tanto tomar uma decisão errada, mas como esta decisão será avaliada. Lembro-me de uma paciente que certa vez expressou: "gostaria de me separar, mas será minha segunda separação. O que falarão de mim? Outra paciente, esta já divorciada, disse-me: "gostaria que meus filhos ficassem um pouco com o pai, mas o que nossos parentes falarão de mim?". O que os outros dirão é sempre uma grande ameaça para as mulheres. Assim, ou elas aprendem a mentir aos outros e a si mesmas, ou aprendem a ficar boazinhas e quietas. Aprendem a ter uma vida de disfarces. Os homens, por sua vez, deixam sempre bem claro o que querem, o que esperam e sabem afirmar as suas necessidades. Já as mulheres aprendem a reprimi-las e a negá-las. O terapeuta de família Maurizio Andolfi acredita que os homens estão habituados a defender a própria posição com força e convicção, com o objetivo de obter o máximo. Em contrapartida, as mulheres são especialistas em postergar as próprias necessidades, em favor dos outros. Algumas vivem uma vida inteira de adiamentos, uma vida adiando o que talvez nunca chegue, porque nunca será uma boa hora para se priorizar.

Para a mulher basta começar os problemas normais de uma nova fase de vida, peculiar a todos, para logo pensar a respeito de suas escolhas e, principalmente, a respeito de seu desempenho, questionando-se de maneira culpada, não reflexiva: "será que fiz a coisa certa?" Caso sinta culpa, já pensa em castigo. Culpa sempre gera um medo enorme de castigo. É diferente de você burlar uma lei. Lei implica em multa. Mudar um dogma implica em sentir culpa e, consequentemente, receber um castigo.

Muitos têm acusado as mulheres por abrir mão de sua vida familiar pela carreira, da vida afetiva por trabalho. Porém, não é o que vejo. Isto só acontece com a minoria das mulheres. É ilusão acreditar que isso seja verdade. A mulher continua a ter um perfil doador em relação aos outros. Costumam priorizar a tudo e a todos, e não a si mesmas. Muitas que têm dificuldade com sua vida afetiva, atribuem-na à carreira, mas sempre como forma de desculparem-se por outras dificuldades. Existem mulheres que, devido à cobrança de desempenho, acabam inclusive desrespeitando-se.

Certa vez, assistindo a um programa de televisão, soube de uma mulher que na mesa de parto atendeu um telefonema da empresa onde trabalhava, porque precisavam de sua assessoria em algo que, de acordo com ela, não poderia ser deixado para depois. O estranho é que a matéria dava ênfase ao heroísmo daquela mulher, ressaltavam o quanto era louvável o fato de ela ser tão profissional. Para mim, como terapeuta, achei um absurdo, uma cena lastimável. Senti vontade de dar colo àquela mulher. Porém, ela era ali apontada como a profissional do futuro. A cena era ovacionada pela imprensa. Talvez o que exemplifique bem este fato é o que Natalie Angier, ganhadora do prêmio Pulitzer, escreveu em *Woman, an intimate geography* (*Mulher, uma geografia íntima*): "o cérebro em mosaico da mulher faz de nós grandes malabaristas." No livro *EVAolution* (*EVAolução*), a futuróloga Faith Popcorn explica-nos por que a natureza deve ter escolhido nosso cérebro para se encarregar da função de evoluir. Ela escreve: "certamente desde a idade da pedra, um milênio de condicionamento colocou as mulheres em posições múltiplas." Também, segundo Mary LoVerde, em *Mulheres que Fazem Demais*: "À responsabilidade original de cuidar dos filhos, outras tantas foram incorporadas, formando um conjunto de afazeres simultâneos." De acordo com uma pesquisa realizada em 2001, pelo instituto Work in family, 25% das mulheres que trabalham não tiram férias completas anualmente. Algumas das que tiram, têm tanto trabalho com as férias, que preferem nem sair. São elas as responsáveis por tantos afazeres para que tudo funcione bem durante esse período, que é melhor ficar no aconchego do trabalho.

Apesar de todos os avanços alcançados pela sociedade atual, as mulheres ainda não acreditam em seu valor pessoal. Dizem que sim, mas não é a realidade. Estamos sempre procurando a afirmação e a confirmação dos outros. Caso nossas opiniões sejam reforçadas pelos outros, então tudo bem, quando, porém, alguém emite alguma opinião contrária, tudo aquilo em que nós acreditávamos vai por água abaixo. Podermos acreditar em nossa decisão, nossas escolhas ou nosso instinto. Isso é fundamental para nossa autovalorização.

"Assim como existe uma nova visão sobre o mercado de trabalho, também existe uma nova visão a respeito do papel da mulher no mundo moderno. Ela precisa sair da vivência de um modelo paternalista, onde o pai e, posteriormente, o marido, ditavam tudo, escolhiam tudo, poupando-a de responsabilizar-se por muitas escolhas, até por ela mesma. Hoje em dia este modelo está deixando de ser vertical, de cima para baixo, com alguém mandando e ditando regras, para ser voltado para o próprio ser, centrado na própria pessoa. Ela, mulher, voltada e responsável por suas escolhas e seu crescimento. Mas neste aspecto entra o fator tempo. Assim, a chamada era tecnológica, suprimiu em muito as pausas necessárias ao ritmo de vida: esse tempo para escolher, adaptar-se, recolher-se sobre si não existe mais", alerta o filósofo Jacques Elluf em seu livro *Information Anxiety* (Ansiedade de informação).

"Está na hora de uma nova revolução. A revolução do direito à própria vontade." (Richard S. Wurman)

O sonho do meu pai era que eu fosse funcionária do Banco do Brasil ou professora do estado. Em ambos os casos eu estaria protegida por um pai maior, no caso o estado, o qual, de certa maneira, me protegeria para todo o sempre, com um salário estável, plano de saúde e estabilidade para toda uma vida. Meu pai não viveu o suficiente para ver a mudança no mercado de trabalho e constatar que a mulher foi obrigada a acordar do sonho de estar eternamente protegida, amparada para todo o sempre, tanto pelo mercado de trabalho quanto por seus maridos. Meu pai nem em sonho pensou que os homens pudessem vir a abandonar fisicamente suas mulheres, quanto mais suas famílias. Isto era uma questão de hombridade, ou seja, jamais deixar sua esposa e seus filhos desprotegidos.

Subitamente, a mulher viu-se obrigada a enfrentar conflitos e a vencê-los, utilizou-se de muito *pé-na-bunda* como impulso para seguir em frente, não se deu conta de suas capacidades até necessitar colocá-las à prova. Mas muitas, hoje, dizem com orgulho: "eu sei fazer um cheque, eu sei dirigir, eu sei fazer transações bancárias, eu entendo de finanças". Porém, em muitos casos, somente depois de terem ficado viúvas ou de terem sido deixadas por seus maridos. Hoje, um novo perfil de mulheres está chegando ao topo em nossa sociedade e ao poder em muitas empresas. Elas são ambiciosas, têm uma forte rede de relacionamentos e se preparam para chegar à liderança. Só que essa mulher quer e deve equilibrar suas realizações pessoais com sua vida afetiva.

No ano de 2005, um em cada cinco cargos de chefia nas melhores empresas foram ocupados por mulheres. Mas esta pesquisa também deixou claro que elas buscam qualidade em sua vida pessoal (Revista Você S/A – As melhores empresas para você trabalhar em 2005). "As companhias querem gente competente, que saiba jogar o jogo do poder e fazer alianças certas. Não importa se são homens ou mulheres", comenta Gladis Zrncevich, sócia da A2Z, consultora de seleção e avaliação de executivos de São Paulo. O que está em avaliação é o desempenho, não o gênero, apesar de que existe ainda um longo caminho para essa equiparação.

O laboratório Abin é o campeão em mulheres no comando, com 66% das melhores vagas ocupadas por elas. Marly Vidal, gerente de RH do laboratório, afirma que as mulheres estão cada vez mais competitivas, disputando igualmente o mercado de trabalho. Ela ainda diz que o que as torna diferentes dos homens é a determinação. O fato das mulheres parecerem tão determinadas, apesar de seus sentimentos serem diferentes, será abordado mais adiante. Sim, você não é a única a não se sentir determinada, corajosa e atuante.

A psicologia pouco evoluiu em se tratando de mulheres. Durante muitos anos fomos tratadas como aquelas que tinham inveja dos homens, pela falta de algo, como na teoria Freudiana. Muitas das outras teorias ainda têm uma visão bastante limitada em relação às mulheres. A psicologia Freudiana vê os homens como o sexo principal, até mesmo superior: "eles são poderosos, têm mais recursos psíquicos e emocionais e governam o mundo. As mulheres, segundo esta concepção, vivem desejando ser como os homens, a inveja do pênis." O psicanalista Alon Stoller, por sua vez, considera o gênero feminino o principal. A masculinidade não irá se desenvolver sozinha sem um distanciamento defensivo da feminilidade e da influência externa. É interessante que Stoller e outros terapeutas tenham mostrado que a última visão lembra o desenvolvimento biológico do sexo no feto, pois, sem a presença de hormônios masculinos, o feto não irá desenvolver órgãos masculinos e irá tornar-se uma fêmea.

O gênero feminino nunca foi pensado de modo tão avançado como na atualidade. Na verdade, como diz o psiquiatra Ângelo Gaiarsa, o que os homens têm de superior são seus bíceps, que têm mais força. Os estudos psicológicos femininos estavam voltados às mulheres problemáticas, até porque as outras não existiam ou não apareciam. Viviam nos porões internos de seus seres. Todas as mulheres têm certa dose de coragem natural em seu interior, coragem que anteriormente não devia ser manifestada, muito menos desenvolvida. Ser afirmativa e positiva era encarado como petulância e afronta. Um simples questionamento era encarado como confronto. Mulheres não pensam, ainda afirmam muitos. Confrontar e questionar era dar asas aos pensamentos. Para muitas mulheres, ser problemática era ao menos ter um posto. Ainda estamos enferrujadas como mulheres, da mesma forma que os estudiosos também se sentem enferrujados em relação às mulheres. Não tenho dúvida alguma de que muitos psicanalistas do passado hoje iriam rever seus conceitos, se tivessem essa oportunidade.

Apesar de todos os avanços nas relações interpessoais, alguns conceitos internos ainda são difíceis de mudar. Não questiono Freud e sua grande contribuição, refiro-me aqui ao que conhecemos na psicologia como determinismo: causa e efeito. Principalmente quando o assunto são as mulheres. Mudança de atitude nem sempre é acompanhada de mudança de sentimentos e, em decorrência disso, mudança de conflitos. Da mesma forma, as mulheres ainda acreditam que para serem valorizadas precisam produzir nada menos que o dobro. Assim, quem sabe, possam obter reconhecimento. E isto quando ele é obtido.

Os sentimentos estão em longa caminhada e estruturação. E os novos sentimentos de amor ao feminino, de amor pessoal, de amor para com as mulheres, todos eles precisam de mim e de você para esta evolução. É sempre melhor sermos o cão guia da matilha. Por três razões: primeiro, é ele que abre os caminhos, segundo, ele é o primeiro a ver a paisagem e, por último, ele não fica olhando para os rabos dos outros o tempo todo, segundo James Hunter, em *O Monge e o Executivo*. Pois, seja você, uma fiel amante de si mesma. Uma reconhecedora de seu próprio valor. Independentemente das cobranças sociais, lute contra os seus próprios preconceitos.

Estes movimentos são possíveis se há o desejo de mudança, associando-se a uma boa dose de coragem, determinação e, claro, a famosa autoestima. Não podemos viver na sombra de oportunidades perdidas. É preciso perder o medo. Talvez o maior medo seja o de viver na incerteza. Suportando instabilidades até encontrarmos o nosso lugar, nem à frente nem atrás dos homens, mas juntos, independente de gênero. Melhor ainda é estar onde queremos estar. Todas as mulheres precisam sair da Síndrome de Gabriela: "eu nasci assim, eu cresci assim, vou ser sempre assim, Gabriela". Gutemberg de Macedo diz que pessoas que forjam o futuro e sabem que o conformismo exaure a individualidade, acabam enterrando as oportunidades, empobrecendo o futuro.

Desafiar os mitos cultivados no passado é o primeiro passo para modificarmos as normas culturais. "Questionar corajosamente estes mitos é quebrar o silêncio que fez com que mulheres negassem suas melhores qualidades," afirma Sandra Ford Walston, em *Coragem: coração e alma de toda mulher*. Questionar também a pseudoliberdade, sem a vergonha, ou seja, o eu julgando o próprio eu, somente enriquecerá a sociedade como um todo. Homens e mulheres estão necessitando de mais respeito às escolhas, vivendo de acordo com o que desejam e não de acordo com o que nos é ordenado. "O homem de hoje tem uma ridícula liberdade para nada, para comer sanduíche em lanchonete e acreditar em mentiras", afirma Arnaldo Jabor, em *Amor é prosa, sexo é poesia*. Para a mulher de hoje a intimidade está perdendo a importância quando comparada à palavra dominação. Isto assusta os homens, afirma Malcolm Gladwell em seu livro *Blink*. As decisões tomadas num piscar de olhos, aquilo que pensamos ser livre arbítrio, é, em grande parte, pura ilusão. Na maior parte do tempo estamos operando simplesmente no piloto automático e, a maneira pela qual pensamos e agimos e, até mesmo quando pensamos e agimos, premiados pelas circunstâncias, são muito mais suscetíveis do que percebemos as influências externas.

Não podemos esquecer que muitos homens também estão embotados, paralisados, sem saber ao certo o que a sociedade espera deles. Indivíduos paralisados, com centenas de obrigações, perdendo a espontaneidade. O psicanalista alemão Erich Fromm, em *Ter ou Ser* escreveu: "hoje em dia nos deparamos com indivíduos que se comportam como autômatos, que não conhecem e nem compreendem a si mesmos. A única pessoa que conhecem é a que pensam ser, alguém cuja conversa vazia substitui a comunicação real, alguém em que o sorriso sintético tomou o lugar do sorriso genuíno. Neles, a sensação de desespero total ocupou o vazio deixado pela dor autêntica. Duas coisas podem ser ditas de tais indivíduos: a primeira é que sofrem de defeitos aparentemente incuráveis, como a falta de espontaneidade e personalidade. Ao mesmo tempo, é possível afirmar que não diferem de milhões de pessoas que, como nós, caminham pela face da terra."

Recentemente ouvi uma história de um pai que foi trabalhar e, após ter deixado um dos filhos na escola e a mulher no trabalho, acabou por esquecer um bebê de meses de idade trancado no banco de trás do seu carro. O bebê acabou por falecer. Muita gente perguntava como este pai podia ter esquecido seu bebê? A resposta estava exatamente na automação em que vivemos. O pai, primeiramente deixava o filho na escola, depois sua mulher largava o bebê na creche e então ele largava a mulher no trabalho. Naquele dia eles não fizeram o roteiro habitual. A mulher precisava estar mais cedo no trabalho e ele deveria deixar o bebê na creche. Acabou esquecendo. Sem dúvida alguma, a história contada é dramática, mas, muitas vezes, eu mesma acabo chegando num determinado lugar sem mesmo ter lembrado por onde passei. Em certa ocasião fui levar minha mãe na aula de ginástica e acabei por entrar no estacionamento do meu consultório, seguindo o mesmo caminho, ou seja, o roteiro de todo dia. Estamos todos no mesmo barco, melhor dizendo, no mesmo carro.

Dizem os antropólogos que no mundo desenvolvido, pela primeira vez, a vida de uma pessoa qualquer não pode ser prevista em função do gênero ou posição social ao nascer. Somos livres para definir por nós mesmos e para escolhermos nosso próprio caminho na vida. É claro que essa liberdade traz consigo imenso poder e entusiasmo, mas ela também cria um grau de stress sem precedentes. Eu me preocupo com o custo que pagaremos por este estado frequente de alerta em que estamos vivendo. Quais serão as perdas que teremos por sequer reconhecermos o que perdemos no constante estado de super-estimulação em que vivemos? Precisamos trocar a palavra competição por conexão. Melhor ainda, laços. Sempre lembrando de parar de disfarçar e de negar o que realmente sentimos. Situação nada fácil para nós mulheres, especialistas em disfarce. Para isso é preciso que criemos uma auto-empatia.

Somos boas em empatia, este sentimento que faz com que nos coloquemos na pele dos outros. Mas parece que em relação a si mesma, a mulher não consegue. Empatia é o meio para compreender e sentir uma pessoa. De acordo com Simon Baron Cohen, professor de psicologia e psiquiatria, o cérebro feminino é empatia e o cérebro masculino é sistematização. Isso causa muita confusão pela maneira diversa de vermos as coisas, porém, nem todos os homens têm cérebro masculino, assim como nem todas as mulheres têm cérebro feminino. Creio que, num futuro próximo, essas diferenças tornar-se-ão menores ainda. Acredito que homens e mulheres quebrarão muitos estereótipos. Cohen afirma em seu livro *Diferença Essencial*, a verdade sobre o cérebro de homens e mulheres: "O estereótipo reduz os indivíduos à média, enquanto a ciência reconhece que muita gente tem se afastado do que é considerada a faixa média a que pertence."

Estamos em evolução e podemos ter vindo de planetas diferentes, mas habitamos e convivemos no mesmo planeta. Somos talhados pelo que acreditamos e, durante muito tempo, o homem acreditou ser mais talentoso e capaz que a mulher. Neste momento, muitas mulheres estão sendo talhadas para o que chamo de a grande vingança, acreditando ser mais talentosas e hábeis que os homens. Porém, este é um grande erro. Precisamos de uma civilização de pessoas que acreditem e tenham fé uns nos outros, em suas possibilidades e competências, independente do sexo. "No líquido cenário da vida moderna, os relacionamentos talvez sejam os representantes mais comuns, agudos, perturbadores e profundamente sentidos da ambivalência," nos diz Zigmunt Bauman em *Amor Líquido*.

Devemos perguntar-nos se, para sermos simplesmente mulheres felizes, precisamos ser esta super-mulher que imaginamos? Proponho que possamos fugir novamente de qualquer forma de estereótipo rígido e limitado com relação ao que sejam homens e mulheres. Desejaria a mim mesma, a você e aos homens apenas a liberdade de sermos felizes, sem cobranças indevidas e, consequentemente, sem hipocrisias. Gutemberg de Macedo nos lembra que qualquer peixe pode nadar correnteza abaixo, mas apenas um peixe vivo pode nadar contra a correnteza. Ele me fez lembrar de uma história já vivida por muitas mulheres. Vou contá-la:

"A história diz respeito a um peixe que, certo dia, sente uma vontade imensa de nadar rio acima. Ele começa a falar com outros peixes que não tardam em considerá-lo doente. Afinal de contas, peixe nada a favor da correnteza. Que história é essa de querer nadar ao contrário do esperado? Então ele vai até a superfície e decide conversar com uma ave que passa. Pergunta se ela sabe a respeito de sua vontade de nadar contra a correnteza, subindo o rio. A ave responde que não entende nada de peixes ou de rio, mas que ela sabe que quando voa contra as correntes de ar precisa fazer muito mais força. O peixe agradece e resolve ir até a margem do rio, onde encontra um coelho. O coelho também diz não entender nada de peixes ou de rios, mas diz que quando quer aliviar o atrito ele pula mais alto. O peixe agradece e resolve seguir aquele instinto que se tornava muito forte dentro dele. Quando começou a nadar ao contrário, muitos peixes diziam: "Nossa, que loucura! Onde você pensa que vai? Você só vai se cansar e isto não vai dar em nada". Porém, ele seguia firme no seu desejo de subir o rio, quando, para sua surpresa, começa a encontrar pelo caminho vários outros peixes tentando fazer o mesmo. Então, agora, muito assustado, pergunta para um companheiro de subida: "O que está acontecendo? O que é essa piração?". O outro peixe responde: "Piração não, rapaz. Piracema! Piracema é o nome deste fenômeno, que significa procriação e início de um novo ciclo de vida".

Meu desejo é ajudar muitas mulheres com suas piracemas. Com seus novo-velhos ciclos de vida. Quero ajudá-las a nadar contra as correntezas, desde que esse seja o seu verdadeiro desejo.

Nunca me sinto boa o suficiente

"A vida é uns deveres que nós trouxemos para fazer em casa.
Quando se vê, já são seis horas: há tempo...
Quando se vê, já é sexta feira...
Quando se vê, passaram, sessenta anos!
Agora, é tarde demais para ser reprovado...
e se me dessem, um dia, uma outra oportunidade,
eu nem olhava o relógio,
seguia em frente...
e iria jogando pelo caminho a casa dourada e inútil das horas."

Mario Quintana

Hoje em dia toda mulher carrega o fardo de não ser boa o suficiente. Nos cobramos por não sermos inteligentes o suficiente, politizadas o suficiente, gostosas o suficiente, magras o suficiente, maternas o suficiente, pós-graduadas o suficiente e assim por diante. O psicanalista Donald Winnicott usou pela primeira vez o termo mãe suficientemente boa. Ele expressou: "a mãe não precisa ser perfeita, apenas bastante boa para cuidar dos filhos e nutri-los". Hoje este termo envolve todos os aspectos da vida da mulher, só que com uma grande deturpação: ser suficientemente boa virou sinônimo de ser o máximo. Quando a mulher deixa alguma coisa de lado, logo vem a sensação de que algo terrível poderá acontecer. O céu pode cair na sua cabeça. Tudo precisa estar perfeito. As dúvidas em relação a si mesma e a falta de confiança em sua própria capacidade acabam por tolhê-la, excessivamente. E, a cada dia, perdemos algo fundamental para nossa felicidade: a espontaneidade! Acabamos seguindo de maneira minuciosa muitas rotinas sociais, sem nos darmos conta de que estamos limitando nosso comportamento. Milton H. Erickson nos diz: "devemos deixar de lado as demandas do nosso próprio superego excessivamente rigoroso, as nossas ordens do tipo você deveria fazer tal coisa... Permitir que surja e se desenvolva em todo o seu potencial a criança que está dentro". Talvez ele esteja nos dizendo que não devemos enterrar os nossos impulsos infantis, nossa espontaneidade, nossa impetuosidade, nossa explosividade, mas sim, utilizá-los melhor ou dirigi-los de forma inteligente.

A psiquiatra argentina Cristina Ravazzola, certa vez, antes de iniciar sua apresentação em uma conferência, andou de um lado para o outro no palco até que parou e disse: "estou me dando um tempo para me pôr à vontade." Eu poderia sair daquela palestra naquele instante. Não porque eu estava decepcionada com minha heroína, mas porque acreditava que nada do que ela fosse ensinar ali seria para mim tão importante como aquela frase. Poder se colocar à vontade. Isto para mim virou ponto fundamental em tudo o que faço. Mas, não posso negar que a contradição me assola na busca de fazer tudo perfeito, é como uma busca inconsciente, em certas situações consciente, do desejo de receber uma medalha.

Lembro-me sempre daquele personagem de desenho animado chamado Mootley. Ele era um cachorro que vivia fazendo as coisas sempre à espera de uma medalha. Creio que eu sou uma dessas pessoas que internalizou a necessidade de agrado e aprovação, mesmo que as pessoas às quais eu sempre desejei agradar estejam mortas há muito tempo. E uma dessas pessoas, mesmo que estivesse viva, nesse caso meu pai, jamais poderia me dar um gesto afirmativo, de apoio, até porque sempre foi incapaz de realizar tal gesto. Há no livro *A Cura de Schopenhauer*, de Irvin Yalon, uma citação de Nietzsche: "a maior diferença entre o homem e a vaca é que a vaca sabe como existir, como viver sem angústia, isto é, sem medo, no bendito presente, sem o peso do passado e a preocupação com os horrores do futuro. Mas nós, humanos infelizes, somos tão perseguidos pelo passado e pelo futuro, que só podemos passar rapidamente pelo presente."

As mulheres então, nem se fala. Vivem a queixar-se de suas perdas passadas, apavoradas com o futuro. O presente, de presente não tem nada, estão sempre em busca daquele algo a mais, daquele algo especial. Buscam uma felicidade distante, o que só aumenta seu descontentamento, consumindo mais depressa o seu tempo. Por fim, acabam ficando na defensiva, querem avançar, mas fazem tudo para impedir o avanço. O sentimento de vergonha de si mesmas faz com que entrem em algo chamado procrastinação. É um eterno adiamento da própria vida, pois o medo do julgamento alheio e o próprio julgamento, rígido e muitas vezes cruel, faz com que batam em retirada de muitas situações na vida. O problema é que, a cada recuo, o sentimento de inadequação e de inferioridade aumenta. Quase todos nós, infelizmente, somos programados para ser invalidadores uns dos outros. Invalidar é o mesmo que tirar a validade de algo ou de alguém, é diminuir o outro, desprezá-lo, mostrá-lo como errado, tolo, menor, afirma a psicoterapeuta Claudia Riecken. E é muito difícil você reconhecer um invalidador, porque na condição de pai ou de marido, eles são capazes de burlar o sistema de segurança de sua mente lógica. De repente, você se sente mal e nem sabe o por que.

A vergonha é somente um sentimento, e não o que somos. Aprender a lidar com a vergonha de si mesmo é muito importante para sentir-se bom o bastante. James Waldroop e Timothy Butler, consultores da Harvard Businees School, afirmam: "gerar tolerância à própria vergonha é o principal processo para curar uma auto-imagem negativa." Eles usam o termo dieta terapêutica para o processo de supressão da vergonha em nossa vida.

Mark Baker, *Jesus, o maior psicólogo que já existiu*, cita: "todo mundo, em algum momento, pode sentir-se mal com relação a coisas que fez, mas algumas pessoas sentem-se mal a respeito de quem são. Elas condenam-se e tornam-se autodestrutivas, se não descobrirem como mudar suas convicções, com relação a si mesmas. A mania que as mulheres têm de pedir desculpas o tempo todo, sobre tudo, desgasta sua própria imagem, reforçando a ideia de que estão sempre errando. Supervalorizamos os pedidos de desculpas e nossos erros. Os homens dizem: errei e ponto! Nós explicamos, pedimos desculpas e ainda prometemos fazer sempre melhor. Muitas vezes pedimos desculpas por coisas que nem sequer nos dizem respeito. O melhor exemplo disso são as mães, as quais vivem desculpando-se por seu filho não ter estudado mais ou por ter comido menos e assim por diante. Quando ficamos prisioneiras do que nosso marido ou nosso pai pensa de nós, se ele vai ficar brabo ou não, se ele vai gostar do que fizemos ou não, paramos de olhar para nós mesmas. E, quando olhamos, só vemos coisas feias. Então nosso senso de valor passa para eles. Um bom invalidador é capaz de condenar você a estar errado se fizer e se não fizer. Além disso, como chega cheio de boas intenções, e as pessoas acreditam piamente em boas intenções, fica muito difícil perceber quando estamos sendo invalidadas.

Desculpar-se por algo pode ser nobre, porém, isto não deve tornar-se uma forma de humilhação. E o pensamento de humilhação pode levar a uma conduta de humilhação. Bob Beavers, *Successful Marriage*, citado por Frank Pittman em seu livro *Mentiras Privadas. A Infidelidade e a traição da intimidade*, escreve: "A culpa é benéfica para você, se não dura mais que cinco minutos, e provoca uma mudança no seu comportamento."

Para a mulher ser boa o suficiente, ela deve, incessantemente, provar isso aos outros e a si própria. Se não nos sentimos boas o suficiente é fácil termos o sentimento de dívida. "O senso de si mesma de uma mulher é definido pelos seus sentimentos e pela qualidade dos seus relacionamentos," afirma John Gray, *Homens são de Marte, Mulheres são de Vênus*. Sempre que as mulheres têm uma desavença com alguém, logo vem o sentimento de culpa e a sensação de que fizeram alguma coisa errada. Se surge a desconfiança acerca de ser ou não amada, logo vem a sensação de não ter valor. Sinto-me amada, então tenho valor. Não me sinto amada, logo eu não tenho valor. A mulher se esforça para parecer virtuosa e importante aos olhos dos outros, mesmo correndo o risco de sempre estar insatisfeita. Se este reconhecimento não vem, muitas vezes a crença em si mesma se esvai, passa então a ser vítima e uma vítima é um invalidado que não reage.

Corremos o risco de nos domesticarmos a ponto de ficarmos totalmente paralisadas, prejudicando assim nossos instintos. Não criamos, não brincamos, não nos relacionamos, mas vagamos como espectadoras ou como produtoras do espetáculo alheio. Na maioria das vezes, as mulheres produzem o show para a família. O psicólogo Carls Rogers observou um processo de auto-realização inerente em todas as pessoas, e afirmou que a autenticidade só acontece quando somos coerentes com nós mesmos.

Eu sempre fui a palhaça da casa, assim como tantas outras mulheres. E não que isto tenha sido ruim. O ruim era eu acreditar que, fazendo palhaçadas e brincadeiras, o bom humor do meu pai ou a felicidade da nossa casa estaria garantida. Que nada! A minha conduta somente aumentava a sensação de que minha presença era somente um peso, e que eu não contribuía, em nada, para a felicidade familiar. Quanta mãe hoje em dia é a palhaça dos filhos. Eles chegam mal humorados e elas fazem de tudo para agradá-los, na maioria das vezes, sem receber resposta alguma. Toda mulher cresce com a ideia de que receberá uma recompensa, caso comporte-se bem. "As agressões mais insidiosas contra o self selvagem, os instintos, consistem em receber ordens para agir corretamente, com a insinuação de que uma recompensa virá algum dia," afirma a escritora C.Estès em seu livro *Mulheres que correm com os lobos*.

Características tais como: ser bem educada, submissa, cordata e suave, até na maneira de falar, era o mínimo esperado de uma mulher. E, claro, todos esses atributos são reforçados pela mídia e pela sociedade em geral. As tentativas de agir de forma contrária são consideradas ridículas. Acreditamos que sofremos menos agindo como boas meninas, mas quando o resultado não é o esperávamos, sofremos a desilusão duplamente. Quanta mulher chega ao meu consultório, depois de ter sido deixada pelo marido, relatando: "fiz tudo como me foi ensinado, me comportei bem, então porque ele me deixou?" A mulher acaba sendo duplamente traída, pelo marido e pela crença que tinha de que, se fizesse tudo certo, nada daria errado

Atualmente, a mulher parece dever o tempo todo. Estando em casa, ficamos culpadas por não estarmos trabalhando. Caso estejamos trabalhando, nos culpamos por acreditar que devíamos estar em casa. Esta ambivalência ocasiona um grande cansaço. Quando estamos sem fazer nada é ainda pior. O sentimento de inutilidade fica imenso. Temos a sensação de dever muito mais do que nossas antepassadas. A mulher da atualidade deve aos pais, ao marido, aos filhos e à sociedade em geral. Maria Helena Matarazzo relata em seu livro *Nós Dois* que tem gente que faz todos os dias uma lista de roupa suja a respeito de si próprio, quer dizer, tudo o que não deu certo desde a hora em que acordou até o momento de dormir, no entanto não dá valor para a roupa que lavou, isto é, para as coisas que conseguiu.

Quanto aos problemas, a tendência é nunca achá-los insignificantes. É importante ser capaz de contabilizar vitórias, por menores que sejam, e, assim, adquirir confiança e coragem para tentar de novo. Parece engraçado, mas o que mais queremos é o que menos fazemos. Relutamos em aceitar nossos méritos, relutamos em valorizar o que já construímos e conquistamos, e o que para nós, muitas vezes, é muito pouco, para outra pessoa pode ser visto como muito. O que para nós pode ser motivo de queixa, para outra pessoa pode ser motivo de gratidão, dependendo do ponto de vista. Outro grande problema é que também temos vergonha de querer aprender. Geralmente achamos que já devíamos saber tudo e conhecer tudo. Se não estamos liberadas para aprender e se não nos orgulhamos disso, tudo fica muito difícil.

Devido ao sentimento de não ser suficientemente boas, muitas mulheres crescem à sombra de um colega, de um irmão ou de um pai. Depois passam a viver à sombra do marido e, por fim, à sombra dos filhos. Quando atinge um crescimento profissional e recebem uma promoção, o que deveria ser algo gratificante vira um parto, um sacrifício. Isto porque, sair da zona de conforto e encarar a instabilidade, ainda é extremamente desestruturador para as mulheres. O próprio sucesso pode ser algo fóbico. Independente, o sentimento de que poderia ter feito melhor pode desencadear uma aversão a fazer qualquer coisa. Muitas mulheres escondem-se atrás de seus maridos ou de seus colegas de profissão, mesmo sendo mentoras de ideias brilhantes, ficando, assim, sem reconhecimento, sem crédito, sem sucesso, mas ao mesmo tempo, sentem-se livres daquela responsabilidade. Você já ouviu uma mãe dizer a sua filha: "querida, deixe que ele pense que as ideias brilhantes foram dele"? Porque a mulher age dessa forma? Porque o mérito das ideias e escolhas deve ser masculino? Qual o medo de atribuir a si mesma certa responsabilidade e, consequentemente, suas glórias?

Muitas vezes, a crença de não sermos boas o suficiente ou, ao menos tão boas quanto os homens, está intimamente ligada à mensagem que recebemos de nossa família, onde os meninos são preferidos e abertamente exaltados com relação aos negócios. Muitas mulheres, que passaram por mim ao longo dos anos, relatavam que, independentemente de suas atuações profissionais, os irmãos sempre eram mais exaltados. Mesmo que estes não fossem abertamente elogiados, sempre ficava uma mensagem implícita de que eles eram melhores e, consequentemente, acabavam por assumir os cargos de maior projeção ou de maior visibilidade em muitas empresas familiares. Da mesma forma que em algumas famílias certos bens, mesmo que sejam bens simbólicos, ainda são dados apenas para os filhos ou netos homens. E a mulher acostumou-se a isso, aceitando em ser rotulada como secundária.

Com que olhos os nossos pais nos olhavam? Esta foi uma boa pergunta, sugerida pela psicoterapeuta de família e casal Iara Camaratta Anton, para que entendamos as imagens que acabamos criando a respeito de nós mesmas. Fomos treinadas a nos afastar de tudo o que nos assusta e que nos torna responsáveis. Fomos educadas e treinadas a não ter coragem. E sem coragem não temos como transformar dificuldades em oportunidades.

Lembro-me sempre da história do Chapeuzinho Vermelho:

Na história do chapeuzinho vermelho, a mãe frisava bem o caminho que deveria ser trilhado pela menina. Caso este caminho fosse trocado por outro, coisas terríveis poderiam acontecer. Num ímpeto de coragem, Chapeuzinho Vermelho resolve experimentar outro caminho e, então, encontra o lobo mau. Sei que na história original a menina perde-se correndo atrás das borboletas, mas eu não acredito nessa distração. Porque tirar dela o mérito de ter escolhido trocar o caminho? Contam-nos também que ela não foi nada hábil em perceber o lobo mau. O lobo mau, então fantasiado de vovó, responde às perguntas: "porque você tem esses olhos tão grandes?" O lobo responde que é para vê-la melhor. "Ah!, tá.", responde a fim de consentir. "Por que estas orelhas tão grandes?", pergunta a menina novamente. E o lobo mau: "é para te escutar melhor". "Ah!, tá.", responde Chapeuzinho Vermelho.

Teria ela algum problema de visão? Seria ela retardada? Seria ela tão fora da realidade a ponto de não poder reconhecê-lo? Teria ela sido tão protegida por seus pais a ponto de não aprender a reconhecer o que seria ruim para ela? Pois eu acredito que, hoje em dia, ao menos, essa vantagem nossas filhas estão começando a ter. A vantagem de estarem mais capacitadas para poder reconhecer o lobo mau quando ele aparecer, mesmo quando ele estiver disfarçado. E caso, mesmo assim, decidam por um envolvimento com ele, terão tido o direito à escolha e ao erro, sem que isso represente o fim do mundo. Direito ao erro e ao acerto, acreditando em nossa esperteza natural, em nosso faro, naquele nosso famoso instinto.

Sempre fomos espertas. Espertas o suficiente para dizer: "você não me engana, eu sei que és um lobo mau". O texto de Perrault tem um caráter de fábula moral, ensinando que quem transgride as regras e se expõe ao perigo é punido e fim de história. Alguns versos finais até alertam as meninas sobre os lobos de fala mansa: "vemos aqui que as meninas e, sobretudo, as mocinhas lindas, elegantes e finas, não devem a qualquer um escutar. E se o fazem, não é surpresa, do lobo, virarem jantar. Falo do lobo, pois nem todos são de fato equiparáveis. Alguns são até muito amáveis, serenos, sem fel nem irritação. Esses doces lobos, com toda a educação, acompanham as jovens senhoritas pelos becos afora e além do portão. Mas esses lobos gentis e prestimosos são, entre todos, os mais perigosos, *Psicanálise dos Contos de Fada, de Diana e Mário Corso.*

Minha filha mais velha não é nem um pouco pateta no quesito direção, em todos os sentidos. Ela dá show em muito homem quando o assunto é localização, quebrando o mito, que eu mesma tinha, de que meninas sozinhas se perdem e não se acham. "As mães têm um papel fundamental no treinamento de suas filhas. Toda menina será muito mais apta aos enfrentamentos, se for treinada desde pequena", afirma a psicóloga infantil Jane L. Billet. Recentemente estive em Roma, onde residia minha filha mais velha. Fiquei impressionada ao vê-la circulando pela cidade, tão capaz, munida de um pequenino mapa. Além de demonstrar sua capacidade de localização espacial, locomovendo-se pelas ruas de uma grande e desconhecida cidade, mostrou-me como uma jovem pode ser capaz de dirigir a própria vida de maneira tão destemida. Responsabilizando-se por seus erros e deleitando-se com seus acertos. Sabendo que caminhos também podem ser descobertos e, principalmente, inventados.

Durante muito tempo achei que todas as meninas eram umas idiotas e, consequentemente, eu também. Éramos menos inteligentes, fracas e vulneráveis. Sempre precisaríamos de alguém que nos protegesse do perigo. Hoje, vejo muitas meninas sendo suas próprias salvadoras, não tendo que esperar que o caçador da floresta venha salvá-la, ao ter tido a ousadia de se aventurar fora dos caminhos pré-determinados. "É essencial que cada mulher compreenda que quanto mais tiver sua própria vida separada e independente do parceiro, melhor se sentirá em relação a si mesma e menos pânico terá diante das grandes mudanças em sua vida", *Homens que odeiam suas mulheres e as mulheres que os amam.*

Quando eu falo em independência refiro-me ao sentimento interno de se sentir inteira, com voz, fazendo as suas escolhas.

Muitas mulheres têm medo de soltar a voz. Quando a silenciam, matam a coragem. Normalmente ainda espera-se que a mulher seja muito mais ouvinte do que falante, tanto que você pode ter ouvido, diversas vezes, mulheres queixando-se de não se sentirem ouvidas. Quando gritam passam por histéricas. O modelo da mulher ideal é pacífica, não grita, não se faz ouvir, pois isso foi o que nos ensinaram. Quanto mais usamos a voz, mais corajosas ficamos, apesar de que para isso não é preciso sair gritando por aí. Porém, alguns chiliques não fazem mal a ninguém. Li, há pouco tempo que a raiva é como a energia nuclear, pode ser usada para destruir ou melhorar a qualidade de vida. "Como qualquer emoção ela não é em si boa ou má, certa ou errada. É simplesmente emoção. Sentir raiva não faz de você uma pessoa má, mas um ser humano", Susan Page, *Como tornar o Relacionamento a dois agradável e duradouro.*

Não nos ajudamos em nada quando alguém pergunta se temos algum problema e respondemos com frases prontas do tipo: ah!, não é nada, é bobagem minha, as mulheres adoram essa. Ou, ainda: não sei, deixa pra lá. Quando passamos a apostar no que acreditamos, com fé em nossas decisões e escolhas, criamos firmeza e pulso na vida. Aristóteles mencionou que "o hábito molda vigorosamente a nossa vida. Os comportamentos que treinamos vezes e mais vezes começam a ter energia própria", Weinstein & Barber, *Cão que Late não*

Morde. Aprenda com seu cachorro a ser feliz. Assim, sentir-se suficientemente capaz, suficientemente boa, com a estima calibrada, é fundamental para ter voz e ações. Ações que necessitam de coragem, esta abastecida por um bem querer pessoal. Para isso, primeiramente, é preciso reduzir a autocrítica. Somos extremamente recriminadoras e observadoras de possíveis falhas pessoais. De certa forma, é bom que não tenhamos uma cultura conformista como esta que está aí, cheia de gente que não busca aperfeiçoar-se, acreditando que querer melhorar é ainda um pecado. Mas o querer crescer deve vir como um incentivo e não como uma cobrança. Há um mundo enorme esperando por nós, mas para isso, precisamos deixar de ser o que muitas mulheres já foram, bichinhos de estimação, para nos tornarmos simplesmente seres humanos. A mulher da atualidade está prestes a sair da cômoda torre aprisionante de seu castelo, deixando de ser aquela princesinha indefesa, para mostrar sua força, sua porção guerreira, partindo para a frente de batalha em condições de igualdade com os homens. Mulheres estas que trabalham na metalúrgica, nas oficinas, nos hospitais, na segurança pública, nos lixões, carregando pesos maiores que seus próprios corpos . E tudo isso, é claro, sem deixar de lado seu papel fundamental, ou seja, sendo a única capaz de curar feridas e machucados com beijinhos, de chegar com um sorriso nos lábios depois de um dia árduo de trabalho e dizer: queridos, cheguei! De perguntar do colégio, providenciar algo para o jantar e não esquecer de dar as recomendações para que não incomodem o papai quando este chegar, pois ele chegará cansado!

A verdade é que somos hoje mulheres-mães e, sendo mães, com uma capacidade inata de sermos psicólogas, amigas, médicas, professoras, confidentes, advogadas, verdadeiras guarda-costas de toda a família.

Somos árvores com raízes profundas, capazes de dar sustentação. Abrigo de galhos longos, capazes de dar conforto e com seiva boa para fornecer alimentação em qualquer idade. É esta árvore que dá a sombra amiga, que abriga das tempestades e que sempre tem a flor e o fruto para ofertar. Longe estamos daquela figura indefesa da princesinha, porém sem querermos ser Amazonas, figuras onipotentes que se bastavam. Queremos, sim, como antes, o casamento e a maternidade, mas sem deixarmos de ter vida própria. A mulher está aprendendo à custa de muita culpa e sofrimento a ser uma subversiva contra os preconceitos e submissões, mas sem deixar, nem por um segundo sequer, de conhecer e respeitar seu papel.

Por isso é muito estranho que muitos ainda achem pouco o muito que elas fazem e, não raro, lhe atribuam culpas pelo tempo não disponível para todos.

Se algo não dá certo na vida de alguém, de quem é a culpa? Ora, é ainda comum que, rapidamente, a responsabilidade caia sobre a mãe ou a mulher. Elas são usadas como desculpa para o desrespeito dos filhos, para a traição dos maridos, para o alto custo de vida e mesmo para salário apertado que não dá para tudo ao final do mês. E a sua meiguice? Estranhamente essas figuras extraordinárias não a perdem, pois a têm geralmente de sobra. E sendo assim meiga, não deixa de querer seu príncipe. Ele não precisa ter olhos azuis ou um cavalo branco, pode ter um Fiat Uno velho ou mesmo andar a pé. Mas precisa ser doce e cavalheiro, dando ao menos a ideia de que irá lutar contra dragões para salvar-nos. Precisa ser trabalhador e cortês, mostrando que tentará fazer de tudo para ter-nos a seu lado naquele sonhado final feliz. Precisa demonstrar que ainda nos vê como sua princesa, mesmo sabendo que temos 58 anos. Estas são as velho-novas mulheres que não fazem outra coisa senão confirmar aquilo que está gravado nas escrituras bíblicas:

"Conta-se que os anjos estavam muito inquietos enquanto Deus criava a primeira mãe. Então um deles perguntou: – Senhor, não seria esta criatura muito frágil? – Sim, respondeu Deus. É frágil, mas é forte. – Mas como pode ser frágil e forte ao mesmo tempo, perguntou o anjo? – Simples, disse Deus. –Dei-lhe mais fé e coragem do que dei ao homem".

Novos Tempos na Vida doméstica, Vida Profissional e Maternidade

Nunca fui muito chegada à lida doméstica. Sempre atuei dentro do que precisei fazer, mas sem grande vontade ou prazer. Também nunca foi necessário. Minha mãe era a típica dona de casa, abnegada e disponível. Quanto a aprender a cozinhar, minha mãe sempre procurou bem deixar claro que eu não dava para a coisa. Ou seja, em sua concepção, eu não tinha habilidade para cozinhar. O engraçado é, que toda vez que eu tentava fazer algo na cozinha, ela antecipava-se e mostrava-me com detalhes que eu não estava fazendo correto. Demorou muitos anos para eu entender que minha mãe tinha um medo enorme de que eu aprendesse e gostasse dos afazeres domésticos. Ao mesmo tempo, em que ela sonhava com um casamento para sua filha, tinha um grande medo que a filha virasse dona de casa. Vida profissional não combinava com vida doméstica. Eram coisas excludentes. Eu tinha que ser a salvadora das mulheres antepassadas da minha família. Sendo assim, aprender a lidar com panelas e pano de chão, nem pensar. As duas coisas não seriam compatíveis.

Já meu marido, desde cedo, aprendeu as lidas domésticas. E mais, sempre gostou de limpar. Há poucos anos ele começou a se interessar por cozinhar. Não virou nenhum gourmet, mas demonstrou-se hábil com as panelas, o que tem proporcionado à família jantares deliciosos, sempre longe do tradicional churrasco. Estamos aprendendo a compartilhar papéis. Estamos começando a aprender a atuar em áreas das quais tínhamos medo e preconceito. Estamos iniciando um processo de descobertas, sem a obrigação de desempenharmos papéis pré-estabelecidos. Ele vai ao supermercado e eu posso trabalhar até mais tarde. Ele não se sente desvalorizado em fazer certas atividades e eu não me sinto desvalorizada por não exercer outras tantas. Estamos ficando mais livres. Porém, vez que outra eu penso: eu não deveria estar exercendo mais meu papel em nossa vida doméstica? Penso que não, mas sinto que sim. Ah!, esta velha dificuldade de conciliar, pensar e sentir.

As diferenças de gênero aparecem em brincadeiras sérias através do humor e piadas tais como: "mulher pilota muito bem é fogão." Ou ainda "homem que é homem não faz supermercado", o que na verdade não é outra coisa senão dar uma nova roupagem a velhos preconceitos, como diz o psiquiatra Simon Baron Cohen. Ele afirma ainda que: "a inteligência como um todo, não é melhor em um sexo do que no outro, mas são os perfis, refletindo forças relativas em determinadas áreas, que diferem". No entanto, no início do século XX, Gustav Lé Bom cometeu o engano de concluir que a inferioridade feminina era tão óbvia, que não podia ser contestada por um minuto sequer. Isto seria sexismo, ou seja, reduzir as pessoas a isto ou aquilo em função do seu gênero.

Os homens têm tido um papel muito importante no auxílio dos afazeres domésticos, após o efetivo ingresso da mulher no mercado de trabalho, mas ainda estamos longe de uma igualdade. Estudos demonstram que a mulher ainda é quem realiza a maior parte do trabalho doméstico e é a maior responsável pela educação dos filhos, mesmo que seu dia tenha sido tão ou mais estressante do que o do homem. Estando longe daquilo que chamamos de igualdade de direitos e menos ainda com relação aos deveres. A mensagem verbalizada por muitos maridos é: "podes trabalhar fora e estudar se quiseres, mas não podes deixar de lado teus deveres como dona-de-casa." Caso a mulher tenha passado um dia estressante em casa, precisa ainda se recompor para quando o marido chegar. Ele, que vem cansado do trabalho, espera, no mínimo, uma mulher cheirosa e de batom nos lábios a esperá-lo. O psicoterapeuta italiano Maurizio Andolfi ressalta que, na maioria dos casais, é a mulher que abandona a carreira. Ele diz: "trata-se de um mecanismo de feedback. Os imperativos biológicos da gravidez e da assistência aos filhos, e o significado que a nossa cultura atribui à díade mãe-filho, fazem com que as mulheres renunciem aos outros compromissos centrando-se na criação dos filhos."

Quanto mais centrada na esposa é o funcionamento de uma família, menos energia ela terá para si própria e muito menos para sua carreira. Arlie Hochschild, em seu livro *The time bind: when work becomes home and home becomes work,* 1997, relata um estudo em que muitas mães preferiam estar no trabalho a estar em casa. De fato, algumas delas saíam para o trabalho mais cedo só para sair de casa, descreviam o emprego como um lugar onde se sentiam bem-vindas, valorizadas, amadas, apoiadas e onde encontravam compreensão dos colegas. Bem, eu mesma conheço muitas mulheres que não sentem vontade nenhuma em voltar para casa.

Sempre soube de homens que utilizavam o trabalho como forma de manterem-se à distância de casa. Será que na atualidade as mulheres estão vivenciando estas realidades? Não é de admirar que a mulher, estando ciente de tudo que a espera em matéria de tarefas domésticas, não sinta vontade de voltar para casa. Ainda não se estabeleceu uma cultura onde as mulheres possam sair do trabalho para, antes do retorno ao lar, irem despojar no barzinho da esquina, como fazem muitos maridos. E algumas delas que assim o fazem, infelizmente, andam abusando do álcool para relaxar, conduta até então tipicamente masculina. Aumentaram com isso o uso do cigarro, começaram a ter uma alimentação desregrada e, é claro, bastante stress.

Após o trabalho, a maioria das mulheres vai cumprir suas tarefas de dona-de-casa, tais como: deixar a comida pronta para o dia seguinte, organizar as roupas da casa, acomodar os filhos e, finalmente, satisfazer sexualmente o marido ao fim da noite. Mas como ter vontade para o sexo depois de estar moída por um dia inteiro de tarefas? Onde buscar forças, como achar a excitação? Como sentir tesão? E quantas mulheres hoje em dia julgam-se com problemas de sexualidade, quando na verdade têm um diagnóstico bem claro: exaustão!

Exaustão, no caso feminino, não combina com tesão. Mulher cansada é como carro com bateria fraca, não pega. John Gottman, autor do livro *The seven principles for making marriage work*, 1999, citado por Peggy Papp, discute a relação existente entre a felicidade conjugal e a disposição do marido em participar dos afazeres domésticos: "as mulheres acham extremamente erótica a disposição de um homem em fazer tarefas domésticas." Cada vez mais se percebe que casais bem sucedidos são aqueles que conseguem manter uma complementaridade diante das obrigações e, ao mesmo tempo, um sentido de igualdade e de liderança compartilhados.

Já os casais disfuncionais são aqueles caracterizados por um desequilíbrio de poder. Nos alerta o terapeuta de família e casal, Maurizio Andolfi: "quanto maior é a posição de dominância e de autoridade de um sobre o outro, mais disfuncional e insatisfatório é o casamento." Este desequilíbrio leva à fadiga, depressão e insatisfação sexual.

Havia um seriado televisivo teoricamente feito para as crianças, mas que na prática acabou destinado ao público adulto. Chamava-se *A família Dinossauro*. O seriado ficou famoso com uma célebre frase do bebê da casa, que dizia: "não é a mamãe, não é a mamãe", sempre que o pai resolvia assumir alguma tarefa até então destinada à mulher. Há um episódio deste seriado, onde com o título em português, chama-se *A dança do acasalamento*. Neste episódio, a personagem Fran, mãe de dois adolescentes e de um bebê, entra em colapso. O marido chamado Dino, a princípio, busca ajuda com os amigos, os quais não veem nenhum problema nele, afinal são seus amigos. Em seguida, ele resolve dar férias à esposa, afinal de contas, até bem pouco tempo essa era uma abordagem fácil e acessível. Porém, nem sempre eficaz ou eficaz só por algum tempo. Mandar a mulher passear e voltar feliz, nova em folha, para então reassumir tudo novamente. Fran então retorna mais cedo das férias dizendo-se insatisfeita no seu lar, mas também insatisfeita longe de casa. Em seguida, seu marido busca ajuda com um terapeuta, que lhe ensina uma dança para reconquistá-la, dança esta intitulada *dança do acasalamento*, que por sua vez não funciona com a Fran. Ela acaba dormindo. No momento em que Fran dorme, o bebê acorda e chora, mas quando Fran vai levantar-se para atender o bebê, o marido Dino, de forma prestativa e para a surpresa de Fran, diz: "dorme, eu cuido disso." Fran levanta-se e vai espiar. O que ela vê é seu marido no papel de pai, ninando o filho. Claro que só depois de ter levado umas paneladas na cabeça com o bebê gritando "não é a mamãe, não é a mamãe". O bebê adormece, ou melhor, finge adormecer e Fran, então, toma o marido pelas mãos, com aquele olhar malicioso, e o convida para irem para a cama. Dino diz: "mas Fran, você está cansada. Eu fiz a dança do acasalamento e você não gostou!" Então Fran responde: "eu gostava daquela dança do acasalamento há vinte anos atrás. Hoje em dia eu gosto desta dança do acasalamento: eu preciso de você e você me ajuda, eu cuido das crianças e você me ajuda, e assim por diante."

Peggy Papp, em seu livro *Casais em Perigo*, observa: "para que Viagra? O que muitos maridos não percebem é que, no caso de mulheres, cujo desejo sexual depende do vínculo emocional, a disponibilidade do marido para dividir os problemas domésticos pode agir como um afrodisíaco poderoso." Ela também questiona, de forma brilhante, a importância das questões domésticas para o casal. Muitos terapeutas consideram estas questões muito superficiais, preferindo assuntos mais aprofundados ou mais significativos. Rotina e cansaço não combinam com tesão. Poucos sabem estes profissionais do poder de destruição que os assuntos domésticos e as rotinas simples do dia-a-dia têm para o casal.

Recentemente, num domingo à noite, um programa de televisão apresentou, pela milésima vez, uma matéria afirmando que os homens são muito atrapalhados nas atividades domésticas e no cuidado para com os filhos. Fiquei muito braba por ver mais uma vez o reforço de um grande preconceito. Homens e mulheres podem desempenhar muito bem o papel um do outro. Há mulheres excelentes no trabalho fora de casa e homens podem ter muita habilidade nas tarefas e cuidados dos filhos e do lar. Muito desse preconceito também é reforçado pelas mulheres, na tentativa de dizer: em alguma coisa somos melhores do que vocês, homens. É claro que, em qualquer coisa em que não se tem experiência, o primeiro contato possa ser muito atrapalhado e até mesmo desastroso, mas nada que não consigamos aprender. Alguns não terão habilidade para certas coisas, porém isso independe de gênero e sim do estilo de cada um. O diferencial não está em ser homem ou mulher.

Homem pode saber cozinhar, mulher pode não saber cozinhar, sem que isso tire seu valor como pessoa e como mulher. Homem pode gostar da lida doméstica e mulher pode detestar, sem que isso a torne menos importante do que qualquer outra mulher. A psicologia freudiana vê os homens como o sexo principal, até mesmo superior. Eles são poderosos, têm mais recursos psíquicos e emocionais e governam o mundo. Grande parte das brigas diárias, assim como os maiores problemas matrimoniais, são o resultado direto da forma como as identificações masculina e feminina são negociadas ou distribuídas entre os parceiros. Esta mentalidade está mudando através da flexibilidade de homens e mulheres pioneiros na arte de compartilhar uma nova realidade. Vivemos uma nova era onde homem e mulher são importantes para o todo.

Quando uma mulher passa a imagem de que ela pode tudo e que, como mãe, faz tudo, nota-se uma boa maneira de desprezar e de reprimir o homem. Muitas vezes, carregamos uma raiva para com o masculino que não parece ter lógica, mas que é oriunda de nossas antepassadas.

A distribuição de tarefas não deve observar o gênero, mas sim o gosto, o estilo e as capacidades de cada um. Simon Baron Cohen diz: "não presuma que a mãe seja sempre a melhor pessoa para cuidar do filho, porque o pai pode ter uma capacidade maravilhosa de empatia, entrando em sintonia com as necessidades da criança, o que talvez a mãe não consiga. Em geral os juízes das varas de família presumem que a mãe é capaz de cuidar melhor da criança, mas estão errados nesse pré-julgamento, baseado em estereótipos. E que se suponha que uma jovem não vá sobreviver ao curso de matemática ao qual se candidatou, ela pode ser uma sistematizadora talentosa, muito mais do que o jovem candidato que espera lá fora. Indivíduos são somente isso."

É engraçado observarmos quando uma mulher e um homem vão a um restaurante e pedem um refrigerante e uma bebida alcoólica. O garçom, somente em raras situações, perguntará de quem é o refrigerante. Ele servirá à mulher. Antigamente os homens falavam com certo orgulho que havia coisas que somente eles sabiam fazer. Hoje têm mulheres se gabando e dizendo erroneamente a mesma coisa, têm coisas que somente as mulheres sabem fazer.

"Embora o interesse pelos outros antes fosse visto como uma atividade basicamente feminina, hoje é admitida como algo que também é importante para o homem. Bem sabe quem teve um pai ou um avô amoroso, *O herói e o fora da lei*, Carol Mark. Bem sabem minhas filhas, que têm um pai disponível para cozinhar, cuidar da arrumação do quarto, até mesmo dos seus cabelos. Bem sabem meus filhos, que têm uma nova visão de homem, mais habilidoso, e de mulher, também mais habilidosa, ampliando assim aptidões e conhecimentos. Não desejo uma sociedade onde os homens batam em retirada, nem tão pouco uma sociedade onde os papéis sejam definidos por preconceitos. O terapeuta de família Bert Hellinger afirma sabiamente que não se ganha a simpatia de um homem combatendo-o. Ele nos diz ainda que a verdadeira grandeza não se alcança diminuindo os outros, mas ficando em paz consigo mesmo. Se sinto-me superior, não estaria eu degenerando meu próprio valor real? Ele defende a ideia de que honremos o masculino, apesar de todas as injustiças. Mulheres poderosas, executivas de sucesso, mas honrando a todos e sendo também honradas. Todos, enfim, independentemente de gênero, solidários uns com os outros.

O termo mães executivas é bastante novo para nós mulheres. Há uma leva de novas gerentes e diretoras quebrando paradigmas no Brasil. Essa mudança é um reflexo do que a própria mulher tem feito por si mesma, que é preparar-se adequadamente. Paulo Kretly, presidente da consultoria Franklin Covey, de São Paulo, afirma que, se as empresas querem dar vez à diversidade, precisam rever seus conceitos. A experiência de consultores, de acordo com matéria de Anne Dias, na revista Você S.A., de setembro de 2005, mostra que, em geral, uma profissional fica até dois anos sem uma promoção, após engravidar. Outra pesquisa feita pela consultoria Watson Wyatt, em abril de 2005, com 109 empresas, revela que as mulheres estão longe de ser a maioria nos cargos mais bem remunerados. Somente duas das companhias estudadas têm mulheres na presidência. Na gerência as profissionais ocupam 18% das vagas. Sua presença não está mais disseminada porque, a cada degrau que sobem, há um preço a pagar e nem sempre estão dispostas a isso, afirmam os consultores empresariais.

Os homens não têm problema algum em dedicar mais tempo ao trabalho do que à família. Daí a importância de se ter uma boa estrutura para poder conciliar vida doméstica, filhos e vida profissional. Segundo um levantamento da Catalyst, instituição americana sem fins lucrativos, que estimula o desenvolvimento profissional feminino, há uma grande relação entre o número de mulheres no topo das empresas e o desempenho dessas companhias. "As mulheres geram muito dinheiro", afirma Mário Grieco, presidente da indústria farmacêutica Bristol, que tem 22% dos cargos de comando, metade da diretoria e metade dos cargos de chefia nas mãos das mulheres.

Todo mundo se beneficiaria se, uma vez ou outra, abandonássemos a nossa supereficiência e parássemos para olhar o outro, afirma Mary LoVerde em seu livro *Mulheres que fazem demais*. A melhor coisa que se pode dizer a uma mulher é que ela é atenta. Atenção tem a ver com olhar e para olhar é preciso tempo. As crianças, principalmente, sabem que somos imperfeitos, mas nos querem totalmente presentes. Para estar presente de corpo e alma, a mãe precisa estar descansada. Nenhum filho quer que a mãe esteja presente, mas sentada no quarto escuro por estar deprimida. Filhos não se importam se a mãe sai de férias, desde que ela volte disponível para eles. O problema hoje em dia é convencer muitas mulheres a tirar férias. Sabe aquela sensação de que estamos perdendo alguma coisa? Estar presente na vida dos filhos requer não o corpo, mas a alma. As crianças precisam que olhemos para elas, que nos concentremos nelas, ininterruptamente, sem atender ao celular o tempo todo. Não é possível ser mãe apenas por um minuto, muito menos prestar atenção com pressa. Então pare e sente-se. E agora me dê cinco minutos para ler um artigo com o mesmo nome.

Tenho aprendido muitas coisas nesta brincadeira séria de escrever. Recebi uma grande dica do meu ex-colega de jornal, o Guerreiro. Ele me falou: "Cris, as pessoas não gostam de ler nada que seja muito grande. Ninguém mais tem paciência para ficar lendo". Só que isso não tinha nexo para mim. Minha mãe, agora com 83 anos de idade, havia recém terminado de ler a história do evangelista Lucas, livro com nada menos que 800 páginas. Pois não é que ele tem razão. Acabo de ler um artigo na revista Super Interessante que relata existir um consenso entre os editores do mundo todo: os leitores têm cada vez menos tempo e paciência para ler. O jornalista canadense Carl Honoré diz que a leitura rápida é um dos sintomas de uma epidemia que assola as sociedades industrializadas, ou seja, o desejo de viver em velocidade. Mas digo isto tudo apenas para contar que Carl encontrou um livro de histórias de ninar de um minuto. Vocês acreditam nisso? Histórias de ninar de um minuto.

Fui testemunha da célebre frase dita aos pais por muitos especialistas: o que importa não é o tempo que você passa com seu filho, mas a qualidade deste. Pois vou dizer, não separo mais tempo e qualidade. Comer com tempo, namorar com tempo, conversar com amigos com tempo, trabalhar com tempo, escrever com tempo e, principalmente, falar com meus filhos e estar com eles com tempo. Ok, nem sempre isto é possível, mas quem faz o tempo? Estamos doentes como nossa sociedade, mas não nos damos conta disso.

Dificilmente conversamos com alguém sem dar uma olhadinha no relógio. Nossos filhos também estão com problema de tempo. Não conseguem mais sentar à mesa sem estar com o celular ao lado, afinal de contas podem perder algo muito importante. Não gosto de perder tempo, ninguém gosta, mas ele é o mesmo com a gente correndo ou não. Adoro observar no semáforo os motoristas inquietos e sem paciência, olhando vidrados para aquelas luzes. Aí daquele que não perceber o sinal verde em segundos, pois será trucidado por buzinas e sinais obscenos. Afinal, não podemos perder dois minutos. Em uma viagem recente, com toda minha família, pude observar melhor esta verdadeira loucura. Estávamos no aeroporto da Cidade do México quando fomos informados que teríamos que esperar algum tempo em nossa conexão, devido a reparos na aeronave em que viajávamos. Mesmo as crianças menores colaboraram. Sabiam que logo estaríamos no céu e que tudo precisava funcionar perfeitamente. Já uns marmanjos, senhores inteligentes, executivos, homens e mulheres de negócios, estes sim se comportaram como débeis mentais, gritando e insultando funcionários de forma até teatral, fazendo-me envergonhar da minha condição humana.

A dificuldade de ser destemida

"Filha, nunca coloque a sorte no lugar onde deve ficar a coragem."
Clementine Padleford
"O passado e o futuro nos parecem sempre melhores, o presente sempre pior." Shakespeare

Sempre tive dificuldade em ser destemida e corajosa. Pelo menos foi nisso que eu sempre acreditei. Era sempre difícil integrar ser com agir, de forma corajosa e destemida. Como eu, muitas mulheres não tiveram a chance de treinar confiança, coragem, determinação, bravura. Mesmo hoje, muitas mulheres, extremamente atuantes profissionalmente, continuam sentindo-se como meninas, quando o assunto é determinação no afeto, sentimento de poder e autoridade pessoal. Existe um falso sentimento de autocontrole, uma falsa sensação de determinação. As mulheres já conseguem serem líderes, apesar de ainda não terem internalizado este sentimento de liderança.

Muitas mulheres afirmam que são líderes, porque veem esta questão como mais uma tarefa a ser cumprida, não como uma conquista alcançada. Falo em conquista porque, assim como o autor e consultor de administração Lance Kurke, acredito que a liderança não pode ser ensinada, mas, de modo contrário, pode ser aprendida. No livro *Alexandre, o Grande*, do escritor Lance Kurke, este afirma que Alexandre não aceitava as percepções do seu meio como limitações. Grandes problemas eram reformulados em alternativas para serem, então, solucionados. Nós, ao contrário, vemos todo e qualquer problema como um empecilho.

Ser destemida nunca foi e não é algo inato. Pelo contrário, é algo que deve ser treinado nas meninas, para então ser adquirido. O filósofo inglês

Herbert Spencer observa: "lembrai-vos que a finalidade da educação é formar seres aptos para governar a si mesmos, e não para serem governados pelos outros". Reforça-se a ideia de que menino pode subir em árvore, menina pode machucar-se, menino pode jogar futebol, menina pode machuca-se, menino pode sair com os amigos, menina pode machucar-se. Dizemos o tempo todo frases que estimulam os meninos a serem meninos, acreditando serem mais fortes. Frases como: vai lá, você já é um homenzinho, vai, você pode, você consegue, você é forte, nossa, você está crescendo, veja os seus músculos. Quando nos está sendo negada a autoridade para agirmos, a maioria de nós sente-se depreciada, nosso ego é arranhado. Ao examinarmos cuidadosamente este arranhão, o que vamos encontrar pode ser acuradamente descrito como uma diminuição de nossa percepção de nós mesmos. Nos sentimos psicologicamente menores.

Em resumo, é passada a ideia de que menino sabe se cuidar, menina não sabe. Simon Cohen, em seu livro *Diferença Essencial*, afirma que os pais não gostam de ver os filhos demonstrando dependência emocional. Ao contrário, os pais sempre valorizam e recompensam as filhas, por seguirem o padrão meigo, obediente e passivo. Assim, não é por acaso que existem muito mais homens inventores que mulheres. Pais protetores são importantes, mas que não tirem a autonomia de suas filhas. A disposição para o risco não é apenas física, mas também mental. A inovação envolve riscos: experimentar algo desconhecido, em vez de se apegar a tradições testadas e confiáveis. Desmond Morris, *A Mulher Nua. Um Estudo do Corpo Feminino*.

Restringimos, assim, nosso campo de atuação em todos os sentidos. Segundo Lois P. Frankel, a mensagem incutida em nós, mulheres, é: joguem com segurança, não com inteligência. Os meninos são premiados por serem aventureiros, fortes e agressivos. Muitas mães transmitem ansiedade e medo quando suas filhas demonstram atitudes de independência, denotando as fantasias que essas mães têm do perigo de ser destemida. Mesmo, inconscientemente, os pais incentivam os meninos a correrem mais riscos e, consequentemente, a acreditarem mais em si mesmos. Em resumo, novamente a ideia de que menino sabe se cuidar, menina não sabe. O Dr. Connell Cowane e a Dra. Melvyn Kinder, no livro *Mulheres Inteligentes Escolhas Insensatas*, afirmam: "as crianças não têm como julgar se comportamentos são saudáveis ou não, justificáveis ou distorcidos e impróprios. Simplesmente observam e aprendem."

Lembro-me que, quando eu era menina, costumava brincar em frente de casa, porém, ao entardecer, precisava entrar logo. Isto numa época e numa cidade que não representavam nenhum perigo real em ficar na rua. Mas algo estava no ar. Somente os meninos podiam brincar até mais tarde. Eu sempre pensava no quanto estava perdendo e no que eles seriam diferentes para receberem aquela permissão. A porta, pouco a pouco, deixa de ser a da nossa casa, passando para dentro de nós. Este comportamento gera um presídio interno, de segurança máxima. Há também as teorias preconceituosas: a pressa gera desperdício, olhe antes de saltar, pare e pense, não julgue um livro por sua capa e assim por diante. Diz Malcon Gladwel: "acreditamos que estamos melhor colhendo tantas informações quanto possível e gastando o máximo de tempo possível em deliberação." Assim, nossos instintos acabam sendo perfumados por uma infinidade de informações que, além de atrapalhar, incrementam o nosso medo, impedindo muitas vezes de sermos assertivos. Como mães é exatamente assim que nos portamos.

Fantasia ou não, naquela época eu tinha a sensação de que todos estavam tendo algo do qual eu teria que ficar de fora. Certamente era algo sensacional, mas que devia ser perigoso e para o qual eu não estava preparada. Algo de ruim poderia acontecer. Grande parte da graça da vida acaba se perdendo, caso nunca possamos suprimir nossos mecanismos de proteção, partilhando da alegria de nos sentirmos livres. Como eu olhava pela janela e não via nada acontecendo, apenas crianças correndo, brincando e se divertindo, logo chegava à conclusão de que o problema era eu. O algo terrível estava dentro de mim. Ou aquele algo terrível eram os outros. Como diz Martha Medeiros, em sua crônica *O que os outros vão pensar*: "os outros tinham o poder de acabar com nossa reputação". E o pior é que, aos poucos, ela vai falando que os outros habitam o mundo inteiro: "não existe monstro mais funesto do que aquele que tolhe a nossa liberdade."

Fui treinada, assim como muitas meninas, a não ser corajosa. Fui treinada para ser reprimida ou reprovada, quando demonstrasse certa desenvoltura para determinadas atividades. Merlin Stone, citada por Sandra Wlaston, comenta que os homens conquistaram a imagem dos seres humanos capazes de realizar as melhores e mais importantes façanhas, enquanto as mulheres foram relegadas ao papel de coadjuvantes, reforçando a ideia de que esta era a forma natural das relações homem X mulher.

Talvez venha daí a minha paixão em trabalhar dificuldades em assuntos de negócios com os homens, e a minha satisfação em atendê-los. Não como forma de me sentir superior, mas sim, igualmente importante, independentemente de ser homem ou mulher. Tenho tido esta alegria ao longo da minha carreira, bem como o respeito dos meus pacientes homens. Porém, neste aspecto, sou suspeita, pois acredito ter a alegria e a sorte de atender pacientes homens que costumo chamar de diferenciados por natureza. Se eles chegam a mim é porque já são especiais. Mas, voltando ao assunto, fui crescendo sempre acreditando que os homens podiam certas coisas e as mulheres não. Homens e meninos eram da rua, mulheres e meninas de casa. O filósofo Kierkegaard, no livro de Susan Page, afirma: "ousar é perder temporariamente o ponto de apoio. Não ousar, perder-se na vida."

A coragem não é treinada nas meninas, mas, com o passar do tempo, é exatamente isso que acaba sendo exigido e cobrado delas. O engraçado é que, se uma filha vai morar sozinha, lhe explicamos como lavar a roupa e como elas devem cozinhar. Mas se um filho vai morar sozinho, aí dizemos que eles podem trazer a roupa para a mamãe ou a empregada lavar. Ele também pode jantar na casa da mamãe, afinal, não há necessidade de preparar sua própria comida. Engraçado este machismo. Ele não é reforçado por nós, mulheres mães?

Há uma situação muito engraçada em relação às mulheres. Na verdade é de chorar. Há bem pouco tempo atrás, conversando com uma paciente, ela me contou que ficava nervosa ao passar por uma barreira policial. Sempre tinha a sensação de que a parariam e que ela estaria com alguma coisa errada. Comecei a rir e, além de interpretá-la, aproveitei para explanar um pouco sobre nossa cultura. A escritora Argentina Maitena diz que uma das coisas tipicamente típicas eram as mulheres sentirem medo quando aparecia o cobrador: medo de não ter o bilhete, de estar com o bilhete errado, de estar no trem errado e assim por diante. Então lembrei que eu sentia a mesma coisa ao passar pela alfândega nos aeroportos, ou quando ia utilizar meu cartão de crédito em alguma loja. A sensação de que alguma coisa estaria errada sempre me acompanhava. Então, acabei escrevendo o artigo *Quem não deve* **teme**, publicado em nosso Jornal NH.

"A vida se expande proporcionalmente à coragem do indivíduo", Anais Nim, *Amores Possíveis*, pág. 85, Livro do filme de Sandra Wernwck. Como ampliar horizontes, se não treinamos a coragem para tais feitos? Como expandir a vida, os afetos, as conquistas se não podemos descobrir e desenvolver nossa coragem? Coragem não é a ausência do medo, mas sim a presença da fé, apesar do medo.

Soube que no século XVIII, Alexandre Pope escreveu: "A esperança brota infinita no peito humano." Não sei se isso se adapta aos dias de hoje. Como eu tenho dúvida disso. Eu perguntaria: cadê a nossa esperança no futuro? Não estamos vivendo novamente com medo, através de um pessimismo enorme? Não estaríamos novamente com medo e cheios de receios nas ruas, no trabalho,na maternidade e no nosso interior? Mudanças representam ganhos e perdas. Representam novos desafios, desacomodando, incomodando, mas também alegrando e acrescentando, afirma a psicoterapeuta de família e casais, Iara Anton.

A formação da dependência

"O melhor presente Deus me deu:
A vida me ensinou a lutar pelo que é meu."

Desde muito cedo, as meninas vão formando uma necessidade psicológica de ser dependente. A independência passa a ser evitada. Ser independente pode significar estar vulnerável a todo e qualquer tipo de perigo. Quando os pais dizem: cuidado, é como se estivessem dizendo: não acredito que sejas capaz.

O psiquiatra Gaiarsa afirma, em seu livro *Brigas de Casal*, lições de amor: 1997, pág. 138: "a natureza, como a maior parte das pessoas, prefere de longe a segurança à felicidade, a repetição à variação, a prisão à liberdade, mesmo quando vivemos dizendo o contrário."

Puxar a responsabilidade para nós e deixar de sermos as protegidas, asseguradas pelo braço de um homem, pode trazer pânico. Quanto mais ficarmos atrás dos homens, mais afirmamos na fantasia nossas incapacidades e o medo somente cresce. Afaste-se do que assusta é a mensagem que recebemos. Ninguém diz, vá lá e enfrente. Aliás, esta frase foi dita por Martina Navratilova: "Vá lá e simplesmente faça o que tem que ser feito." Mas, muitas vezes, é dito você não sabe, ou ainda isto é coisa de homem, ou quem você pensa que é? "As meninas se convencem de que precisam ter proteção, sob pena de não sobreviverem" diz Colette, 2001, pág. 89. Confiança é uma coisa que adquirimos com a prática. Mesmo quando as coisas não dão certas.

Quando você tentar e não conseguir algo, é natural que desanime, mas precisamos treinar não ter medo de sentir-se decepcionada. Não permita que a decepção a impeça de prosseguir. O problema é que a maioria de nós, mulheres, desiste cedo demais ou antes mesmo de começar. E cada vez que desistimos, aumentamos a sensação de fracasso. As mulheres, afirma Ute Ehrhardt em seu livro *E A Cada Dia Menos Boazinhas*, são deseducadas, desestimuladas a serem corajosas e ambiciosas, 1998, pág. 20.

Meu pai desde cedo deixava claro que eu precisava ser constantemente vigiada. Primeiro, quando pequena, porque poderiam me roubar. Isso mesmo. Constantemente ouvia histórias de ciganos que roubavam menininhas bonitas, para serem vendidas como escravas. Tinha muito medo de ciganos. Diziam-me que eles poderiam levar-me embora e que coisas terríveis poderiam acontecer. Eles eram os culpados de eu passar dias olhando a vida pela janela. Depois, quando um pouco maior, precisava ficar dentro de casa, porque os vizinhos falariam de mim caso ficasse na rua, pois meninas que brincavam na rua ficavam mal faladas. Odiava os vizinhos porque me obrigavam a ficar olhando a vida através da janela.

Depois, adolescente, o problema eram os moleques, assim meu pai denominava os meninos que iriam aproveitar-se de mim e, claro, eu seria a imbecil que não saberia me defender. Então, tive que passar a adolescência olhando a vida pela janela. Adulta, logo tratei de casar e, por algum tempo, olhei a vida do mesmo modo. Depois, separada do meu primeiro casamento, não poderia ir onde não conhecido. O meu lugar deveria ser o das mulheres descasadas: dentro de casa novamente. Apesar de todos os avanços e conquistas, às vezes, me pergunto o quanto ainda não fico hoje, por vezes, olhando muito a vida pela janela e agindo pouco.

Criaram e, muitas vezes, continuamos criando uma sensação de vulnerabilidade nas meninas que as acompanha na vida adulta. Criamos um receio eterno que fala em nossa mente: não confiem em ninguém, coisas ruins podem acontecer se você sair do espaço demarcado. Mantenha certa distância dos outros e, principalmente, não confie em você mesma.

O problema é que repetimos este padrão em nossas relações com nossas amigas, colegas e, pior, com nossas filhas. Não percebemos que repetimos diálogos intermináveis, cheios de receios. Por isso é tão importante mudar os diálogos que temos em nosso interior.

Em contrapartida à dependência e à falta de determinação existe uma cobrança ancestral que nos cobra regredir jamais. É como se fôssemos as detentoras de todos os recalques de nossas antepassadas, precisamos criar poderes sobrenaturais, ir em frente e enfrentar, mas quando estes superpoderes são treinados?

Lembro que uma das disciplinas que cursava na escola era Educação Doméstica. Nos ensinavam o papel de esposa e mãe. D'Ávila Neto afirma: "A instrução feminina obedeceu longamente à criação de escolas aptas a educar meninas para seus futuros papéis de esposas e mães. Os cursos de trabalho manuais e artes domésticas constituíram a base desses currículos... A escolaridade das mulheres obedece a sérios preconceitos que envolvem um problema mais amplo: a valorização do papel de dona-de-casa... A orientação familiar é ainda eminentemente voltada para a preparação da mulher para o casamento e se permite, com muito mais tolerância à solteira trabalhar do que a casada, 1994".

Desde cedo os sentimentos considerados negativos, tais como, raiva, coragem, enfrentamento e ousadia são desestimulados nas meninas. Desta forma, acaba evitando qualquer situação em que possa haver brigas. Briga e luta acaba tendo o mesmo significado e, quantas vezes, quando vamos lutar, temos a sensação de que não nos comportarmos bem e de que estamos brigando. Quanto mais reprimida, mais reclusa for uma mãe, mais dificuldade terá de libertar sua filha. Neste aspecto, as mães têm um papel libertador muito maior e mais importante que os homens. "Quando a mulher tem um constructo de mãe prostrada dentro da sua psique ou da sua cultura, ela é indecisa quanto ao seu valor. Podemos ter esta percepção, mas muitas vezes, acabamos sentando, chorando e lamentando exatamente como nossas mães. Afirma ainda *Estés*: "devemos nos recusar a nos tornarmos outra mãe prostrada para si mesma. 1994, pág. 225." O problema é que quando pensamos em mudança vem a sensação da falta de coragem. Sempre recordo de um desenho animado o personagem de uma hiena se queixava de tudo e afirmava: "Oh! vida, Oh! dor, Oh! vida..." vivia na queixa sem promover nenhuma mudança.

As mulheres foram treinadas para achar que não tinham qualquer relação com a construção da história do mundo, e para se acomodarem ao papel de passividade. Diz Naomi Wolfe, em artigo intitulado *O futuro é nosso e não podemos perdê-lo*. Os escribas pouco comentaram os feitos femininos e quando o fizeram não foi de forma favorável. Começando, inclusive, pelo livro mais popular da história, a Bíblia, onde Eva foi a culpada pela queda do homem.

Muitas ainda ficam na janela, olhando, enquanto outros divertem-se vivendo a vida. As únicas mulheres extraordinárias de que se tinha notícia, na minha época, era a mulher biônica, pessoa que era meio humana, meia máquina e, assim, tinha força e poder, e a personagem da mulher maravilha.

Ambas eram destemidas para salvar o mundo, corriam, voavam, esmurravam o adversário, lutavam, mas eram condenadas a serem sozinhas. Também tinha um seriado de televisão intitulado *As Panteras*. Três mulheres belíssimas, aparentemente bem sucedidas e inteligentes, que lutavam contra o mal.

Coragem era sinônimo de bravura, e não sinônimo de sua etiologia real, que é agir com o coração. A palavra coragem vem da união do coração com o agir. Cor + ação, cor + agir = coragem. Desta forma, coisas corriqueiras do dia a dia nunca eram associados a coragem ou a ser destemida. A maioria das mulheres, quando aponto no consultório o quanto elas são corajosas, ficam surpresas, porque nunca se viram desta forma, esperavam os feitos fantásticos dos filmes para se considerarem corajosas e destemidas. Os afazeres da rotina dificilmente são considerados atos corajosos.

Todas as heroínas da minha época tinham algo em comum: eram sozinhas. Era muito desanimador. A visão de que, se fôssemos extraordinárias seríamos sozinhas como elas, desempenhava um papel antiforça. Era mais fácil fazermos o papel das mocinhas frágeis que aguardariam chegar o salvador, que não seria necessariamente herói, mas teria habilidade o suficiente para proteger e salvar, uma vez que os super-heróis também ficavam sozinhos, à mercê de gozação por parte dos demais homens.

Os aspectos comuns do cotidiano eram vistos de forma simplória e totalmente desvalorizada. Sendo assim, não conseguia, como tantas amigas, identificar em nossas mães o verdadeiro sentido do ser destemida e corajosa. Quantas histórias você teria para me contar, dos feitos das mulheres de sua família. Quantas histórias de coragem, de luta, são esquecidas porque não fazem parte do mundo coorporativo dos negócios.

Ser destemida na atualidade encobre muito choro no final do dia, sob os lençóis. Depois que cai a máscara, a fragilidade aparece, mas por pouco tempo. As mulheres estão ficando rápidas em vestirem a roupagem de destemidas, e nem precisam de cabine para a troca da roupa, é automática. Assim ninguém percebe que, por trás da máscara da heroína, tem uma mulher. Passamos do somos frágeis ao nunca somos frágeis, logo somos as mulheres maravilhas, mulheres biônicas, as panteras da atualidade e do futuro. Não me parece nem um pouco excitante tal futuro.

Prefiro a mulher moderna, com o singelo e significativo pseudônimo do desenho espetacular da Pixar, intitulado *Os* **Incríveis**. No filme, a personagem da mulher, da mãe e dona de casa, não é nada menos do que a mulher elástica, capaz de, em sua simplicidade e força, salvar o mundo, mas ao lado do marido e dos filhos. Até porque, acredito mesmo na capacidade de elasticidade inata das mulheres.

Toda criança deve ser estimulada a encontrar uma solução e partir para a ação, assim ela irá tomando contato com sua força e repetindo pequenos atos de enfrentamento de problemas, que irão fazendo dela uma pessoa corajosa, afirma Sandra Waltson, 2005, pág. 44. Porém, vivemos um pessimismo interno, que nos leva a acreditar que nunca teremos tanta habilidade quanto os outros. É a tendência em achar que todos têm mais coragem, mais força e, principalmente, mais competência que você. Pior ainda se você tiver uma mãe ou uma daquelas tias que sabe sempre o que é melhor para a vida de todo mundo, dizendo: "mas você acha que tem condições de fazer este projeto? Ou ainda, "você acha que é capaz de fazer tal coisa, sei não, pode dar errado."

Aqui também entra um grande problema feminino que é a modéstia. As mulheres, desde muito cedo, aprendem a dar valor à modéstia como uma característica valorosa. Assim mesmo, quando adultas, se alguém enaltece seus feitos, logo vem o constrangimento como resposta. Mais ou menos como: "é melhor não contar ao meu pai que fui até a padaria sozinha". "É melhor não contar a minha mãe que subi naquela árvore, ela pode não gostar." Eu tenho medo de ensinar tal modéstia à geração de mulheres que vem depois de mim, minhas herdeiras, minhas filhas e netas e, claro, as mulheres que trabalham comigo, minhas pacientes. Penso que é para elas que escrevo. Quero que aprendam a valorizar-se nas pequenas coisas, para acreditarem nas grandes coisas. Fora a falsa modéstia que tira a valorização.

Temos que ter algum cuidado. O cuidado de que a ousadia, em certas situações, tem um lado ruim: o da megalomania. Achar que podemos desbravar o que não podemos, mudar o que não podemos, investindo em coisas que não nos levem a lugar algum. Neste aspecto, costumo acreditar no poder do bom senso de cada uma.

Os escritores Matt Weinstein e Luke Barber escreveram que os cachorros têm uma espécie de confiança essencial em que o mundo é um lugar seguro e acolhedor, pág. 40, *Cão que Late Não Morde*. Que inveja deste otimismo em relação à coisas e pessoas. Como seres inteligentes e pensadores que somos, perdemos para os cachorros, quando o assunto é confiar em nós mesmos e no futuro. Existe uma desconfiança geral. Grande parte das pessoas visualiza o mundo como um lugar assustador e o futuro algo cheio de incertezas, que deixam sempre um ar de suspense, de horror. Se não pudermos acreditar no ser humano e na natureza de que as coisas seguem para um crescimento natural, ficará difícil querermos crescer.

Quem irá nos salvar?

"A vida é uma escola de perdas."

Isabel Allende

Sempre ouvi dizer que um homem salvaria minha vida. Assim como minha mãe, minhas tias e amigas, enfim, todas as mulheres acreditavam nisso. Chegando a ter um comportamento infantilizado para fazer o papel da menina desamparada. O engraçado é que, na vida do homem quem inicia todo desamparado e dependente de uma mulher é ele, no caso ligado à mulher e a sua mãe. Onde, então, estas mudanças começam a acontecer? Todas as histórias infantis que chegavam às minhas mãos tinham um homem salvador. As mulheres tinham o papel de mães, madrastas, ou avós, mas sempre assumiam posições submissas, repressoras, ausentes ou controladoras. Não recebendo o papel de salvadoras, apesar de o serem em muitas vezes.

Os homens em todas as histórias eram aqueles que vinham para salvá-las e garantir-lhes proteção. Eram fortes, valentes destemidos. Tinham viajado o mundo todo e se aventurado em situações. O terapeuta de família e casal Carl Whitaker fala: "Um dos grandes problemas na vida é entrar em relacionamentos com a fantasia de ser protegido ou cuidado. Esperar que um namorado a proteja da necessidade de ser uma pessoa real é um risco. Se ele fracassa, você fica amargamente desapontada. Pior ainda, se ele consegue, você não é ninguém." 1990, pág. 86.

Desde pequena eu tive o meu príncipe muito bem formado. Ele era de carne e osso, era meu irmão mais velho, responsável por proteger-me do meu pai, responsável por proporcionar regalias como presentes de que eu gostava. Responsável por levar-me para passear em lugares que não fossem a escola ou a igreja. Suspirava e agradecia sempre por ter o meu salvador. Ele não tinha medo de encarar qualquer dragão por mim e sempre me dizia isso. No meu caso o dragão era meu pai.

Para outras meninas o pai é o salvador. Aquele modelo de pai prestativo e sempre disponível condiciona muitas mulheres a procurar as mesmas características do pai nos seus companheiros. Eles precisam ser iguais ao papai, para ser mais exata. Muitas mulheres constroem assim a ideia de um pai e marido idealizado, como nos contos de fada. Muitas mulheres continuam essas buscas eternamente na vida adulta. "A busca de um amor perdido de um pai é irremediavelmente uma atividade perdedora." *Mulheres Inteligentes Escolhas Insensatas*,1997, pág. 39. As mulheres que empenham-se nessa busca sabem, apenas, que sempre acabam sentindo-se desapontadas com os homens, mas isso não porque os homens eram inadequados, mas sim porque suas exigências e expectativas eram distorcidas, coloca o Dr. Connel e Dra. Melvyn Kinder, 1997, já citados.

Ninguém conta uma parte da história, a de que os príncipes perdem o emprego, que podem nos trair e, principalmente, que morrem. Nas histórias eles são sempre eternos e responsáveis por acordar as mulheres para a vida. O meu príncipe morreu aos 31 anos. Na época eu era uma princesa de dezessete anos. Eu teria que enfrentar a partir dali todos os dragões sozinha. Mas, em algum nível, assim como a autora do livro *O Ano do Pensamento Mágico*, Joan Didion, eu acreditava que o que tinha ocorrido poderia ser revertido. Cansava de ter alucinações quando ia ao supermercado e em uma nuca qualquer enxergava a imagem do meu irmão. Volto a citar a escritora Joan quando ela afirma: "Como é que isso pode ter acontecido quando tudo estava correndo normalmente?" pág. 68. A verdade é que alguns acontecimentos simplesmente acontecem e roubam as nossas certezas, deixando-nos nus e sem proteção.

Acreditamos que coragem e força são atribuições de homem. Isto porque o termo coragem geralmente é associado com força bruta. Basta olharmos a televisão para ver os filmes de ação, recheados de cenas onde erroneamente associamos com coragem. Criamos a teoria de que os homens dominam e as mulheres obedecem. Assim, ficam protegidas ou presas? O psiquiatra Gaiarsa observa que toda proteção é uma prisão, 1997, pág. 66: "As mesmas muralhas que protegem são as que prendem, assim são as defesas". Criamos, pois, defesas que nos protegem ou nos prendem?

Custei a dar-me conta que a proteção teria que vir de mim. Parecia esperar que alguém sempre viesse para me salvar. Tinha dificuldade em perceber que esta ajuda seria bem vinda, caso viesse, mas não que fosse necessária. Meu antigo terapeuta, Cláudio Wagner, certa vez disse: "do que tens medo? Tu não és mais uma menininha." Aquilo parecia tão óbvio e, ao mesmo tempo, tão revelador para mim. Eu resolvia tudo sozinha, mas acreditava, assim mesmo, que um homem era fundamental para os meus medos. Não estou certa se, em várias situações da minha vida, ainda tenho esta crença. Era difícil dar-me conta de tudo o que eu desenvolvia e desempenhava, sem depender de um homem. Parecia que eu simplesmente precisava, e foi assim que aprendi.

Os meios de comunicação continuam a dar um enorme apoio ao pseudo-herói: másculo, agressivo, sexualizado e atlético. Inclusive soube que o ator de James Bond, Pierce Brosnan, acaba de ser despedido por telefone. Ele foi considerado velho para fazer o papel. Terá que vir um novo pseudo-herói com mulheres de enfeite a tiracolo. Tem muita mulher servindo de adorno de homem, pior ainda, muitas mulheres estão voltando a este padrão. Meninas jovens, cheias de capacidades, desqualificando-se, retrocedendo à posição de enfeite ou troféu.

Muitas vezes, apesar de crescidas, ainda temos certa espera pela eterna proteção. Ute Ehrthardt afirma, em seu livro *Meninas Boazinhas vão para o céu, as más vão à luta*, 1996 pág. 14, que o desamparo é uma aptidão adquirida, nunca automática. Não nascemos desamparadas, somos treinadas a acreditar nisso. Quanta mulher, na atualidade, sustenta a casa e toma as maiores providências em relação a todos os comandos, inclusive em relação aos filhos mas, quando pensa em separar-se, imagina-se frágil e sente-se insegura se não tiver a figura de um homem. Quando perguntada: "mas do que tens medo, já que tomas conta de tudo, já que tu és o homem da família?" responde: "mas ele está ali, figura exclusivamente figurativa, mas está ali."

A mulher que acredita no seu desamparo não acredita em sua capacidade de agir e de fazer as coisas. Tão pouco acredita no seu poder de aprendizado. Ninguém nasce sabendo as coisas, mas parece que, no caso das mulheres, deveria ser assim. Temos a ideia de que deveríamos saber. O homem é o que suprirá as nossas necessidades, então é a ele que devemos nos acoplar. Ainda é visto no casamento a porção milagrosa de libertação da mulher. Dra. Lenore Millian, no livro *O clube das segundas esposas*, afirma: "quem entra num relacionamento buscando preencher um vazio está cometendo uma injustiça consigo mesma. Esta associação está baseada numa necessidade. Os alicerces de um relacionamento saudável devem ser seguidos sobre a livre escolha e não sobre a necessidade." 2003, pág. 136.

Acredita-se que o amparo eterno, erroneamente, terá que vir de um homem e, na fantasia, será para sempre. Jamais imaginamos que um homem, o salvador, abandona, maltrata, ou ainda, é indiferente.

A mulher continua a ser desencorajada a cuidar de si mesma. Ainda, os meninos podem transitar livremente pelas ruas, ao passo que, em relação às meninas, é visto como terrivelmente perigoso tal feito. Quem salva as meninas? Geralmente o irmão. Quem salva os meninos? Os meninos não precisam de proteção. Volta e meia vejo-me dizendo ao meu filho, cuida da tua irmã, dificilmente me vejo dizendo cuida do teu irmão. "Quando um homem demonstra ser seguro de si, e ainda por cima oferece o ombro dizendo: pode encostar no ombro do papai aqui, a gente pensa: Mas que alivio! Na realidade é tudo o que as mulheres querem." *Sex and the City* , 2004, pág. 38.

Cultura! É uma das respostas que faz com que, com todo o desenvolvimento feminino, os sentimentos tenham uma modificação muito lenta, tanto para homens como para mulheres, segundo Lenore Gogelson e Stephen Jerry Millian no livro *O clube das segundas esposas*: "É muito triste precisar que os outros nos dêem uma identidade saudável." 2003, pág. 44. Se não temos um sobrenome, ou se deixamos de ser a mulher de alguém, ou ainda, se não nos tornamos companheiras de alguém, então dificilmente nos sentimos completas na identidade.

Mesmo a mulher obtendo sucesso, não significa que perde o sentimento de desamparo. Muitas mulheres, no auge do sucesso profissional, somente aumentam a sensação de desamparo e insegurança. Isto leva muitas mulheres a querer casar. Uma personagem do livro *A cura de Schopenhauer*, cita: "Toda moça que pensa em casar fica atraída pelo esplendor, a distinção e o título obtido através dos laços matrimoniais... Um erro que terá por consequência um duro castigo pelo resto da vida." 2005, pág. 47.

Assim, financeiramente falando, também a mulher tem um grande problema de organização pessoal. Mulher vê o dinheiro apenas como algo necessário, não como algo que lhe dê autonomia e prazer. No livro *Mulheres Ousadas Chegam mais Longe,* a terapeuta Lois P. Frankel, 2005, comenta: "a mulher não dá importância ao dinheiro, exceto pelo fato de que ele serve para pagar dívidas." Não raro a mulher pede e espera que o marido a supra por toda a vida. Dificilmente faz reservas monetárias ou investimentos. Isso é coisa para homem. Não espera que o homem possa deixá-la e experimentar o desamparo. Dificilmente sente-se confortável quando o salário dela é maior do que o do homem.

Muitas evitam o próprio crescimento, com medo de perder a fantasiosa sensação de proteção, que precisa vir do homem. Isso mesmo, eu acredito que muitas mulheres se boicotam para não perderem a sensação de proteção que vem de seus homens. Então você pode me perguntar, mas se a mulher torna-se auto-suficiente em matéria financeira, isto não aumentaria sua sensação de proteção e poder? Respondo, não necessariamente. Não raro, elas começam a sentirem-se inseguras ao desapontar seus homens, por ganharem mais do que eles, e isto lhes traz ao invés de mais proteção, mais vulnerabilidade. É preferível passar um ar de dependência, do que poder causar um desagrado ao parceiro. A mensagem passada para o homem é: você é o mais importante, você tem a força, você é invencível, portanto, de você sou dependente.

Lois, 2005, citada acima, afirma ainda que: "dinheiro é poder, é uma coisa que as mulheres interpretam mal e evitam." A falta de dinheiro, de estabilidade financeira ou de preparação adequada para o futuro equivale à perda de liberdade. Geralmente, a mulher não aprende transações bancárias, investimentos, contabilidade, o que a torna prisioneira de si mesma. Muitas de suas decisões são baseadas em sua dificuldade financeira. Cansei de ouvir minha mãe dizer que, se tivesse condição financeira no passado, teria feito muita coisa diferente. Assim, a mulher, na atualidade, continua com o mesmo problema. Agora ela ganha dinheiro, muitas vezes mais do que o homem, mas não sabe o que fazer com ele. Não sabe como administrá-lo e, inclusive, como gastá-lo. Muitas mulheres se mantêm a delegar aos maridos este encargo financeiro, mesmo o dinheiro sendo delas. Busque aprender sobre economia, apele para revistas, livros e aos consultores financeiros. Tenha uma caixinha para que você poupe e invista em alguma coisa, e o fundamental, faça uma previdência para o futuro. Como diz o nome, previna-se, por conta própria. Fora isso, busque sempre o saber.

O grande salvador de homens e mulheres é o conhecimento. Ele é o responsável pelas grandes libertações. Tem um texto que diz: "Aprende... Não falo exclusivamente de vida acadêmica. Falo em tudo aquilo que possa ampliar horizontes. Um livro, um bom filme, uma conversa com amigos, tudo aquilo que nos dê o senso de crescer e fortalecer a estima. Não me refiro a títulos ou condecorações, eles são efêmeros e se vão. Falo de sairmos da ignorância que oprime, falo da ignorância do não saber".

Muitos homens também estão cheios da filhinha do papai, à qual sempre tem que carregar. A princípio, eles podem até sentir-se lisonjeados, mas com o tempo perdem a admiração. O que era admirado pelo papai, pode ser odiado pelo marido. Os homens também desejam uma mulher adulta e menos desamparada, muitos sabem o prazer que é uma mulher que compartilha.

Existe, também, aquele que, eternamente, reforçará esta característica de dependência em sua mulher, como forma de reforçar que seu papel másculo seja reconhecido e admirado. Conheço mulheres que mantêm, eternamente, a dúvida se são verdadeiramente amadas ou se seus companheiros não as deixam, para não deixá-las desamparadas. Essa dúvida é horrível para as mulheres. Como saber e convencer-se que é amada, quando o outro sente-se responsável?

O que muitas mulheres têm dificuldade em ver é que o oposto também acontece, e é verdadeiro. São homens chamados de machos passivos. A mulher comanda suas vidas, assim como as mães fizeram na infância. São homens que tem a esposa como a salvadora. Ela incentiva, sustenta, cuida e sente-se na obrigação de ajudá-lo a enfrentar situações e a realizar projetos que, detalhe, quase nunca se concretizam, quase nunca são efetivados. Estes homens fazem o papel do eterno menino e que, portanto, nunca podem ser abandonados por esta que será muito melhor do que foi a primeira mãe, e que nunca poderá deixá-lo.

À mulher é dito que nunca será deixada, afinal este tipo de filho não abandona sua mãe. Nem que isso custe o seu crescimento pessoal. O ruim é que esse homem vítima nem sempre quer crescer. Diz que quer, mas sempre sabotará qualquer possibilidade de crescimento, como forma de manter eternamente o conforto do colo materno. Para estas mulheres, ter um homem fraco é que lhes traz a segurança de que são fortes. Estas mulheres têm muito medo de que, encontrando um homem com características de adulto e mais completo, não venham a ser valorizadas. Sentem-se, assim, seguras no papel dominante e no controle.

Este tipo de homem é aquele marido que estará sempre estagiando, sempre estudando, enquanto a mulher dá duro em casa, com os filhos e no trabalho. Geralmente morarão com os pais dela ou dele. Nunca será o chamado bom momento para mudar. Viverão eternamente protegidos e incapazes. Um homem vulnerável também atrai as mulheres, com seu estilo de menino desprotegido. A mensagem dada por esta situação é: você será importante e competente se tiver do seu lado alguém que não seja.

E, por fim, ainda temos a questão das próprias mulheres exaltarem os homens, à medida que estes desvalorizam e desqualificam o desempenho feminino. Como exemplo, podemos citar: evitar consultas com médicas, a rejeição a meios de transportes com condutoras. E ainda quando estimula suas filhas a lavarem a louça de domingo, dispensando os filhos de tal tarefa, pois elas têm mais jeito para isso, reforça]ndo, assim, a ideia de servidão feminina e a supervalorização do masculino. Com a desculpa da frase: "elas têm mais jeito para isso".

Mulheres solteiras, separadas e livres

"...A flor respondeu: – Bobo! Achas que abro minhas pétalas para que vejam? Não faço isso para os outros, é para mim mesma, porque gosto. Minha alegria consiste em desabrochar."

Preciso confessar que aos 12 anos eu já era presenteada com panos de prato pelas amigas de minha mãe. Motivo? Preparar-me para o casamento. Com as minhas amigas não era diferente. Não sei se fiquei um pouco mais tranquila ou mais horrorizada quando, lendo algumas pesquisas, descobri que a média de idade em que as meninas começavam a pensar em casamento era aos nove anos. Minha filha, quando tinha doze anos, escreveu em um trabalho escolar que, no futuro, com 26 anos, seria uma psicóloga famosa e estaria namorando. Não mencionou o fato de ter que estar casada, ao mesmo tempo em que não se viu sozinha. Mas comigo, e com um número incontável de mulheres, a história foi outra.

Éramos, e muitas ainda são lembradas, constantemente, do casamento como uma salvação. Não como algo agradável na vida. E o pior: "Afobados, amamos mal", afirma Lya Luft em sua crônica *Teoria da alma*. Deixamos de ser naturais, deixamos de ter uma aventura estimulante, para viver uma tarefa de busca cansativa. Maria Helena Matarazzo coloca que a excessiva idealização nos faz pensar no amor como garantia, em vez de desafio. É como se quiséssemos um remédio milagroso, mas sem querer sofrer efeitos colaterais.

Estávamos desde cedo sendo treinadas e estimuladas para o casamento. Tínhamos vinte anos e entravamos para o clube das desesperadas, caso não tivéssemos um namorado. A escritora Martha Medeiros em sua crônica *A idade de casar* comenta: "mulheres que foram educadas para casar não lidam bem com esta história de que, se tiver que acontecer, acontecerá. Ela ainda diz melhor, educadas não para casar e sim para ser feliz. A ironia da história é que o terapeuta Jesse Bernard, escritor do livro *The future of marriage*, 1972, menciona, em uma boa quantidade de pesquisa, que as mulheres limitam-se como esposas ao passo que os homens expandem-se como maridos. Estes é que muitas vezes acabam ganhando, física e emocionalmente, ao passo que as mulheres sofrem mais de insônia, enxaqueca, vertigens e palpitações com o casamento. Os homens falam que vão-se amarrar quando casar, mas as estatísticas mostram que, em termos de sobrevivência, o casamento é duas vezes mais vantajoso para os mesmos, do que para as mulheres.

Na versão Alemã do *Conto de Fadas Cinderela,* as irmãs tentaram calçar o sapatinho de cristal, mas, como era pequeno demais, a mãe destas manda cortar o calcanhar de uma e os dedos da outra, para que o pé coubesse no sapatinho. Conformado, o príncipe pôs uma das irmãs sobre o seu cavalo, disposto a desposá-la. Os pássaros mágicos ajudaram, avisando-o de que havia sangue no sapatinho, fazendo com que ele desistisse e continuasse em busca de sua princesa.

Se formos pensar, o que não cortamos hoje em dia para calçar os tais sapatos? Para entender o motivo de tal ênfase nos pés, precisamos saber que a história da Cinderela nasceu na China, onde durante séculos, amarrarem os pés das meninas foi uma prática comum nas famílias de casta superior. Lá os pés pequenos eram sinônimos de beleza. Prática iniciada no século X, durando mais de mil anos, sendo proibida no início do século XX. Mas falarei deste tema mais adiante.

Marina Colasanti, 1984, no livro *E por Falar em Amor,* coloca que à mulher o amor é ensinado, desde o primeiro entendimento, como sendo o coroamento da vida. Ela cresce em preparação para o momento em que um amor, leia-se um homem apaixonado, entrará em sua vida. Para os homens o amor é ensinado como sendo a capitulação, a entrega de quem, embora resistindo, acaba perdendo as forças e caindo na armadilha. Dos homens apaixonados dizemos: foram pegos, fisgados, amarrados, estão perdidos, agora não tem mais jeito. Porém, em relação a ambos, cita a escritora Martha Medeiros, em sua crônica *Esconderijo Conjugal:* "julga-se que há duas pessoas realizadas, completamente a salvo da angústia existencial, da carência afetiva, dos traumas de infância, da insanidade, do vício e dos ímpetos." O que é. talvez, o maior erro de quem vê o casamento como salvação. Muita gente troca uma boa terapia por um péssimo casamento.

Na minha época tínhamos que achar um marido, custasse o que custasse. Muitas mulheres da minha geração casaram com o que estava próximo com medo de ficar, como dizíamos, para titia. Tal, era como a maldição. "Ser uma mulher solteira, num mundo de casais, foi, às vezes, algo profundamente solitário, desagradável e cheio de medo e terror." *Ser solteiro num mundo de casados*, 2003, pág. 17, Xavier Amador e Judith Kiersky. O grande problema era que, à medida que as amigas iam casando, o medo das demais ia aumentando. Os pais e parentes próximos começavam a indagar o que a coitadinha teria de errado, que não encontrava um partido. Passávamos mais tempo preocupadas em arrumar um marido do que qualquer coisa, queríamos nos fundir com o outro. Porém, quanto mais diferenciados somos, mais forte é a nossa identidade. Melhor conseguirmos nos manter íntegros nos conflitos com nosso parceiro, mais tolerantes à intimidade com alguém que amamos, sem medo de perder o sentido de nosso ser como indivíduos. 2002, pág. 100, coloca o psicoterapeuta Schnarch, 1998, citado por Maurizio Andolfi.

Cláudia Tajes, com uma de suas personagens, fez com que lembrasse do foco voltado unicamente para encontrar alguém. "Ela era dessas mulheres que passaram mais tempo preocupadas com um grande amor que com os estudos ou a profissão", diz a personagem de Cláudia, em seu livro *Dores, amores e assemelhados,* referindo-se a uma amiga, 2002. Será que não estava falando de uma de nossas adolescentes? Sim, porque algumas chegam ao consultório com a fala: "Ninguém me ama, ninguém me quer, quando o assunto é apenas um: estou sem namorado."

Enquanto uma mulher é nova ela é festejada por todos. É gratificada pela beleza e, muitas vezes, esse é o grande problema, porque a mulher deixa de esforçar-se para ter alguém. Sua segurança e seu sucesso são apenas superficiais e, quando a beleza vai embora, surge o grande problema de não ser mais uma pessoa interessante e nem saber interessar-se pelo outro. Schopenhauer colocou que as mulheres muito atraentes, assim como os homens muito inteligentes, estão destinados a viver isolados, os outros ficam cegos de inveja e de raiva da pessoa superior.". 2005, pág. 135.

As mães ressaltavam o quanto as filhas não deveriam ficar escolhendo muito um bom partido com medo de que ficassem sem ninguém. Às vezes, parece que um namorado, por si só, poderia resolver todos os seus problemas. E você dedica-se a procurar este namorado, muito mais do que a resolver os seus problemas, como observa Cláudia Tajes: "Bom partido era sinônimo de alguém que quisesse casar, nada mais além disso. Uma mulher que não casasse dificultava muito a vida dos pais, era uma decepção, uma carga, um fracasso. Nestas situações, vem o homem tipo tábua de salvação. Podemos também chamá-lo de salva-vidas." É aquele que vem e diz: "você está arrasada, então vem, que eu fico contigo." E o pior é que a gente fica. Patrizia Gucci, escritora da revista *Donna Moderna*, coloca que: "toda solteira tem a tendência a diminuir-se e, em seu íntimo, quase sempre voluntariamente, se detesta." 2005, pág. 63. Também têm aquelas que não confessam ou não tem a consciência deste sentimento.

A ideia de que toda mulher precisa de um homem hoje parece politicamente incorreta. Mesmo assim pesquisas levantadas por John T. Molloy apontam que 64% das futuras esposas disseram ter esta crença, contra menos de 20% das mulheres que acreditavam que fossem casar, pág. 109. Aparentemente, com a modernidade, a cultura do casamento foi mudando, mas está muito longe de estar diferente. O sentimento nem sempre acompanha a evolução dos atos. Muita mulher sofre por se sentir uma aberração, uma inadequação por estar solteira. O roteiro cultural do casamento está defasado e o sentimento mais ainda. O dogma da maioria das religiões declara que é responsabilidade sua casar e que, se você continua solteira, é uma irresponsável e deveria envergonhar-se disso.

Há dois grupos nos quais as solteiras podem ser divididas: solteiras por livre escolha, ou seja, aquelas que optam por estarem sós, e solteiras por falta de opção, aquelas que vivem a solidão como uma deficiência. Afirma, já citada acima, Patrizia Gucci, no livro *Solteira, o insuperável fascínio da mulher livre*, 2005, pág. 12. Apesar disso, somente o segundo caso é reconhecido.

Alguém pergunta: "e aí, você está casada?". Pronto, surge um misto de vergonha e inadequação enorme, se a resposta for não. Surge um constrangimento associado à vergonha. Vergonha, segundo o psicanalista Freud, é o self julgando o próprio self. Seu papel no filme é claro, Deus quer que você case. Li esta afirmação em algum lugar. Deus, neste caso, chama-se cultura que tenta normalizar regras que não deturpem o que já foi considerado bom costume. Mulher que está só, diz Lya Luft, em nossa mente preconceituosa, é sempre porque está abandonada, ninguém a quer. 2004, pág. 42, *Pensar é transgredir*. Um namorado, ao menos, parece representar o requisito irrenunciável para ser aceita pelo grupo.

Você não é cidadão de segunda classe por ser solteira, divorciada, mãe solteira. Apesar de que sempre pareceu que casamento era um atributo de pessoas mais responsáveis e maduras. Dentro da própria psicologia, um dos fatores que denotam maturidade é o fato de estar-se com um relacionamento maduro. Você pode ter um relacionamento maduro com outras pessoas, que não um marido. Nenhuma vida é um desperdício. O único tempo que desperdiçamos é aquele que passamos achando que somos sozinhos, afirma Mitch Albom, no livro *As cinco pessoas que você encontra no céu*, 2005, pág. 53. Parece que quando alguém está sem um casamento, ou relacionamento, logo temos a tendência em tentar diagnosticar o que está acontecendo. Qual é o problema, por que isto está acontecendo? Muita mulher associa a problema, anomalia, ou problema psicológico pessoal. Se estou solteira, ou me odeio, ou odeio o sexo oposto. Muitos solteiros infelizes ora atribuem sua infelicidade ao sexo oposto, ora a si mesmos.

O fato de os amigos e parentes participarem entusiasticamente da perpetuação desse ciclo só piora as coisas. Li que sempre na festa de natal tem aquela tia bem gorda que diz: "e aí, querida, cadê o namorado?". Olham com olhar de esquisitice, como se essa condição fosse uma obrigação. Você está só porque não encontrou nenhum homem que quisesse estar com você. Esta sensação é vista como muito humilhante.

Quando ficamos num ciclo de acusações perde-se a capacidade de realmente perceber o que acontece. Não refletimos, acusamos, o que não ajuda. A auto-acusação impede de assumir a verdadeira responsabilidade pelos problemas. Também alimenta a falta de autoestima. Isso aparece quando vemos uma solteira morando numa quitinete, quando poderia estar ocupando um lugar maior, mas o mesmo seria espaçoso demais. Acaba comendo somente sanduíche, porque não vai cozinhar somente para si. Não falo das mulheres com pouco poder aquisitivo, falo das que têm condições financeiras, mas não tem condições psicológicas para se darem o direito às coisas. Pequenos metros quadrados podem ter muita vida e ser uma mansão, assim como uma mansão pode ser fria e sem vida, ser somente um local para dormir.

Toda mulher tem medo de ser uma aberração estatística. As estatísticas deveriam ter o poder de ser um material para ajuda, mas podem deturpar e desanimar qualquer mulher. Quando foi a última vez que você ouviu anunciar estou loucamente apaixonada, sem pensar. Espera, até quando? Estatísticas tais como: Há oito mulheres para cada homem... A maioria das mulheres de 40 ficam sozinhas.... Se você tem filhos, dificilmente arrumará alguém e assim por diante. Não queremos nos diferenciar. O problema é que o medo da perda surge antes mesmo de uma relação começar.

Certa vez ouvi um amigo dizer que estar perto de homens é como estar perto de cachorros, não se pode demonstrar medo deles. O problema é como não demonstrar medo, se já estamos todas contaminadas com tantas profecias. Homens gostam mesmo é de mulheres que demonstram gostar dos homens, que têm alegria e sentem-se bem na companhia dos mesmos. Não gostam das que tem necessidade deles.

Quem de nós, da geração mais madura, não associou casamento com maturidade, com poder, status social e felicidade? As pessoas casadas imaginam que alguém que viva uma vida de solteiro viva uma vida de segunda categoria. Uma vida de solteira pode ser muito boa. Como a vida de casada pode ser muito boa ou não. Resumo: o fato de se ter uma vida boa não está no fato de sermos casadas ou não, mas naquilo que sonhamos e desejamos para nós. O problema é saber o quanto quer de verdade uma relação de casamento ou o quanto é a cultura que nos exige. Se você for a um restaurante irá ver muitos casais que não trocam uma só palavra no decorrer do jantar. Pessoas que parecem estranhos e que, aparentemente, não têm nada a dizer um ao outro, mas estão ali, como um casal.

O consultor de imagem John T. Molloy, em seu livro *Porque os homens se casam com algumas mulheres e não com outras*, 2005, pág. 34, afirma que "a maioria dos homens nem pensa em casar-se antes de atingir a idade do compromisso. Para 80% dos homens de nível superior a época do compromisso inicia aos 23 anos. Entre os profissionais liberais, médicos, advogados e afins, a época mais favorável ao compromisso vai dos 33 aos 36 anos. Para a maioria dos homens, aproveitar a vida de solteiro é um rito de passagem. Eles nem cogitarão em casar-se até estar trabalhando e vivendo independentes há vários anos." Apesar disso tem homens que jamais casarão, independente do que a mulher possa fazer.

Eu planejava uma idade para casar. Se passasse daquela fase nem imagino o que poderia acontecer. Meu termômetro interno subiria a decibéis que não sei se seria capaz de sustentar. Enquanto jovens há uma tolerância. As pessoas inclusive dizem: "ela ainda é nova, não tem com o que se preocupar." O problema vem quando não se tem mais vinte anos. Aí o pavor começa a pegar. Bobagem, dirá você. Pois, agora, lá venho eu com a estatística. Diz-se que solteirona é algo que não existe mais, pág. 41. Mas, não é o sentimento que aparece no consultório, nas rodinhas de amigas, no comentário das mulheres. Pelo contrário, ouvi o comentário de uma mulher de meia idade que dizia ser mais fácil morrer num atentado terrorista do que encontrar um marido.

O sentimento que aparece é: sou uma perdedora! Não arrumei alguém para mim. Devo ter algum problema, porque ninguém me quer? Sempre que você se sente um perdedor, somente agrava o medo de ficar sozinho. O status de mulher solteira pode destruir a autoconfiança e o bem estar. Mesmo estando feliz, a pessoa pode fantasiar que seria muito melhor se tivesse alguém e passa a depreciar a vida que leva.

Incompetência ou independência foi a frase que escutei na peça de teatro *Manual Prático da mulher moderna*, quando levantada a questão de não ter um homem. Se você se torna uma solteira desesperada terá a tendência a ficar e a se sentir cada vez mais só e mais desesperada, transformando a vida num inferno. Patrizia Gicci, colunista da revista *Donna Moderna* comenta: "cedo ou tarde a mulher terá que prestar contas disso para si mesma. "Ela afirma ainda que é fácil entrar num esquema de autocomiseração, ou seja, a mania de se sentir vítima. A coisa mais horrível é o domingo, quando a solteira ao invés de sair, ver gente, fica em casa assistindo a programa nenhum na TV. Ela não assiste porque gosta, assiste porque não pensa em outra coisa para fazer. É preciso fugir do próprio desespero com pequenos gestos, pequenas conquistas e senso prático. Caso contrário, os homens ficam supervalorizados.

Muitos homens entram nesse esquema de supervalorização cultural e tratam a mulher como se eles fossem uma necessidade feminina. Referem-se a si mesmo como objetos valiosíssimos de consumo. Supervalorizam-se e sabem-se por preço. "Um cara me tratou como se fosse um favor ficar comigo", pág. 144. *Sex and the City*. Afirmação de uma personagem do livro citado. E este é um grande problema. Ficamos agradecidas quando um homem fica conosco. Alguns homens, pelo simples fato de convidarem uma mulher para jantar, já tinham a certeza de que ela iria para a cama com eles. Pior, algumas mulheres acreditam que devam ir para a cama com eles. Muito fácil, neste momento, envolver-se com homens que não irão nos levar a lugar algum. Melhor dizendo, tem homens que ficam em namoros intermináveis, sem assumir um verdadeiro compromisso e sem serem cobrados. Parecem aquelas portas giratórias: mulheres entram e saem sem deixar nada de consistente.

Com o excesso de apelação pornô erótica, a impressão de um consumo muito fácil faz com que as pessoas tenham a ideia sempre de querer ter mais. Construímos e destruímos relacionamentos com uma velocidade inacreditável e, quando aparece o sofrimento, as pessoas surpreendem-se como se isso fosse inadequado. Queremos e idealizamos muito o amor das novelas, cheios de ação e sem nenhuma consistência. Negamo-nos a sofrer por amor, numa verdadeira roda viva de emoções e casos furtivos, que prometem nos tirar da solidão e da depressão, que nos remete à fome de amor.

Quando um compromisso maior é cobrado de alguns homens, eles tratam de se desvencilhar rápido e cair fora. Assim muita mulher namora anos e anos um indivíduo que literalmente não dá nem desce, como falamos no popular e, em determinado momento, quando cobrado, cai fora e engata um namoro com outra e em seguida casa. Eu sei que você conhece muitas histórias assim... Veja bem, não estou dizendo que você deva sair cobrando na maior o seu namorado. Mas, também, é preciso que você se dê conta de até que ponto você fica somente à espera de um compromisso maior, sem ser capaz de cobrar nada com medo de ser deixada. Muitos são relacionamentos sem futuro, mas pela falta de coragem não são confrontados.

Muitas mulheres acusam os seus homens de as terem embromado. Porém, na maioria das vezes, quando questionados eles respondem que nunca disseram que ficariam com elas. Ela é que criou falsas expectativas. Os embromadores são um tipo de homens que não posso deixar de falar. Nada contra eles não, mas tudo a favor das mulheres. Quando digo que não sou contra os homens, muita gente não acredita. Pelo contrário, eu os respeito. Só que muitas vezes dou péssimas notícias para as mulheres, o que estraga o cartaz de muitos homens. Um desses homens é o tipo embromador.

O embromador típico é aquele que aluga o tempo e muitas vezes a juventude da mulher. Ele adora a mulher. Gosta de jantar, de viajar , de passear , de conversar e até dormir com ela. Mas daí assumir um compromisso, esqueça. Essa história de juntar as escovas de dentes, nem pensar. Não pense que ele é um mentiroso enganador. Ele diz, e deixa bem claro que não vai assumir compromisso, mas a mulher sempre acha que ela irá domá-lo e que o fará mudar de ideia. "A mulher enganada tem ares de heroína, quase uma santidade. É uma fúria de Deus, uma vingadora, é até suicida. Mas nunca corna", diz Arnaldo Jabor, 2004. As pessoas estão esquecendo que, antes de qualquer coisa, a fidelidade é uma decisão. Eu decido perder outros para ter um. Mas uma decisão imposta de dentro e não de fora, afirma a autora Maria Helena Matarazzo no livro *Encontros,Desencontros e Reencontros*. "Nosso coração seria de teflon? Um coração em que nada gruda?"

Tem aquele embromador casado. Aquele que se envolve num caso extraconjugal. Fica anos deixando da esposa, por entrelinhas, mas quando a outra cobra ele diz: "nunca disse que iria deixar dela por você, ou ainda, eu nunca disse que ficaríamos juntos. O mais embromador ainda diz: "vou ser infeliz pelo resto da vida, mas não posso fazer isso com ela, a esposa, agora. Ele ainda passa por vítima. O pior é que, se eu perguntar para uma paciente "voltar a fita" e pensar, quando ele afirmou que ficaria com ela, ela pensa, pensa e não sabe responder. Um pesquisador americano chamado John Molloy afirma que um homem que depois de seis meses nunca mencionou que casaria com você, tem grandes possibilidades de nunca fazê-lo. Qual minha briga, então, em relação a isso. Simples, é que esses homens são hábeis em ocupar as mulheres. Fazem com que elas percam geralmente a juventude, onde poderiam estar livres para encontrar alguém que verdadeiramente ficasse com elas. Essas mulheres agem como um telefone ocupado e o barulho mantém os outros afastados.

Embromadores são fáceis de achar, tenho certeza que você conhece um montão, mas sempre acreditamos que isso somente acontece com nossas amigas, na casa dos outros. Quando é com a gente, a tendência é defendê-los com unhas e dentes. Afinal, ninguém sabe o quanto vocês se amam e o quanto é bom. É muito sofrido para uma mulher reconhecer que está com um embromador. Talvez somente as mulheres envolvidas com embromadores acreditem que talvez a marca do amor seja: ser impossível. Mais difícil ainda é desistir da ideia e da esperança de que um dia, quem sabe, poder ficar com ele. Se esperar mais um pouco... Mais um pouco de paciência... As mulheres me dizem: "tenho medo de desistir, bem agora, quem sabe ele assuma o compromisso, se esperar mais, já esperei tanto, para agora desistir." Quem sabe se esperar só mais um pouquinho, faz com que o tempo vá passando. Dois anos, cinco anos, dez anos,uma vida. Uma vida, porque na hora da morte, geralmente, é com a esposa que eles ficam. No caso dos solteiros, geralmente é com a mãe mesmo. Não deixe a vida passar, e a única forma é poder cobrar e encarar a resposta.

Li certa vez: "Não pergunte o que as pessoas podem fazer por você, mas o que você pode fazer por você, em outras palavras, ao invés de procurar a pessoa certa, comece sendo a pessoa certa. Talvez isto a ajude a identificar-se e tentar encontrar alguém de verdade, que queira um compromisso. Não será mais vantagem do que ficar à espera? Também, pergunte-se se a relação que você tem no momento terá chance de dar certo daqui a 5 ou 10 anos.

Estima-se que 25% de todas as mulheres do mundo ocidental serão solteiras permanentes no ano de 2020, de acordo com os pesquisadores Allan e Barbara Pease. Eles acreditam que seja uma característica antinatural, em desacordo com as necessidades humanas e biológicas básicas, e atribuem isso às múltiplas tarefas da vida moderna. Ser solteira deve ser mais uma opção na vida, e não uma falta de oportunidade.

Mas o que é ser a pessoa certa?

Antes de qualquer coisa, o ditado popular de que a primeira impressão é a que fica, sem dúvida, tem muito peso. Mas, ao contrário do que todos pensam, não inclui somente o aspecto físico quando o assunto é levar um homem ao compromisso. O que mais aparece no consultório, assim como nas pesquisas a respeito de relacionamentos, é que uma postura de estar de bem com a vida interfere muito mais na atração do que a estética em si. O que mais atrai, de acordo com John Molloy, já citado, é um espírito positivo, a energia, o entusiasmo, o alto-astral da sua futura esposa. "Somente 20% dos homens entrevistados por John Molloy disseram que suas noivas eram lindas ou sensuais, mas 60% deles preferiram descrever suas personalidades: educada, da qual sentiriam orgulho de estar, superanimada, cheia de vida, enfim, de bem com a vida." Pág. 37.

Em resumo, o que faz uma mulher parecer realmente especial é a sua personalidade e a sua postura de vida. Longe de mim, porém, afirmar que a estética não diz nada. Diz sim. Mas confundimos neste mundo de mulheres feitas, produzidas e siliconadas, mulheres de enfeite com mulheres bem cuidadas. Mulheres bem acima do peso, que não cuidam dos dentes, que não são caprichosas nas suas roupas, com certeza, terão muito mais dificuldade de encontrar alguém. A maneira como você se apresenta é fundamental. É como um presente com conteúdo de valor bem embrulhado, é igual à glória. No que diz respeito à personalidade, o que os homens mais citam são atributos tais como: distinta, simpática, afável, gentil, elegante, segura de si, tranquila.

Cuidado com as generalizações. Certa vez ouvi que: "Um homem que não presta na mão é melhor do que dois que prestam voando". Fiquei horrorizada com a afirmação, porém lembrei-me de um namorado que não era nada legal comigo. Além de não ajudar, definitivamente atrapalhava. Quando comentei com minha mãe a respeito, logo veio a generalização e a super valorização de se ter alguém, ela disse: "Minha filha, todo homem é igual, você somente trocará seis por meia dúzia e, pelo menos, você tem um.

As mulheres com mais de 30 anos tem a tendência a acreditar que todos bons partidos já foram fisgados. Isto porque muita mulher fantasia o seu homem como se ainda tivessem na escola, diz Jonh T. Molloy. Não imaginam um homem normal de meia idade.

Adotar padrões realistas é fundamental para encontrar alguém de verdade. Veja bem, não estou falando em baixar expectativas, mas em adequá-las à realidade. A escritora argentina Maitena fez uma brilhante distinção entre o homem e o príncipe:

Os príncipes encantados a resgatam de sua existência monótona.
Os homens só podem compartilhar sua vida.
Os príncipes encantados resolvem todos os seus problemas.
Os homens têm de resolver os próprios.
Os príncipes encantados não precisam de nada.
Os homens precisam de muita coisa.
Os príncipes encantados são bonitos e milionários.
Os homens engordam e trabalham.
Os príncipes encantados a tratam como uma rainha.
Os homens a tratam como uma mulher.
Os príncipes encantados não existem.
Os homens, sim.

Sei que tem um ditado que diz: "melhor só do que mal acompanhado". Mas isso só serve para os homens, porque as mulheres, na maioria, ainda acreditam que melhor mal acompanhada do que só. O sentimento de ser um fracasso pode parecer diminuir, caso encontre um homem, que ela acredite ser o certo ou de valor. Algumas mulheres nem querem muitos homens , mas ficam acreditando que são bons partidos e assim elas serão melhor vistas na sociedade.

Quantas mulheres humildes entram em relações amorosas com homens casados, com a fantasia de que eles ficarão com elas e assim terão um grande valor. Muitas vezes, nem os amam, mas desejam ter aquela figura que lhes dará valor. Muitas acabam engravidando e continuando sozinhas, somente aumentando sua baixa autoestima e desvalorização. Existem mulheres que apagariam a ideia de fracasso, principalmente, casando com o homem certo. Outras entram em verdadeira disputa silenciosa com mulheres casadas pelos seus maridos. Quando indaguei uma paciente sobre o quanto ela queria mesmo este homem, ela me respondeu: "nem sei se ainda gostaria de ficar com ele, mas agora, ele deixar da mulher, já é questão de honra para mim."

O casamento já foi símbolo de identidade. Hoje não podemos colocar nele a salvação. Muita mulher, hoje em dia, agrega valor ao seu marido com seu nome e seu trabalho. Mas como isso é muito recente, ainda não aparece.

Tenho muito orgulho das mulheres que são capazes de fazer muitas coisas sozinhas. Coisas que anteriormente eram quase impossíveis. Ir ao cinema, restaurantes e viajar com as amigas. Antigamente escutei que: "a opção entre viajar com uma amiga ou ficar em casa era como escolher entre ser uma mulher competente e orgulhosa e uma mulher desesperada e patética". A mulher que saía sozinha não era muito bem vista, as pessoas chegavam a ficar penalizadas.

O que mais incomoda uma mulher é ter a impressão que está causando pena. Muita mulher não sai de casa com casais de amigos, porque fica com a impressão de que eles estão fazendo um favor. Lembro de uma amiga que certa vez convidei para ir a um baile com meu marido e eu. Então ela respondeu: "que chato para vocês precisarem me carregar." Em nenhum momento pensou que sua companhia era agradável e, em consequência disso, viria meu convite. Ela associou logo à caridade.

Tem também aquela solteira que cria problema para si mesma. Aquela solteira que está sempre solícita fazendo tudo para agradar. Basta alguém se aproximar dela, tanto faz se homem ou mulher, que ela logo se desmancha em agrados. Ela oferece mais presentes do que qualquer outra pessoa. Está mais disponível do que qualquer outra. É a pessoa que pratica a adulação. Uma pessoa assim corre um risco enorme de ser extorquida, de que lhe seja retirado até a sua escolha. Ela confunde generosidade com ter que agradar. Afinal alguém olhou para ela. Estas mulheres ficam vulneráveis a ter amizades idealizadas e dependentes, em geral elegem uma amiga que acaba por comandar suas vidas. Tudo o que a amiga disser está certo. Jamais dirá um não ou de alguma forma se descuidará em não agradar. O medo da solidão é que comandará a relação.

Algumas mulheres percorrem o que chamam de caminho da solteirice. São mulheres que se acomodam em seus afazeres, dentro de alguma empresa ou função, e levam a vida num cotidiano, sem esboçar nenhum tipo de movimento em direção ao encontro de alguém. Pessoas na faixa dos 40 têm mais probabilidades de apresentar este tipo de conduta. Quando pergunto a uma mulher sozinha na faixa dos 40 ela me diz: "gostaria de ter alguém, mas já pendurei as chuteiras." Homens gostam de mulheres que se esforçam por eles. Não gostam das mulheres desesperadas, mas também querem sentir-se desejados pelas mesmas.

Mulheres que querem ter alguém precisam o que John T. Molloy chamou de ser pró-ativa. Não tem nada a ver com loteria, tem a ver com você batalhar para encontrar alguém, não através do outro, mas através de quem você é e do que você faz. Também cabe aqui dizer que não vale somente o que você é, mas, também, aquilo que os outros sabem de você. Nas empresas diríamos que é o seu marketing pessoal. É ter certa popularidade, mas com o cuidado de não exagerar na exposição. Seja visível. Algumas mulheres em seus ritmos frenéticos não veem e nem são vistas. A virtude está no meio termo, já diziam os romanos.

Não podemos negar que muitas vezes invejamos a solteirice de algumas mulheres. Lembro-me de um comentário brilhante de uma amiga separada que, certa vez, em uma festa, ao me ouvir falar que teria que ir embora me respondeu: "Pois, EU vou ficar. Sabe é engraçado, mas agora não tenho hora para ir embora e se eu quiser não preciso nem fazer almoço. Posso comer, sair e chegar a hora que quero." Não posso negar que naquele momento uma pontinha de ciúme me assolou, ela estava livre do tenho que....

No livro *Sex and the City* "Olha só cara, vê se entende uma coisa, eles não podem pensar que você é uma mulherzinha sofrida, que não pode viver sem eles. Porque não é verdade, pode sim." Você deve querer um homem para compartilhar, principalmente pensando o quanto legal você é. Você é legal? Comece perguntando a você mesma o quanto é legal consigo mesma. Tenha sempre em mente que a resolução de ser bem sucedida é mais importante do que qualquer coisa. Pergunte-se e reflita sobre o que é ser bem sucedido para você?

Algo a se pensar com extremo cuidado é o fato de muitas mulheres sozinhas correrem um grande risco de se tornarem egocentradas. Tornam-se egoístas porque, como não convivem com outros, acabam não sabendo compartilhar. Uma pessoa que vive muito sozinha acaba aprendendo a fazer tudo do seu jeito e da sua maneira. Torna-se, muitas vezes, mandona e inflexível, o que torna uma futura parceria complicada. Quando ficamos à deriva de nossa solidão, fica muito fácil empobrecermos como pessoas. Patrícia Gucci afirma que a solteira egoísta não se acha a tal, mas acredita que o mundo deva girar de acordo com suas necessidades. Lembro-me de uma amiga separada que sempre tinha programas pessoais. Tinha uma vida social tão ativa que nunca tinha tempo para as pessoas da sua família. Falo dos filhos. Isto a impedia de conviver e ter momentos prazerosos para com quem era realmente importante, para quem era dela. Ela desenvolveu uma dependência de uma amiga. Tudo girava em torno desta amizade. A amiga fazia o papel de seu companheiro, deixando claro que não estou sexualizando a afirmação. Viajavam juntas, jantavam fora juntas, iam à praia juntas. Quando a questionei se ela não estaria afastada demais de seus filhos, ela respondeu: "preciso cuidar da minha vida, preciso cuidar de mim." Bem, parecia-me que ela cuidava muito mal de si mesma, principalmente abandonando os filhos.

Certa vez esta amiga incomodou-se com ela por um motivo banal. Afastou-se e ela viu-se numa solidão imensa. Percebeu que não havia cuidado, na verdade, de nada que era dela, do seu eu verdadeiro. E que, novamente, estava sozinha. Veja bem, ter amizades é fundamental. Mas é preciso não criar dependências de certas pessoas que ocupam o papel que um companheiro teria.

As propostas de casamento podem esbarrar, também, em coisas práticas da vida que não tem nada a ver com motivos amorosos. Entram problemas religiosos, raciais, de ordem econômica, social e, principalmente, familiares e a dificuldade em demonstrar que se quer casar. Nem sempre o fato de um homem querer ou não ficar com você tem a ver com amor. Inúmeras mulheres sempre pensam que é alguma coisa com elas, quando, na verdade, são motivos que nem dizem respeito a elas. Escrevi certa vez um artigo chamado *Nem tão perdido de amor*. Creio que ele explica melhor:

NEM TÃO PERDIDO DE AMOR

Ele chegou ao consultório, vestindo um terno escuro, bem passado, bem alinhado. Cumprimentou-me respeitosamente e com certo constrangimento. Um homem fino, culto, que logo me fez perceber se tratar de um homem sério e distinto. Então, como quebra gelo, falou-me um pouco dos negócios, falou um pouco sobre a violência na cidade e o quanto tudo estava sem limites. Perguntei, então, se ele estava particularmente sofrendo com esta questão de limites. Foi então que ele me contou esta história...

Precisava da minha ajuda para se separar. Estava totalmente apaixonado por uma moça. Perdidamente de amor foi o termo usado por ele. Falou que a paixão havia lhe trazido novamente a alegria e o prazer na vida. Sentia-se remoçado, motivado, com uma disposição que há muito tempo não sentia. Perguntei a ele quantos anos de casamento tinha, eu percebia que apesar da aparência remoçada, não era nenhum menino. Então ele me disse: Eu tenho

22 anos de casamento. Mas veja bem, não quero te confundir. Eu quero tua ajuda para me separar, mas não da minha esposa ou do meu casamento. Quero tua ajuda para me separar deste amor, desta mulher que entrou em minha vida e foi, então, que ele chorou muito.

Depois, recomposto, disse não suportar este tipo de atitude, pois amava muito sua família, era um homem bom e dedicado, não admitindo o que ele próprio estava fazendo.

Vocês podem estar pensando se atendi ao pedido. Ele não deveria jogar tudo para o alto, ir viver este amor, ser feliz, ser mais ele e ponto final? Respeitei algo que ele me deixou bem claro, desde o nosso primeiro contato: princípios. A questão básica era princípios. Ele não conseguia aceitar em si próprio a atitude que estava tendo. Sofria por isso. Podemos querer mudar tudo na vida, mas têm certos princípios pessoais que, mesmo custando caro emocionalmente falando, não podem ser mudados, pois fazem parte da identidade da pessoa. Ele, de família tradicional, de origem alemã, com um senso de responsabilidade para com seus pais, com três filhos, com uma rigidez de censura pessoal, não teria como ser feliz jogando tudo para o alto.

Respeitei o pedido. Passado o luto custoso após um ano, estava de novo renovado, leve, tranquilo, e de novo cheio de paixões. Um novo projeto profissional lhe dando muito orgulho, a retomada de um antigo hobby, lazer, e uma nova mulher na sua vida fazendo gato e sapato. Que mulher era esta? Uma neta que veio para derreter mais uma vez este velho coração apaixonado, como ele se autodefine. Ela ganhou o nome do avô na forma feminina, seguindo a tradição da família. E sobre a esposa dele? Bem, ela nunca soube desta história e, se soube, respeitou silenciosamente aquele momento. Quanto à outra mulher? Acabou, com o tempo, afastando-se de vez sem imaginar, nem em sonho o quanto era amada e o quanto esse homem sofreu de amor por ela. As pessoas têm a mania de fazer colocações do tipo: se ele realmente me amasse teria feito isso ou aquilo... Se realmente me amasse, teria tido esta ou aquela atitude. Engano! Algumas vezes, na vida, têm muitos valores pesando, que não vou dizer que são mais importantes, mas que são tão importantes como um grande amor.

Portanto, antes de sentirem-se usados ou usadas, antes de sentirem-se um lixo descartável, que é o sentimento mais comum quando se é a outra ou o outro na vida de alguém, como na história anterior, saibam que existem muitas coisas em jogo, quando as pessoas tomam atitudes diferentes do esperado. Mas, se ele me amasse de verdade, teria largado da mulher. Errado! Como vocês acabaram de ver. Talvez a maturidade explique melhor essas tomadas de decisões...

Eu quero casar

"Deixe o frisson ir embora, deixe-o morrer. Se você passar por esse período de morte e penetrar na felicidade mais discreta que o segue, passará a viver num mundo que a todo tempo lhe trará novas emoções."

Lewis

Eu sempre quis ter uma aliança no dedo, até, porque, não sabia seu significado. Hoje, sabendo, olho em alguns momentos para minha mão com certa aflição. O dedo anular foi escolhido como o dedo que carrega a aliança do casamento, porque era o dedo que tinha falta de independência. Acredite, você teria dificuldade de movê-lo sem manter os outros dedos presos pelo polegar. Esse costume originou-se baseado na ideia de que a esposa se comprometia a ser menos independente, como o dedo simbolicamente escolhido. A escolha da mão esquerda foi semelhante, essa seria a mão mais fraca e submissa, adequado ao que era considerado o papel da esposa. Mas, histórias à parte, eu sempre quis casar. Até porque não aprendi outra coisa, mesmo quando pequena.

Tinha doze anos quando comecei a ganhar panos para enxugar pratos. Aos quinze, ganhei meu primeiro jogo para fazer cafezinho para o futuro marido. Assim como eu, muita mulher quis e quer casar, mas porque algumas casam e outras não? Muitas pessoas fazem-me esta pergunta. Uma pesquisa, realizada com casais em saídas de cartórios nos EUA, demonstrou que as mulheres que casam geralmente insistem no casamento e não ficam investindo em relacionamentos que não têm futuro, ou seja, relacionamentos que cheiram à perda de tempo. Volto a falar que não é fácil arriscar-se e deixar um relacionamento para ficar sozinha.

As mulheres que casaram gostavam mais de si mesmas do que de qualquer homem. Gostar de si mesma era representado por um grande cuidado pessoal. Não falo em estética, mas em demonstrar-se caprichosa consigo mesma. Acredite que a maioria dos homens que foram entrevistados afirmaram que a beleza da mulher chamou a atenção, mas que a personalidade dela é que foi decisiva. Que tipo de características? Simpática, afável, gentil, elegante, segura de si, tranquila e, acima de tudo, com bom humor e positiva. Homem odeia mulher que não tem espírito otimista. Aquelas que vão ao restaurante e se queixam de tudo, aquelas que ficam falando mal de pessoas conhecidas, aquelas que, quando podem, estão desfazendo das outras mulheres, aquelas que acham tudo ruim. Nove em cada dez homens acham os comentários maldosos de suas companheiras um *corta-tesão*.

Mulher rude e vulgar não tem vez. Se um homem percebe que sua companheira não é animada e inteligente como parecia, ele cai fora. Não adianta querer enganar. Cedo ou tarde, as máscaras caem. É engraçado pensar, mas o médico psiquiatra Gley Costa em seu livro *Conflitos da Vida Real,* afirma: "para muitos homens o sim de uma mulher representa um verdadeiro atestado de existência." 1997, pág. 23.

A mulher pode esforçar-se em parecer legal e simpática, mas sem fazer um trabalho real de melhora interna e externa, o preço é caro: ficar sozinha. Outro grande erro é vender-se – termo feio, mas não achei outro – como quem vai fazer todas as tarefas domésticas para ele. Homem atual não quer empregada. Paga por uma, mas não quer casar com uma. Isto podia agradar aos nossos avôs. Mulher que deixa o homem menosprezá-la, cedo ou tarde, perde-o. De uma maneira ou outra. Outro aspecto é ele poder confiar na mulher. Casais que não podem ser seus próprios confidentes, perdem muito quando o assunto é compromisso e intimidade. O tempo também foi algo constatado. Foi visto que o tempo não é um grande amigo da mulher. Quanto mais idade, maior a dificuldade para o casamento, mas desde que a alma seja jovem, continua com grandes chances. Aquela mulher que está apenas nos 30, mas já é azeda, deprimida e de mal com a vida, essa vira sogra, e quem quer casar ou ficar casado com a sogra?

Os homens não estão mais a fim da menininha do papai. Estas existirão quando tiverem filhas. Mulheres infantis, hoje em dia, não estão com nada, pelo contrário, afugentam. Infelizmente, as mulheres ainda acham que a manha traz benefício. O escritor Evandro A. Daolio, em seu livro *Ria Agora, para não chorar depois,* 2005, pág. 94, escreve: "meninas que falam o tempo todo como neném irritam qualquer um". Evandro conta que ele e um amigo foram a uma casa noturna e o amigo levou com ele uma garota. Então a moça diz para o amigo:

- Eu góto de vochê. Chê gosta de miiimmmmmm? Evandro diz que fechou os olhos e esperou a tragédia anunciada.

- Quêêê? O amigo perguntou inconformado. Sem notar que ele não tinha gostado, porque nenhum menino gosta, ela repetiu, dessa vez prolongando o mim.

- Eu góto de vochê. Chê gosta de miiiiiiiiiiiiimmmmmmmmmm? Mas que diabo você está falando que nem neném? E ela, ainda sem notar o sarcasmo, teve coragem de dizer (leia com voz aguda de nenê implorando por comida): É que eu chôu neném.

Pronto, a menina, de acordo com ele, evaporou. Uma hora ou outra, num momento de carinho, vá lá, como diz Evandro, fora isso não dá. É manha.

Acredite que os homens simples podem ser muito especiais. Assim como as mulheres simples podem ser muito especiais. Estamos transmitindo uma ideia errônea de que o ser especial é ser extraordinário. Fique livre das receitas de como um homem deva ser. A afirmação que mais acredito, no momento, é que cada sapato tem seu pé e cada panela tem sua tampa. O que não dá é para ficar parado, sentado à espera, ou à espera que alguém lhe dê em mãos. Ouvi em uma ocasião que os cachorros sentem e sabem quem gosta deles e com os homens não é diferente.

Uma das palavras que aprendi é a grande diferença entre forçar a barra e ser determinado. Aprendi um novo termo chamado ser pró-ativo. Este tem sido um dos meus carros-chefe quando o assunto é terapia. Uma paciente me contou que tinha o telefone de um colega que ela achava muito legal. Ele estava livre e ela adoraria jantar com ele, perguntei o que estava esperando para ligar. Ela respondeu que não queria forçar a barra. Outro paciente me contou que estava com vontade de falar a respeito de um novo emprego com o cunhado, este poderia dar uma força, mas que não estava a fim de forçar a barra. Outra paciente me disse que gostaria de trocar o horário da terapia, mas que não ligou, para fazermos a troca, porque não queria "forçar a barra". Em nenhum desses casos a pessoa estava forçando a barra. O máximo que aconteceria era levar um não. Mas também poderia acontecer o contrário, receber um sim.

Quanta gente perde muitas oportunidades porque não consegue definir o que seja ser pró-ativo. Por exemplo, se você é mulher, já tem uns 30 anos e está a fim de encontrar um namorado, é melhor não ir à academia às três horas da tarde. Porque, neste horário, os homens estão trabalhando, pelo menos espera-se que sim. Você pode ir depois das sete e achar que isso seja forçar a barra. Falo que não. Isto é ser pró-ativo. Cinderelas que ficavam sentadas à espera só se davam bem em histórias do tempo de antigamente, as que ficavam dormindo, certamente morreriam apodrecidas hoje em dia.

Emprego precisa ser procurado, descoberto e conquistado. O mesmo vale para uma companheira ou companheiro. Vale também para projetos e sonhos. "Às vezes a conquista do homem certo se assemelha a um pregão na bolsa, vence quem sabe arriscar mais", Patrizia Gucci, 2005, pág. 30. Querer, muita gente quer um monte de coisa, mas com a desculpa de não querer forçar a barra, ou pelo medo de ser inconveniente, acabam por não pôr as mãos na massa, ou no telefone, ou nas chaves do carro e assim por diante. Você precisa sair da zona de conforto, e sair para a ação. Ser pró-ativo é cuidar de você, é fazer contatos, é ir a lugares e tirar os glúteos, para não falar palavrão, da cadeira. Ninguém que não treine em ser pró-ativo, ou seja, a favor da ação, vai muito longe. Nenhum negócio, seja do tipo que for, pode ficar hoje em dia nas mãos da sorte, muito menos nas mãos dos outros. Por isso, é importante que você se pergunte o que faz de concreto para ser pró-ativo? Eu sou pró-ativo? O quanto tenho sido pró-ativo? O quanto tenho medo de pegar a responsabilidade, lutar e traçar estratégias para o que quero?

Lembre-se de que, se você começar a ser inconveniente, logo alguém lhe dará um chega pra lá, ou uma cortadinha básica, mas nada vai ferir mais o seu ego do que deixar de saber e sentir que você está trabalhando e fazendo coisas por você. Nada melhor do que sentir que eu vou atrás, eu luto, eu faço. Abra mão da fantasia do homem perfeito, isso não tem nada a ver com seu crescimento pessoal de querer abandonar a ideia de voltar a ter o papai. Tem muito homem dando sopa, mas como não é como o papai, no sentido de tudo suprir e tudo prover, acabamm por não ser reconhecidos. Também não caia no erro de querer encontrar qualquer um e dar um jeito nele. Conserto funciona para carro, não para gente. Esta fantasia de acreditar que um homem pode ser consertado é um dos grandes erros, que leva à ruptura da relação. Melhorar sim, consertar nunca.

"Algumas mulheres levam mais tempo tentando consertar seus companheiros, até o esgotamento de ambos, do que procurando um parceiro mais adequado", coloca-nos Malcon Gladwell, 2005. "Quando as mulheres começam a falar a respeito de um problema, os homens ficam irritados e saem. As mulheres são mais críticas e os homens tendem mais à obstrução, e isso forma um círculo vicioso", Blink, em *A decisão num piscar de olhos*, pág. 37. Fuja do mito de que os homens não gostam de compromisso. Os homens querem casar, sim, somente muitas vezes, não se dão conta disso. Não fique apenas sonhando com homens, especialmente com aqueles que você não pode ter. Sempre que isso acontecer, caia na real, sabendo que está perdendo tempo.

A Mulher e a Aptidão Física

"Você ganha força, coragem e confiança através de cada experiência quando pára e olha o medo de frente... Você deve fazer aquilo que acha que não pode".

Eleanor Roosevelt

Pensamentos tornam-se ações, ações tornam-se hábitos, hábitos tornam-se caráter e nosso caráter torna-se nosso destino. Acredito piamente nesse conceito. Eu sempre fui magrinha. Meu irmão chamava-me de pouco peso e, consequentemente, não tardou para que eu fosse vista como anêmica. Tal diagnóstico nunca veio, mas, de qualquer forma, mesmo que desse o contrário, era óbvio que o resultado seria visto como errôneo, eu era anêmica e fraca. Sendo assim, não era adequado que fizesse esportes de nenhum tipo. Nenhuma modalidade servia para alguém tão magrela e baixinha. Havia o cuidado para eu não correr, para eu não cair e, principalmente, para não machucar as pernas. Cicatriz, então, nem pensar. O máximo que eu poderia fazer era andar pelo pátio da escola. Eu tinha colegas que eram jogadoras de vôlei fantásticas, eu brincava dizendo que elas eram dois por dois, quero dizer, grandes e fortes. Elas sempre eram escolhidas para o jogo de vôlei, eu sempre ficava na reserva ou era a última a ser escolhida. Assim, fui crescendo acreditando que homens eram fortes e mulheres, que fossem grandes, também. As fracas, consideradas pouco peso, ficavam na reserva.

Anos atrás, minha filha mais velha entrou para o time de futebol da escola. Time de quê? Futebol. Minha filha não tinha e não tem 1,80 como vocês possam pensar. Mas tinha algo novo para mim, a crença em sua capacidade corporal. Foi então que percebi melhor o que Colette Dowling comentou em seu livro

A Europa era até bem pouco tempo um reduto de homens brancos. Acreditavam que as mulheres não podiam tocar como os homens. Careciam de força, presença e capacidade de recuperação, para certos tipos de peças musicais. Isto não parecia preconceito porque as mãos das mulheres eram menores, pareciam que seus pulmões eram menos poderosos. Quando novas regras foram adotadas, como do uso de telas, as orquestras começaram a contratar mulheres. Porém, passado um tempo, Abbien precisou entrar nos tribunais porque, cerca de um ano depois, foi rebaixada a segundo trombone. De acordo com os dirigentes, eles precisavam de um homem nos trombones. Depois de oito anos, ela foi reintegrada a primeiro trombone.

Voltando a falar sobre corpo, fiquei e estou preocupada com o outro lado da moeda, a questão assustadora da obesidade nas mulheres e, pior, nas meninas. Recentemente, em uma viagem aos EUA, mais especificamente a Disney, choquei-me ao ver meninas que mal podiam andar, pela gordura. Os adultos estão resolvendo a questão da locomoção através de carrinhos projetados a deficientes físicos. Isso mesmo, ao invés de buscarem tratamento a algo que já chega a ser epidêmico, acabam procurando recursos para continuarem no problema, de forma crescente. No caso das meninas, é muito triste constatar que estão começando a vida com restrições. Não podem correr, não podem divertir-se, estão paralisando novamente. Não pense que estou fazendo apologia ao culto do corpo, falo em saúde libertadora. Não podemos ter o corpo como um problema. Falo em um corpo são, que possa realizar os movimentos necessários para trilharmos o caminho desejado. Mais força e coragem ganhamos, quanto mais fazemos coisas, das quais não nos julgávamos capazes de fazer. Vale subir em árvore a você pegar seu carro e ir onde bem entender. Friedrich Nietzsche, em uma citação: "Nenhum preço é alto demais quando se paga pelo privilégio de ser dono do próprio nariz".

A questão da obediência aos maridos

Tenho certeza que você já falou, ou ouviu falar, de mulheres que são vistas como mães de seus maridos. Até é muito comum comentários a esse respeito. O que pouca gente fala é dos maridos que parecem e agem como pais de suas mulheres. Geralmente, foram filhos mimados, acostumados a mandar.

Estas mulheres, em primeiro obedeciam a seus pais: sim senhor, não senhor. Agora obedecem a seus maridos. Alguns casos, de maneira escancarada. Ele, o marido decide a roupa que a mulher vai usar, se pode ou não trabalhar, quais amigas pode ter, por ele achar conveniente e assim por diante. Algumas mulheres criam laços afetivos, que sempre levam a dependerem de alguém.

Este tipo de papai é até fácil de combater, uma vez que fica clara a situação de dependência e controle. Porém, tem os papais que agem de forma sutil. Aparentemente, dando força ao crescimento feminino, mas controlando de forma dissimulada. Ele decide onde podem gastar o dinheiro da família, inclusive o seu. Ele faz o programa do final de semana, ele dita o funcionamento da casa, programa as férias e, o que é pior, o que ele determina é o certo e, claro, o bom para todos. Nada é conversado ou discutido, ele sabe o que é o melhor.

Além disso, todos devem ficar gratos ao papai, afinal ele faz o melhor. Catharyn Baird, professora de administração, trata de problemas de discriminação entre os sexos, afirmando: "Muitas mulheres conversam com os homens que são importantes em suas vidas fazendo perguntas, como se pedissem licença, em vez de estabelecerem um diálogo de igual para igual. A diferença entre perguntar e afirmar é muito sutil", pág. 169.

Perguntar em vez de afirmar é como delegar a ideia ao outro. Pergunta diz respeito ao que não sabemos, se queremos uma informação tudo bem, mas, geralmente, não é este ao caso. Na maioria das vezes, nós mulheres, nos pegamos fazendo rodeios, assim como quando pedíamos ao papai para irmos à casa de uma coleguinha. Não podemos perder tempo com rodeios e eternas justificativas para dizer uma coisa simples que, numa afirmação, estaria resolvida. Certa vez tentava explicar por que estava achando uma injustiça certa colocação. Minha professora me mostrou que eu não precisava ficar uma hora explicando algo desnecessário, bastava dizer isto foi uma injustiça. Assim, no consultório, quando atendo a casais, já no término da sessão, a esposa diz não saber se ficou claro, e recomeça toda uma ladainha, tentando explicar-se novamente. Algo que nada mais é do que um reflexo da insegurança. Li em algum lugar que os homens não pedem permissão, mas que pedem perdão. Esta frase não é minha, porém adoraria que fosse.

Mesmo a mulher sendo independente, sente a necessidade de dar explicação e satisfação o tempo todo, a respeito de tudo. "Nos ensinaram que agir como garotas, mesmo depois de adultas, não é tão mau assim. As garotas recebem cuidados e atenções que os garotos não recebem", afirma a terapeuta Lois P. Frankel, 2005, pág. 22, *Mulheres Ousadas chegam mais Longe*. Mulheres que vivem com homens deste tipo têm a sensação de que suas ideias nunca são validadas, uma vez que as mesmas nunca prevalecem. Pior, não se sentem respeitadas. Uma vez feita uma combinação ele pode mudar a seu bel prazer, afinal ele é o papai. Como não se sentem respeitadas, não raro, vem a frustração, que somente aumenta quando ela reclama. Porque então ele, o pai tão bom, diz fazer tudo para o bem geral. A mulher também adora pedir dinheiro ao papai. Veja bem que ela pede o que na verdade é seu também.

Lembrava-me de uma amiga que quando queria fazer um gasto, primeiramente consultava o marido. Detalhe, o dinheiro era o da conta dela, de seu trabalho. Mas parecia que precisava da autorização, como se fosse uma menininha perguntando em que poderia gastar sua mesada. Quando o assunto envolvia a família dela, então nem se fala, sentia-se muito mal, e não raro, ao invés de comunicá-lo sobre os gastos, ela pedia autorização. Não viva pedindo consentimento para o que lhe é de direito. Veja, não estou dizendo nada contra trocar ideias. Tenho certeza que você sabe muito bem a diferença.

Muitos pais sempre tiveram para com suas filhas a palavra não, na ponta da língua. Eu sou um típico exemplo disso. Pai, eu poderia? Resposta: não. Dava para? Resposta: não. Eu gostaria de? Resposta: não. A resposta meio que condicionou a mim e a uma porção de mulheres a escutar o não, antes mesmo de ele ser dado. Desta forma, nem chegando a pedir o que muitas vezes era de direito. Mulheres agem desta maneira nos seus amores também. Antes mesmo de escutar um não de alguém, elas próprias já se dão o fora. Se você acredita na igualdade dos gêneros, o que a leva a acreditar que outros têm mais direitos do que você?

Com a estima baixa e a sensação de nunca suas ideias serem aceitas, estas mulheres vão se calando, aos poucos. Vão desistindo de existir como pessoas e passam a fazer de conta que aceitam a situação, somente aumentando a raiva em relação ao papai. Algumas tentam agradá-los se tornando a filhinha, fazendo tudo o que acreditam que eles esperam. Fazem de tudo para não aborrecê-lo. Guardam, porém, na manga, uma única arma, mas poderosa, que as torna independentes e, de certa forma, senhoras de si, a falta de tesão. Ninguém sente excitação em transar com o papai. Mesmo transando, não dão ao homem e, infelizmente, não dão a si próprias, o que é visto como de grande valor, o seu prazer, porém desta forma, mais uma vez, saem no prejuízo.

Geralmente, esta situação se dá associada à baixa autoestima da mulher, não sendo somente uma questão de posição familiar. "Tentar ser boa, disciplinada e submissa, diante do perigo interno ou externo, ou esconder uma situação crítica psíquica ou no mundo objetivo, elimina a alma da mulher", citado por Clarissa Estés, 1994, pág. 306. Toda vez que meu marido me questionava sobre algo, eu custava um pouco a responder, o que muitas vezes o irritava, mas tenho percebido que uma boa menina sempre precisa de tempo para procurar um monte de palavras para se expressar. Ela não pode errar, precisa saber a coisa certa a dizer. Até o tom de voz muda, quando a mulher vai pedir alguma coisa. Ela precisa suavizar a voz, como na época em que era pequena e, claro, que o outro, seja quem for, percebe a dificuldade de imposição frente ao que quer.

Cabe à mulher sair também da posição de filhinha, enfrentando seus medos e assumindo seu crescimento. Muita grande mulher tem o sentimento de continuar eternamente uma menininha. Nem mamãe, nem filhinha. Para com a esposa, o marido tem apenas sentimentos paternais: respeito, veneração e proteção. Seu amor conjugal é reduzido à piedade conjugal. Quanto à esposa, ela não pode despertar paixão e é induzida a ver no marido o pai ou o filho mais velho. Resta tentar manter o morno, o medíocre, o estacionário do amor filial, para comemorar as bodas de prata ou de ouro, ainda que seja em frangalhos, Botas, 1987.

Histórias de homens-filhos, que encontram outra mulher fora do casamento, conhecemos muitas. Mulheres-filhas, que pulam a janela, enganando o papai, e tem uma vida fora de casa, tem poucas. Não há como comparar. A menininha fica fiel ao "marido-papai", nem que seja condenada a nunca ter um marido de verdade. A resistência por parte dos outros aparece de forma sutil e muitas vezes nos passa a mensagem: "coloque-se no seu lugar, menina". Eleanora Rosevelt afirmou que ninguém poderá fazer você sentir-se inferior, sem seu consentimento. Mas como isso é difícil, não é mesmo? Acabo de lembrar-me de um personagem televisivo em que, quando a mulher se manifestava, ele dizia: Calada! Ao que ela sorria delicadamente. Tal comportamento frustra, maltrata e reprime.

Somos ainda um bando de caladas que teimam em rugir. Rugir somente para dentro de si mesmas. Quando, por sua vez, as mulheres dão seu grito de guerra, muitas vezes caem no outro extremo, o do não importar-se com a opinião de ninguém. Acabam, com isso, deixando de ser políticas e flexíveis em suas opiniões. Querem as coisas do seu jeito, custe o que custar. Algumas vezes, custa o casamento, o relacionamento com amigos, o emprego e, outras vezes, o afastamento dos próprios filhos. É uma filhinha de papai ao contrário. É a rebelde muitas vezes sem causa nenhuma. Contrária a tudo e a todos, inclusive a si mesma.

O Patinho feio

Por que prender a vida em conceitos e normas?
O Belo e o feio... o Bom e o Mau... Dor e Prazer...
Tudo, afinal, são formas
e não degraus do ser!

Não sei quantas mulheres já falaram, me dá a sensação de serem o patinho feio. Aquela sensação de não pertencer a uma determinada família ou ao meio social em que vivem. Aquela sensação de que você é a mais feia da ninhada. A última do seu grupo de amigas. A que tem mais espinhas, a que é mais baixinha, aquela tem os dentes menos brancos e menos peito. Aquela que não teve a ascensão profissional e escolar que deveria. Aquela que não é como o irmão mais velho, que tudo sabe. É o sentimento de exclusão. O sentimento de não pertencer, o sentimento de não estar agradando. O escritor e terapeuta de família Bert Hellinger afirma, em seu livro *Constelações familiares*: "a pior coisa que pode acontecer a uma criança é ser excluída da família", 1996, pág. 38. Não necessariamente ser excluída, mas sentir-se excluída, é que denota o fator essencial.

A exclusão nem sempre vem da família, algumas vezes, vem de papéis sociais em relação a isso, percepção e realidade muitas vezes se confundem. O feio quase sempre é utilizado para o que nos parece diferente, quase como sinônimo. Lembro que vi o primeiro filme do patinho feio na escola. Desde aquela época eu amo o patinho feio. Ele foi uma das minhas grandes inspirações, por ser um desbravador. Ele foi capaz de buscar o seu lugar, com a convicção, mesmo que inconsciente, de aprender na caminhada. Para quem não lembra, ou não conheceu a história, vou contá-la, baseada na escrita de Andersen.

"No começo havia um ovo diferente no ninho de uma pata, era maior e de um choco mais demorado que os outros. Por fim, deu origem a uma avezinha graúda, desengonçada e acinzentada, que em nada parecia com seus graciosos irmãos. Seu aspecto distinto é determinante para ser discriminado por todos, inclusive pela mãe. Após se encher-se dos maus-tratos dispensados por ela, irmãos e vizinhos, ele voou para longe desse ninho infernal.

"No lago, onde foi parar, relacionou-se com dois jovens gansos, apesar da frase inicial dessa amizade: "você é tão feio, que vamos com a sua cara." Mas durou pouco esse laço, pois seus amigos foram abatidos numa caçada. Escondido, entre os juncos, salvou-se de uma carnificina que liquidou com tudo que voava. Paradoxalmente, ele sentiu-se rejeitado até pelos cães de caça, que o farejaram e não o morderam. Sempre voando para longe do perigo, caiu na choupana e uma velha acolheu-o pensando tratar-se de uma pata poedeira. Lá sentia-se hostilizado pelos outros animais da casa e foi ficando com saudade da água, até que decidiu voltar ao lago.

Tudo correu bem até a chegada do inverno, quando ficou congelado e desmaiou. Teria morrido, não fosse a bondade de um caçador que o desentranhou do gelo e levou-o para sua casa. Lá, devido a tanto sofrimento que teve na vida, interpretou como agressões as brincadeiras dos filhos do seu salvador. Na tentativa de escapar provocou uma revoada desastrosa, derramando a manteiga, o leite e a farinha da casa. Quando a mulher do caçador gritou, por causa da confusão, ele fugiu mais uma vez, resignado a sobreviver sozinho no lago, até a primavera. Essa estação trouxe de volta os cisnes, as belas aves que ele admirava e vira partir no outono. Então, ao curvar a cabeça de medo que eles também o maltratassem, viu-se, no espelho das águas, descobrindo que se transformara no mais belo dos cisnes.

Diana Liechtenstein Corso e Mário Corso, 2006, enfatizam: "o laço biológico não nos oferece as garantias necessárias para sentir-se amado. Mesmo que sejamos nascidos da mesma mãe, que nos amamentará e educará, ainda resta um vasto e desagradável sentimento de ser o ovo errado no ninho errado", pág. 33.

Quando nasci, cheguei em uma família no ápice de uma falência financeira. Tinha dois irmãos mais velhos. Na ocasião, um com nove e o outro com 14 anos de idade. Um pai em desespero, desempregado e sem dinheiro, e uma mãe deprimida, vendo todos os sonhos de futuro tranquilo e promissor por água abaixo. Para completar, um bebê temporão, que chegou para tumultuar um pouco mais a história. Meu pai com 51 e minha mãe com 42 anos de idade. Cresci como tantos outros que têm pais deprimidos, tentando ser a alegria da casa. Gostava de fazer palhaçadas para alegrar o ambiente, acredito que muitas vezes cansando e atrapalhando mais ainda. Mais tarde não mudei muito, vestia-me de palhaça na rua, entregando panfletos em frente a lojas.

Quando pequena, independente de na realidade receber carinho e proteção, dentro do que era possível naquela situação, a sensação era de ser um estorvo e de que decepcionava meus pais. Achava que eu não era o que eles esperavam de mim. O terapeuta de família e casal Moisés Groisman, 2000, escreveu: "desde que nascemos vamos acumulando, através das relações familiares, vozes dos membros mais significativos de nossa família, que regerão nossa vida, dos menores aos maiores atos. Estas vozes quanto mais invisíveis forem, maior a força e comando!", pág. 54. É, por esse motivo, que ele considera fundamental que toda pessoa possa se dar conta das diretrizes traçadas pela família para cada indivíduo.

"A suspeita que todos temos é a de sermos incapazes de nos igualarmos à fantasia que se avolumara no ventre de nossa mãe. Esse temor nos acompanhará para sempre, justificando o sentimento de rejeição que nos identifica com o patinho, abandonado e órfão, desde o ovo. O ventre da mãe é estufado de ideal, os filhos crescem e, mesmo que se tornem belos cisnes, ficam sempre com o sentimento de que lhes falta algo para preencher o que a mãe esperava", Corso, 2006, pág. 34.

O feio é tudo aquilo que não encaixa nos padrões, ou que acreditamos não encaixar nos padrões. Arnaldo Jabor, 2004, comenta sobre seu pai: "sempre quis ser aprovado por ele, receber um elogio, um beijo espontâneo, que nunca vinha. Ele parecia saber de algum crime que eu cometera, mas não sabia qual era", pág. 121. Meu pai, como o dele, não ria nunca. E eu sempre questionava, o que foi que eu fiz?

"Mesmo que estejamos vencendo o trajeto da vida, na caminhada, muitas vezes criamos venenos emocionais. Culpa, medo, remorso, angústia, drama, perda, dificultando em muito esta caminhada. Uma pessoa estar convicta de que tem um defeito é mais pernicioso do que a deficiência que possa ser descoberta", afirma o psicólogo Mark W. Baker, 2005. Se você fica retraído ou constrangido, torna-se incapaz de falar com autoridade ou inspirar o respeito que qualquer pessoa precisa para brilhar. Para ser respeitado é preciso não apenas ser esforçado, mas é preciso poder ser admirado pelos outros e por si mesmo.

"As crianças que não recebem carinho materno costumam sentir-se inseguras para gostar de si mesmas, para acreditarem que os outros vão gostar delas ou para gostarem de viver, *A cura*, de Shopenhauer, 2005, pág. 47. Difícil também para uma mãe deprimida ter que fazer mais esta tarefa, a de amar, quando não sente em si o próprio amor. Quantas crianças fazem tudo para agradar, para tirar suas mães da tristeza, sem noção nenhuma de que são coisas que não dependem delas. O pior sentimento que uma pessoa pode ter é não querer ser quem ela é. Não sentir-se confortável na própria pele, é muito triste e limitador. O pior é que nem sempre este sentimento é consciente. E, exatamente por isso, pode ser um fator de auto-sabotagem. James Waldroop e Timothy Butler, ambos com PHD, em Harvard Business School, falam com propriedade a respeito desses boicotes, comentando: "A despeito de todas as evidências em contrário, algumas pessoas ainda se veem como o caipirão que chega na cidade grande, ou a criança baixinha e gordinha, da qual as outras debocham ou o irmãozinho ou irmãzinha, cujos irmãos mais velhos deram mais sorte na vida, pág. 37. Piores podem ser frases que ouvimos em nossa própria casa: "quem você pensa que é?" ou ainda: "estas coisas não são para o nosso bico", ou "este lugar não nos pertence" e "precisamos nos por no nosso lugar."

Estudei em colégio de freiras, em uma escola particular. O colégio era caro. Eu não teria condições financeiras de estudar lá, mas meu pai havia conseguido uma bolsa de estudos. Em contrapartida, meu pai sempre foi presidente da escola, tesoureiro da escola, pai festeiro da escola, presidente de turma, e não que ele fosse um pai participativo, longe disso, ele era um estrategista. Prestando serviços, éramos beneficiados com a tal da bolsa. Sempre soube que não poderia ir mal nos estudos, de maneira nenhuma. Caso fosse mal, perderia o auxílio financeiro, isto nunca foi me falado, eu simplesmente sabia. Era uma sensação horrível de estar ali por um favor. Também tinha a mesma sensação de morar de favor, já que a casa era alugada e a cada reajuste do aluguel meses antes, minha mãe já saía a rezar para que o valor fosse compatível com a pobre renda familiar. Precisávamos nos encaixar no que era esperado, e nos comportarmos bem, muito bem.

Na escola, logo tive a sensação de não pertencer àquele lugar. Todas as meninas eram de um nível sócio-financeiro muito maior que o meu. Esforçava-me para ser a primeira em tudo. Eu nunca era. Não conseguia era me dar conta que, geralmente, eu era a segunda. Mas ser a segunda já não tinha mais valor. Que mal há em ser segundo? Que mal há em ser o quinto da classe ou o vigésimo? Será que, se fosse a primeira, iria me sentir melhor ou mais importante? "A pressão no sentido de adequar-se, seja qual for a definição que a autoridade dê ao padrão, pode perseguir a criança, até que esta fuja para longe, para um mundo oculto ou para andar muito tempo à procura de um lugar a se abrigar e a viver em paz", *Mulheres que correm com os lobos*, 1994, pág. 219. O sentido de adequação não vem necessariamente contra quem é menos favorecido economicamente, o oposto também é verdadeiro.

Lembro-me que, quando minha filha mais velha era adolescente, cursando o pré-vestibular, fez um comentário a respeito da economia, sempre foi uma menina com consciência das coisas. Um colega ouvindo isso, teceu o seguinte comentário: "você é filhinha de papai, o que você pode comentar a respeito de economia?" Bem, ela voltou para casa arrasada, quase maldizendo sua vida, porque ela não era sofrida como a maioria. Sentir-se adequado, muitas vezes, cobra que nos encaixemos num padrão pré-estabelecido e, se não estamos dentro dele, somos inadequados. Acabo de lembrar-me de um ditado: "ninguém é tão pobre que não possa ajudar e ninguém é tão rico que não possa precisar de ajuda." O medo de não adequar-se e de ser o patinho feio da história se torna uma prisão invisível.

O medo é o calabouço no qual o espírito se refugia, procurando esconder-se. O medo gera a superstição e a superstição, é o punhal com que a hipocrisia assassina a alma, segundo Ralph Waldo Emerson, crítico e poeta americano.

Nossas primeiras impressões a respeito de nós mesmos são fundamentais para nossa percepção como adultos. Quando acreditamos que somos fracos, feios e inaceitáveis, acreditamos que isso continuará para sempre, que isso será uma verdade eterna, não importando o esforço que a criança faça para reverter a situação, afirma Clarissa Pinkola Estés, 1994, em *Mulheres que correm com os lobos*. Um simples sotaque diferente pode ser um elemento de vergonha e paralisação. Mesmo que a pessoa já tenha galgado muitos degraus, pode sempre ter a sensação de continuar no mesmo lugar. Já escrevi, anteriormente, sobre o tema síndrome do elevador: "É como se apertássemos o botão do elevador para subir, porém ficando com os pés no chão. É a sensação de que independente do quanto possamos subir no elevador da vida sempre pensamos estar no mesmo lugar. Sem falar na sensação de se sentir esticado e sufocado pelo crescimento."

Muitos têm a síndrome do elevador, mas baseado na intolerância do preconceito. Ouvi que os vendedores de carros costumam beneficiar homens brancos com valores de carros mais acessíveis, em detrimento de pessoas negras e mulheres, porque estes dois últimos grupos são considerados mais otários para comprar. Eles fazem uma associação entre mulher e negros, equiparando-os a otários, o que, hoje, tem lhes custado muito negócios que poderiam ser feitos por pessoas destes grupos. Algumas doutrinas são gravadas em nossas mentes e permanecem quase como se fossem congênitas. Além de não podermos fugir destas percepções, os outros também, dificilmente, conseguem fugir de determinadas profecias já traçadas. Independente do quanto você mude a própria família, muitas vezes, o seu grupo social continua vendo você da mesma forma. Ainda me pego com a mesma sensação do patinho feio, dependendo da situação. James Waldroop e Timothy Butler, 2001, colocam: "ouvir sempre que você é burro, que nunca vai dar para nada, que é um perdedor e assim por diante, quando criança, pode ter um impacto devastador e duradouro em toda uma existência. A pessoa que começa a ter sucesso a despeito desse tipo de tratamento pode ficar ouvindo essas mensagens serem repetidas em seu inconsciente, como se isso fosse o sinal indesejado de 250.000 quilowatt de uma estação de rádio clandestina", pág. 43. E este sentimento pode acabar entrando em ação em momentos e em ocasiões totalmente inoportunas.

Assim, as pessoas têm a tendência em adotar um comportamento que os psicólogos sociais chamam de comportamento de abordagem e recuo. Sempre com um grande medo de que os outros desmascarem a pessoa no seu valor.

Roberto Ramos, pedagogo, ex-menino de rua, coloca em seu livro *As 15 lições da pedagogia do amor. A arte de construir cidadãos*: "Algumas pessoas pisam os nossos calos, provocam mágoa e continuam andando tranquila, sem ter a noção de que uma resposta inadequada pode causar até mesmo um trauma profundo nas pessoas", 2004, pág. 32.

Costumo, inclusive, brincar, dizendo que este é um dos motivos de eu não conseguir descer dos maravilhosos sapatos de salto alto. Li que os sapatos "embora toquem o piso nada imaculado das ruas e ainda entrem em contato com o suor, são objetos de arte ou, pelo menos, de nobre artesanato e não muito diferente das jóias, com a vantagem de custarem menos do que diamantes, os famosos melhores amigos das mulheres, escreve Paola Jacobbi, em seu livro *Eu quero aquele sapato*, 2005. O sapato me faz crescer, nem que seja por instantes. E, diga-se de passagem, hoje é uma das poucas coisas que diferencia homens e mulheres, e eu adoro ser mulher. Talvez nos meus maravilhosos sapatos salto agulha eu sinta-me menos patinho feio. Talvez ainda eu não esteja no ponto de usar uma rasteirinha com a postura de uma mulher poderosa. Veja, um simples modelo de sapato pode moldar, no momento, nossa percepção de nós mesmas, porém, o salto cria instabilidade e assim a necessidade da mão de um homem, como proteção, o que já anula a pretensão.

Da mesma forma com o intuito de crescer, eu e tantas mulheres passamos pela fase das ombreiras. Vocês lembram das ombreiras? Eram enchimentos que se colocavam nos casacos com a intenção de fazer com que as mulheres parecessem ter ombros largos. Era como se elas dessem à mulher o direito de trabalhar fora, estudar em universidades e parecer maiores do que realmente eram. Eram de certa forma masculinas na rua e femininas em casa. Os jornalistas da época dos anos 80, citados por Desmond Morris em seu livro *A Mulher Nua,* 2005, observa: "A ombromania está tornando difícil achar espaços num elevador", e continua: "As mulheres nunca mais vão poder voltar para casa, porque seus ombros não passam pela porta".

Não podemos esquecer que não estamos indefesos frente as nossas primeiras impressões. O fato de estas primeiras impressões pressionarem dentro de nós, não nos tira o controle consciente de quem somos e de quem podemos ser. Temos um trabalho árduo até nos tornarmos confortáveis e livres do preconceito.

Desde cedo tinha a impressão de que precisaria agradar, acreditava que agradava fazendo aos outros o que estes esperavam de mim. Assim, criava a ideia de que receberia amor pelo que eu fazia, não pelo que eu era. Custou para que eu percebesse que não era defeituosa, e mesmo que fosse isso, não me impediria de ser amada. Hoje percebo que o que me curou foi o relacionamento que tive com os outros. Li que uma alma perdida nunca é consertada, mas encontrada.

Durante muito tempo a religião ajudou a sentir-me mais desamparada, até porque eu não me enquadrava em muitas de suas doutrinas. Meu pai havia estudado para ser padre. Acredito que tenha faltado nas aulas em que aprenderia sobre apoio, aconchego, solidariedade, compaixão e, principalmente, sobre amai-vos uns aos outros. Ele, porém, esteve presente em todas as aulas que ensinaram sobre erros, culpas, castigos, julgamentos e disciplina. Vivíamos, assim, com a parte ruim da religião, a da intolerância, do julgamento e do castigo. Perdíamos a parte boa da religião de funcionar como apoio, força e sentimento de pertencimento. Não raro, como mulher que já passou por um divórcio, continua não tendo um lugar na igreja tradicional, assim como tantas pessoas. Estamos sujeitos àqueles que julgam ao invés de apoiar.

As regras nunca podem ser mais importantes do que as pessoas, coloca-nos Mark W. Baker, que estuda as escrituras da Bíblia, associadas à vida de Jesus. As regras devem existir para nos ajudar a exercer melhor o amor. Na primeira comunhão do meu filho menor ouvimos as seguintes palavras do sacerdote: "Toda mulher separada, mesmo que já tenha constituído família, não entrará no reino dos céus. É uma adúltera, uma pecadora." Muitas pessoas levantaram e em revoada retiraram-se, como legítimos patinhos feios. Eu permaneci sentada em respeito ao ritual que meu filho passava. Claro que, ao sair da igreja, ele fez a seguinte pergunta: "Mãe, você vai para o céu?" Garanti a ele que, se existisse um céu, com certeza teria lugar para mim e para todos aqueles que não se encaixam necessariamente num padrão exigido ou esperado.

Mas a dificuldade de encaixe também, muitas vezes, incrementa-se quando a mulher faz comentários sobre si mesma, onde ela expõe sua depreciação pessoal. Dificilmente você vê homens comentando seus podres. Como é comum, em contrapartida, comentários do tipo: estou gorda, estou cheia de rugas, mesmo que ninguém tenha perguntado ou comentado tal assunto. Enfim, uma série de adjetivos nada camaradas a respeito de si mesma. É a síndrome do patinho feio de independente da forma, sempre ver-se do mesmo jeito e ser réu confesso, o que é pior. Irrito-me profundamente quando minha filha menor, linda, diga-se de passagem, refere-se a si mesma como feia. Qualquer fotografia em que ouça: "nossa como você está linda", logo vem a réplica: "cruzes de onde você tirou isso, tira esta foto daí, eu estou feia". Aí a gente diz para a pessoa que ela não está feia e a pessoa diz que sim.

Mulher adora dizer tudo aquilo que ela deveria mudar. Se você perguntar a um homem o que ele mudaria nele, talvez escute nada como resposta. Pergunte a uma mulher e ouvirá um rosário de queixas sobre si mesma. Mesmo que, de certa forma, a pessoa tenha razão, digamos que ela não seja uma miss, não é necessário que fique espalhando por aí. A psicoterapeuta Iara Camarata Anton escreve no seu livro *Homem e Mulher, Seus Vínculos Secretos* 2002, que as gratificações insuficientes geram incertezas, temores, ansiedades, levando-nos ao isolamento amoroso ou, ao contrário, à avidez pelas confirmações almejadas, pág. 33.

Cada um de nós terá que batalhar pelo seu lugar no mundo. As dificuldades externas auxiliam nas decisões de quando partir, mas o que realmente o move é o fato de não sentir-se bem recebido em determinado lugar. Precisamos tomar a decisão de fazermos a nossa revoada pessoal. Cada qual precisa ter a coragem de atravessar suas florestas pessoais. Provar os perigos da vida e acreditar-se capaz de transpô-los. "É preciso partir para o mundo para revelar e descobrir o próprio valor, conquistar méritos que funcionem como uma pequena vingança", observam Diana e Mário Corso, 2006. A vingança em relação ao mundo e aos outros deve ser a de ficar bem. Fique bem e ficará vingado.

Mulher e a abnegação

"Satisfaz meu ego se fingindo submissa".

Erasmo Carlos

As mulheres sabem bem o que representa a palavra abnegação. No dicionário a palavra abnegar tem como sinônimos: renúncia, desprendimento. Abnegar quer dizer abrir mão de seus desejos, escolhas e vontades em prol do outro. Dificilmente, no dia-a-dia, esta abnegação é sentida. No filme *A Dona da História* a personagem interpretada pela atriz Marieta Severo discute com o marido e, em certo momento da conversa, ela diz que em 30 anos de casamento sempre lhe deixou na refeição o pescoço da galinha. O marido, personagem de Antônio Fagundes, diz nunca ter se dado conta de que ela gostava de pescoço de galinha, ao que ela responde dizendo também gostar. E é isso que acontece. A mulher tem a necessidade de priorizar os outros em detrimento a si. O pior é que esse comportamento acaba tornando-se regra, primeiro as necessidades dos outros, depois as próprias, quando há tempo e condições, caso contrário, ela resolverá isso talvez em outra encarnação. Ou quem sabe realizando-se por tabela. Quanta mulher se realiza por tabela através dos filhos.

E quanta mulher passa a vida toda depois lamentando, sem perceber, que foi sua própria sabotadora. A música diz: "quem não chora não mama". Quem pede tem mais chance de ganhar. As mulheres não querem causar incômodo para os outros. Como é difícil fazer uma divisão do que seja não se importar com determinadas coisas e ser uma abnegada. O psicoterapeuta Irvin Yalonm nos diz que algumas pessoas têm desejos bloqueados, não sabem o que sentem, nem o que querem. Sem opiniões, sem inclinações, elas se tornam parasitas dos desejos dos outros e essas pessoas são cansativas. As mulheres abnegadas são um bom exemplo disso.

Ninguém tem mais preocupação com a sinceridade do que as mulheres. O problema é que não conseguem fazer uma divisão do que seja ser sincera e cometer um sincericídio. O artigo vai clarear um pouco este tema:

Sincericídio

Ser uma pessoa sincera na maioria das vezes é tido como uma virtude. Mas, certa vez, um paciente me fez pensar de outra forma. Ele contou-me uma história onde a dita sinceridade de alguém fez ruir um casamento de muitos anos. Quando a pessoa foi questionada do porquê, havia contado algo que estava há muitos anos guardado, ela respondeu que falou porque era sincera, somente por isso.

Passei então a pensar num ponto muito importante, quando respondo a alguma pergunta o que falo vai ajudar e ampliar possibilidades ou não vai trazer benefício algum? Vai ser algo para engrandecer a pessoa ou algo devastador para a vida dela ou para a minha própria vida? Ser sincero requer muito cuidado e respeito. O que contarei, o segredo que vou revelar ou a opinião que emitirei terá alguma utilidade? Não podemos sair por aí falando tudo que nos dá na telha pelo simples fato de que somos sinceros. Podemos pensar em ser sinceros com as pessoas com as quais temos maior intimidade, mas mesmo assim nem sempre a sinceridade é bem-vinda. Podemos ser sinceros com as pessoas que sabemos, ou pelo menos acreditamos que não sofrerão com aquilo que vamos falar, isto é, não haverá um suicídio ou um sincericídio. Não tenho lembrança de onde tirei este termo, li em algum lugar e me apaixonei por ele.

Sincericídio significa isso mesmo, sinceridade somada a suicídio. Certa vez, uma paciente, num ataque de sincericídio, disse-me: "Cris, vou contar a meu marido que tive um caso no início do nosso casamento". O detalhe é que isso fazia mais de dezoito anos. Perguntei qual o motivo. Então ela respondeu que queria ser sincera e que estava numa nova fase da vida, muito feliz, e que queria deixar tudo limpo. Para mim estava claro que o que ela queria era cometer um sincericídio. Esta história que conto, ocorreu há mais de nove anos. Hoje, estão bem, muito felizes. Ela acabou guardando a história para si, de onde não deve sair.

Muita gente, por querer ajudar, já abriu a boca e logo percebeu que devia ter ficado calada. Quem nunca fez um comentário aparentemente sem maldade, mas que pegou muito mal? Quem nunca respondeu a uma pergunta sobre qualquer coisa de forma sincera e ficou com a antipatia da pessoa que pediu aquela opinião? Sinceridade pode se transformar em sincericídio muito facilmente.

Sinceridade e intrusão também têm uma linha divisória bem tênue. Outros tantos, com a desculpa da sinceridade, acabam sendo intrusivos, agressivos e maldosos. Sinceridade boa é aquela que faz crescer, que acrescenta, que amplia e que assim é bem-vinda. A sinceridade que apenas maltrata, desorganiza e desestabiliza, sem nenhum objetivo concreto, com certeza não é bem-vinda. Troque a palavra sinceridade por bom senso. Ele deve ser o norteador de nossas opiniões. Mas voltemos a nossas reflexões...

As mulheres ficam à espera de que as pessoas reconheçam sua dedicação. Mas como já é esperado, culturalmente, esta abnegação nunca é percebida e, consequentemente, não valorizada. Ao contrário, é sentida como obrigação materna e feminina, algo normal. Lois P. Frankel, 2005, já citada, escreve: "o impulso de servir a outras pessoas antes de servir a nós próprias está tão arraigado, que relutamos até mesmo em pensar nas alternativas existentes", pág. 34. Certa vez ouvi algo brilhante de uma paciente, ela disse: "Quando tenho um docinho sempre dou para os meus filhos, mas não sem primeiro dar uma mordidinha." Esta é abnegação saudável. É poder priorizar os outros, mas sem se deixar de lado.

A mulher que procura vantagem para si quase sempre é difamada e mal vista. Pressionada para manter uma aparência de harmonia no lar e na relação com o companheiro, a mulher abafa sua autenticidade, mesmo que a voz interna grite: "preciso mais do que isso", escreveu Janis Abrahms Spring, psicóloga da universidade de Yale, casada com Michael Spring, co-autor do livro *Depois do Caso, curando a ferida e reconstruindo a relação depois que o parceiro foi infiel*, 1997, pág. 54. A nossa sociedade passa a mensagem de que é trabalho da mulher, e medida de sua valia, a manutenção de seus vínculos com os outros. Caso reafirme o que quer, invariavelmente, esta pseudo reafirmação vem acompanhada de muita culpa. Vem a sensação de arrebatar algo de alguém isso é algo que as mulheres não suportam. Disse não a minha filha, disse não a minha mãe, disse não ao meu marido, disse não a meu chefe, e agora? O que será de mim? Porém, cada vez que aceitamos uma injustiça abrimos mão do auto-respeito.

Com o tempo a estima também se vai. Respeito e estima andam de mãos dadas. Estamos acostumadas a renegar elogios. Frases do tipo: "imagina nem foi nada, nem deu trabalho. Resumindo, são frases que desqualificam o trabalho que foi feito, o tempo desperdiçado, a dedicação e, claro, acabam por desvalorizar-se com uma modéstia obrigatória aprendida lá nas gerações passadas. Isto que não pegamos a época, da frase: "deixa ele pensar que a ideia foi dele." Não desqualifique o que faz, aprenda a valorizar seus feitos, seus desejos e a reclamar.

Mulher reclamar é algo que não tem precedentes anteriores na história. É algo recente. Há pouco tempo a mulher não tinha nem voz, quanto mais voz para reclamar. "Questionar já é um bom começo para que a resignação ou o ressentimento, acompanhados pela ignorância, não nos paralise", coloca a escritora Lya Luft, *Pensar é transgredir*, 2004, pág. 81. A paciência é um atributo destinado às mulheres. Os homens quando são impacientes são vistos como dinâmicos seguros de si e que sabem o que querem. No caso da mulher é um pouco diferente, quando se demonstra impaciente logo recebe piadinhas com um tom de que está faltando algo para esta mulher. O estar faltando algo se refere ao sexo. Também quando demonstra impaciência logo vêm termos psicológicos pejorativos tais como está histérica ou frustrada. Você, muitas vezes, pode ter abrandado suas reivindicações achando que estava sendo impaciente.

Questionar o porquê de continuamos a esperar por alguma coisa que aparentemente nunca vem não está no padrão feminino, isto implicaria em reclamar. Algumas ainda sentem uma dificuldade para escolher até um prato de comida no cardápio. Algumas ainda olham para o marido e dizem: "o que você escolher está bom". Algumas vezes, realmente, pode tanto fazer um prato ou outro, mas na maioria das vezes o que conta mesmo é a dificuldade de escolha. Para a Dra. Bookman, professora de linguagem e psicologia da universidade do Colorado, em determinada etapa de seu desenvolvimento moral, as meninas e as mulheres atravessam um estágio de autossacrifício. Este estágio tem um traço cultural que pode ser chamado de bondade feminina. Ela afirma que mulher boa é aquela que faz sacrifícios. Dá o exemplo de uma mulher que sempre diz: "Não se preocupe comigo, qualquer coisa que você resolver está bem." Esta afirmação deixa subentendido que essa mulher não tem preferência nem desejos.

O comodismo tira muitas vezes da mulher a dignidade. Quando chega o amadurecimento, John Gray coloca: "a mulher dá-se conta do quanto pode ter estado desistindo de si mesma para agradar a seu parceiro", pág. 61. Veja bem, não que ele peça ou até se dê conta deste procedimento feminino. Susan Page, 1998 alerta: "Algumas pessoas chegam a aceitar o absurdo de que é uma virtude negligenciar a si mesmo ou até submeter-se a abusos, pág. 221. Antes mesmo do casamento é costume fazermos o chamado chá de panela. Um encontro onde as amigas dão presentes que serão úteis para a vida do lar. O homem tem a despedida de solteiro. Bem diferente da mulher, o homem comemora a despedida de solteiro geralmente visitando bordéis, regados a muita bebida alcoólica e mulheres.

Se a mulher vai à luta e ingressa no mundo profissional, muitas vezes fica exposta a maus olhares. A sociedade precisa compreender que uma mulher que vai à luta não é egoísta, e mais do que a sociedade, quem precisa se dar conta disso é a própria mulher. Não é preciso e muito menos deve sacrificar-se para ser aceita. Basta um filho adoecer com uma gripe e pronto! A frase dita pela sociedade é: "Coitado dos filhos, a mãe trabalha fora e deixa as crianças abandonadas na escolinha e vai trabalhar, pudera que a criança fique doente." Esquecem, porém, de dizer que a mãe telefona de hora em hora, esquecem que o filho está na melhor escolinha, que tem avós maravilhosos que o levam e o buscam e que em nenhum momento o filho fica sem assistência. Quem fica na maior parte do tempo sem assistência é a mãe.

Vivendo abnegadas, negando sentimentos, acabam atrofiando emocionalmente. Mesmo quando uma mulher está decidida a romper com certas coisas como, por exemplo, com o casamento, ela logo sente que decepcionará os outros e que o rompimento influenciará toda a família. Se acreditar que fará alguém que ela ama sofrer invariavelmente, na maioria das vezes, desistirá da ideia.

Merecemos amor e não precisamos, constantemente, ter que conquistá-lo. Simplesmente merecemos e ponto final. Quando acreditamos nesta afirmação, a compulsão a abnegar-se na conquista do amor se dissipa e, então, pode a mulher relaxar, dar menos, pedir, até exigir e receber mais. A abnegação está intimamente ligada à dúvida e desconfiança em ser amada.

Outro impasse que já falamos, mas é bom lembrar que também lembra a abnegação, é o dilema entre carreira versus vida afetiva. Será que para sermos felizes na profissão precisamos abrir mão da vida afetiva? Se tiver vida afetiva preciso abrir mão da vida profissional? Por que é preciso abnegar de algo quando podem ter as duas coisas? Acabou a época de sermos tratadas como crianças, onde era imposto ou isso ou aquilo. Por que não ambas as coisas? Novamente temos medo de ser consideradas incapazes de render o que os outros esperam. Temos a necessidade de sermos as boazinhas e, como diz Ute Ehrhardt em relação à mulher: "Ela precisa suportar que os outros a consideram má", 1996. Que medo de causar esta pseudo desilusão no outro.

Sempre se doar cansa, queiramos ou não. Mulher exausta é sinônima de depressão. Nem sempre nos damos conta disso atribuindo ao casamento, ou a outras situações, quando o descontentamento é o cansaço. No Livro de John Gray ele afirma que existe uma filosofia no planeta das mulheres que ele nomeou de Vênus, chamada perder e ganhar. "Eu perco para que você possa ganhar." Quantas mulheres que você conhece não somente abandonaram seus sonhos como a si mesmas? Veja bem, não estou falando da geração de nossas mães, falo dessas mulheres que estão do seu lado, quem sabe até você mesma não tenha deixado muitos sonhos e projetos engavetados. Até mesmo o lazer em função de outros. Aposto que você tem aquela tia que sempre que vai a algum lugar está com a mesma roupa. Sim, ela veste muito bem o marido e os filhos, mas ela não tem por que comprar. Por que teriam que gastar com ela? Muitas vezes refletimos a visão que temos em nós mesmos desta forma desvalorizada. Na maioria das vezes, os maridos não percebem este funcionamento. Pelo contrário, acaba a mulher desleixada.

Toda a desconsideração acaba incomodando, seja ela vinda de alguém da família ou pior, de você mesma. Quando o financeiro da família melhora é importante que você possa dar-se conta de que já é hora de você poder oferecer-se algo de prazeroso, independente de necessitar. Se outros não podem ter um reconhecimento por tudo que você faz, comece você tendo e se permitindo certas coisas.

Quantas submetem-se à solidão, a privações para que os maridos tenham ascensão e sucesso? Quantas mulheres ficam com seus projetos, quando os tem, esquecidos ou guardados dentro de si, para o dia em que sobrar um espaço, ou para quando for o momento certo. Talvez este seja o motivo para que muitas mulheres façam um paralelo e acreditem que, para terem ascensão profissional, atribuam a necessidade de ficar sozinhas. Caso tenham um parceiro, o crescimento terá que ser dele e não dela. Cada vez que a mulher vai deixando a si mesma vai criando mais mágoa e rancor. O problema é este sentimento ser projetado no outro. Eu tinha uma paciente que gostaria de ir a um concerto de música clássica. Porém, ela contou que o marido não gostava dessas coisas e que, portanto, nem falaria para não incomodá-lo. Então perguntei se ela iria e ela respondeu que não, porque também não gostaria de aborrecê-lo com isso. Como podem ver, não era ele que não a estava deixando ir. Se ela fosse perderia o amor dele? Que amor frágil seria esse que ela precisa agradar e impressionar para ser amada? Ele a ama ou somente as coisas que ela faz para ele?

Assim têm muitas mulheres que acabam tendo este mesmo funcionamento com as amizades. Caso não tenham uma atitude abnegada e de agrado tem muito medo de perdê-las e, desta forma, ficam dependentes do que as amigas querem e esperam dela. Quanto mais sozinha se sente uma mulher mais dependente será de suas amizades e uma maior atitude de abnegação terá para com elas. Estar sozinha, no sentido de solteira ou separada, nunca será sinônimo de independência e liberdade. Porque na sua independência pode desenvolver uma atitude totalmente abnegada e dependente em relação aos outros.

A questão financeira também é algo a apontar. Muitas mulheres privam-se do que gostariam em prol de que o marido disse que é preciso poupar. Elas guardam o dinheiro como quem guarda um troféu a ser exposto para o marido. Dificilmente este dinheiro é gasto em alguma coisa pessoal. Simplesmente é poupado para mostrar ao marido sua eficiência. Para o marido, quase sempre esta economia não faz diferença nenhuma, mas para a mulher alguns trocados que poderiam reverter em seu próprio benefício fazem, sim, muita diferença. Não raro, as mulheres com o tempo sentem-se traídas por terem deixado de fazer tantas coisas, ao que os maridos respondem: "nunca pedi para que você fizesse uma coisa dessas."

Quando acontece um acaso extraconjugal então, neste caso muita mulher lamenta tudo aquilo que deixou de fazer em prol do futuro da família. Aparece também a questão econômica quando a mulher se dá conta de tudo o que deixou de gastar para si para ver, agora, o ex-marido gastar com outra. Elas dizem que não é justo. E quem sou eu como terapeuta para questionar?

Um grande problema é que com a necessidade de desempenho. A maioria das mulheres profissionais tem dedicado muito tempo às tarefas e pouco aos relacionamentos. O que deveria ser mais importante que é o relacionamento entre as pessoas, a família, o parceiro, passa a ficar no plano secundário. Dentro deste princípio de tarefas em primeiro plano tudo parece com o tempo dar errado. O chamado sucesso profissional não acalenta a falta de aconchego e a perda da estima dos outros. O que antigamente acontecia com os homens de se darem conta que haviam perdido o crescimento dos filhos, o contato amoroso com os pais e a convivência com amigos, está se refletindo agora com as mulheres. James Hunter, famoso guru americano em consultoria, afirma: "a chave para a boa liderança é executar a tarefa enquanto se constroem relacionamentos", 2004, pág. 34, *O monge e o executivo*.

É preciso realizar e executar tarefas sem descuidarmos dos relacionamentos. Se executarmos uma porção de tarefas esquecendo-nos dos relacionamentos tudo fica sem sentido e, quando percebemos, alguém tratou de construir o relacionamento que deixamos de cuidar. Hunter fala-nos que "famílias saudáveis, times saudáveis, igrejas saudáveis, negócios saudáveis e até vidas saudáveis falam de relacionamentos saudáveis."

Não raro, a abnegação é atribuída ao exterior e não a si mesma. Frases como o outro me impediu ou o outro não me incentivou também encobrem muito a própria responsabilidade pelo abandono pessoal. Quem disse que esse estímulo precisa vir de fora? Basta um casal se separar que, no caso da mulher, a primeira coisa que aparece é: "olha tudo que abri mão por sua causa. Olha tudo que deixei de fazer por você." Na maioria das vezes este é um grande álibi. Álibi pelas próprias faltas que necessitam serem projetadas no outro. A frase dita é não fiz porque ele me impediu ou não me incentivou. Quando deveria ser, eu desisti!

A palavra abnegação está ligada à palavra resignação. Muita gente atribui à falta de oportunidade o que em realidade se chama resignação, que é a aceitação silenciosa do seu lugar, em detrimento de gostar ou não dele. Mulheres resignadas olham mais do que ninguém novelas. Através da fantasia encontram espaço para sair de seus lugares.

Clarissa Estér, 1994, coloca que existem três tipos de fantasias: "A primeira é a fantasia do prazer. É aquela que funciona como um sorvete mental (adorei este termo). É quando sonhamos de olhos abertos. A segunda é a formação intencional de imagens. Esta é como uma sensação de planejamento. Todos os nossos sucessos começam com estas fantasias. A terceira fantasia é aquela que paralisa tudo, é a que impede a ação adequada", pág. 402.

Muitos homens, quando acusados neste sentido, ficam surpresos e dizem nunca a impedi de nada. Ela nunca havia demonstrado interesse em fazer nada do que está reclamando agora. Nestes casos precisamos admitir que somos as culpadas de muitos projetos fracassados. Com a simples frase ele não me incentivou simplificamos tudo e nos isentamos de nossas responsabilidades. Outro grande problema é que a mulher acaba cobrando do homem a mesma atitude de sacrifício que costumeiramente ela exerce. O homem em contrapartida não tem a necessidade de sacrifício. Assim, a mulher acaba sentindo-se lesada por sacrificar-se e muito irada pelo homem não agir da mesma maneira.

A mulher também tem a péssima mania de não suportar ver o peso nas costas dos outros sem sentir necessidade de fazer algo a respeito. Por que usei o termo péssima mania? Porque existe uma compulsão a querer carregar o que não lhe diz respeito. Geralmente o peso dos outros acaba em suas próprias costas. Ouvi uma história muito significativa.

Uma noite o cavalo queixa-se ao asno dos rigores de sua sorte: – Trabalho puxando o arado da manhã à noite. Por mais quente que esteja o dia, por mais cansadas que se sintam minhas pernas, por mais que o laço esfole meu pescoço, sou obrigado a dar conta do recado. Você, entretanto, é uma criatura que tem suas horas de descanso. Você é forrado com mantas multicoloridas e não tem mais que carregar nosso amo aos lugares aonde ele deseja ir. Quando o homem não sai, você fica descansando e comendo a grama verde durante todo o dia.

O asno, apesar de seus famosos coices, era um bom companheiro e simpatizava com o cavalo.

– Meu bom amigo, replicou ele, você realmente trabalha muito pesado e eu gostaria de ajudá-lo. Por isso, direi como pode fazer para ter um dia de descanso. Pela manhã, quando o escravo vier para amarrá-lo ao arado, deite-se no chão e solte os maiores gemidos que puder, para que ele diga que você está doente e não tem condições de trabalhar.

Assim fez o cavalo, e no outro dia o escravo saiu à cata do amo para comunicar-lhe que o cavalo estava doente e não podia ser amarrado ao arado. Então disse o fazendeiro, use o asno para fazer o serviço.

Durante o dia inteiro, o asno que só tinha pretendido ajudar ao companheiro viu-se compelido a dar conta da tarefa do outro. À noite, depois de desamarrado do arado, seu coração estava amargo, as pernas em frangalhos, o pescoço esfolado.

O cavalo iniciou a conversa.

– Você é um bom amigo. Devido a seu sábio conselho, pude descansar todo o dia.

– Enquanto eu, reclamou o asno, sou como toda essa gente de bom coração que começa por ajudar a um amigo e acaba sendo obrigado a fazer as tarefas dele. A partir de agora você deve puxar o arado, pois ouvi o amo ordenar ao escravo que o leve para o açougueiro se você ficar doente de novo. Tomara que o faça mesmo, pois você é um companheiro preguiçoso.

A partir de então não se falaram mais e aquele episódio acabou com a amizade dos dois. Moral da história: Se desejar ajudar um amigo, faça-o, mas de modo que os fardos dele não sejam colocados sobre os seus ombros. *O homem mais Rico da Babilônia*, pág. 82.

Existe também, de certa forma, um ar de superioridade na mulher, ela sacrifica-se. Muitas mulheres sentem-se melhores do que outras por sofrerem e isso está ligado profundamente a questões religiosas. Mulher precisa ser nada mais do que a imagem e semelhança de uma santa. Muitas mães, neste papel de santa, tornam-se pela suas abnegações extremamente controladoras e, algumas vezes, até tiranas em relação aos filhos. Filhos que sentem-se em dívida nunca conseguem libertar-se de suas mães. A expressão *eu fiz tudo por você* pode ser extremamente culposa e aprisionadora para os filhos. Quando o certo devia ser passar o seguinte sentimento: "eu não preciso que você precise de mim, nosso amor é livre." William Shakespeare escreveu que há uma diferença sutil entre estender a mão e acorrentar uma alma.

É preciso que a mulher tenha certo egoísmo, um egoísmo que chamo de egoísmo saudável. Dra. Lenore Millian, 2003, no livro *O clube das segundas esposas* usa o termo egoísmo iluminado, termo que não defende o egoísmo extremo, que é tirar vantagem dos outros. Egoísmo iluminado nada mais é do que cuidar de si mesmo e satisfazer as próprias necessidades, pág. 54. Sem esquecer que é muito fácil tornar a abnegação uma grande arma de poder. Nunca esqueça, ou melhor, aprenda que você também tem o direito a atender as suas necessidades e, principalmente, sem esperar a permissão de ninguém. Sentirá, então, a sensação saudável do poder que liberta, sem medo de que deixem de gostar de você. Até porque se para ser amada significa que você tenha que ser uma serviçal, você tem interesse?

Aprenda a suportar os comentários depreciadores da sogra quando você não fez o jantar que ela queria. Aprenda a relevar cara feia da sua mãe quando você não a levou para fazer as unhas no horário que ela queria. Aprenda a suportar os gritos do seu caçula quando não o levou no amiguinho na hora que ele queria ou caso você tenha resolvido sair para jantar com o seu marido sem o dito cujo filho.

Tenho uma amiga que nunca pode sair sem o filho. O motivo é que ele adora sair junto para jantar. O problema é que ela nunca está livre de seu papel materno. Caso consiga sair sem o menino, claro que ela se torna refém do celular, que chego a chamar de cordão umbilical acústico, onde pode ser 1h30min da madrugada e ele telefona para lembrá-la que ele o Sr. de cinco anos de idade a espera em casa.

Agimos com medo de bronca e cara feia. Mas quem tem medo de bronca e cara feia são as crianças. As garotinhas. Nesta hora é de se perguntar, você é o que?

A mulher também precisa parar de ser a eterna voluntária para tudo. Algumas mulheres não percebem, mas são voluntários em vários planos sociais e familiares. Porém, nunca são reconhecidas como entidades filantrópicas e desta forma elas mesmas não se dão conta disso. São voluntárias de fazer um simples jantar a ficar um mês com aquela cunhada e família morando na sua casa, porque o marido da cunhada foi demitido e eles precisam diminuir despesas. A linha entre ser solidário e responsável pelos outros é muito tênue. Nestas horas vem aquela dúvida cruel, mas e se eu não fizer? Quem fará? Este questionamento faz com que você sinta-se forçada a fazer, na maioria das vezes, o que você não quer. É a culpa por dizer não e ter a sensação de que alguém foi privado de algo por sua causa. Afinal a Madre Tereza de Calcutá jamais diria não.

Se você não está de olho na própria beatificação suporte decepcionar os outros. Aprenda a fechar a boca quando alguém pergunta: "quem pode fazer tal coisa?" Ouvi, certa vez, que eu tinha que aprender a sentar em cima das mãos para não erguer sinalizando eu posso. Adorei esta chamada em relação a mim mesma. Outra vez um amigo disse que eu fazia parte das mulheres que ele definia como mulher do tipo tudo dá (não malicie o termo). Mulher tudo dá é aquela que sempre tem tempo, espaço e condições para fazer tudo para todo mundo.

Claro, não espere que as mudanças em relação ao rompimento com sua abnegação sejam aceitos assim, de forma branda. Prepare-se para uma série de frases do tipo: "você não é mais a mesma." Neste caso pergunte: melhorei ou piorei? Caso a resposta seja que tenha ficado pior, pergunte: "fiquei pior para quem?" Prepare-se para a resistência. Prepare-se para resistir, porque como diz Lya Luft: "Vai depender de cada um de nós que sua vida seja território seu, ou apenas emprestado com a má vontade de outros, mesmo os filhos." *Perdas e Danos*, 2003, pág. 113.

Defenda-se quando alguém, já acostumado a sua maneira abnegada de ser, quiser delegar tarefas ou sugerir o seu nome para resolver tarefas. Faça o que as outras pessoas fazem. Elas têm compromissos. Melhor dizendo, elas valorizam o tempo e sua disponibilidade. Elas valorizam estarem com as unhas úmidas. Levei um choque quando fui marcar um horário médico com uma conhecida e ela perguntou se eu tinha pressa. Falei que não. Pensei que ela marcaria para o dia seguinte, ou o mais rápido possível. Ela disse então que me veria na próxima semana. Eu sabia que ela estava totalmente disponível, diferentemente de mim, que estava cheia de coisas por fazer. Mas me dei conta que ela, simplesmente, não precisava me agradar. Levei um choque porque eu jamais diria que não poderia atendê-la, estando disponível. Confesso, o baque funcionou melhor como lição do que várias sessões de terapia. Primeiramente, porque percebi que ela não era nem um pouco abnegada. Simplesmente faria o que estava a fim. OK! Faltou um pouco de política da parte dela. Mas, sem dúvida, alertou-me em relação à minha expectativa e fez-me perceber que as pessoas dizem não. Pobre é a sogra dela. Sogras não estão acostumadas a noras que dizem não.

Mulher e a performance

Para comer depois

Adélia Prado

Na minha cidade, nos domingos de tarde,
as pessoas se põe na sombra com faca e laranjas,
tomam a fresca e riem do rapaz de bicicleta,
a campainha desatada, o aro enfeitado de laranjas:
Eh! bobagem!
Daqui a muito progresso tecno-ilógico,
quando for impossível detectar o domingo
pelo sumo das laranjas no ar e bicicletas,
em meu país de memória e sentimento,
basta fechar os olhos:
É domingo, é domingo, é domingo.

Nunca gostei de malabarismos em circo. Acabava ficando nervosa e ao mesmo tempo achava enfadonho. Sentia-me cansada somente em olhar. Certo dia, porém, tive um sonho onde eu trabalhava num circo. Eu não era a domadora de leões, destemida, corajosa e, principalmente, potente diante daqueles animais. Não precisava ser terapeuta para entender a minha vontade de domar os meus próprios medos. Lá estava eu girando pratos equilibrados em uma vareta muito fina. Cada vez iam sendo colocados mais pratos e eu tinha que ser ágil para mantê-los desta forma. Nós, mulheres, achamos que somos responsáveis por tudo, diz Mary LoVerde, no livro *Mulheres que fazem demais*, 2003, pág. 17.

Já sei, estás pensando que já teve o mesmo sonho? Pois a cada ano tenho a sensação que coloco mais um prato para equilibrar. O engraçado é que a cada ano tenho o propósito de diminuir meu ritmo de trabalho. Com a desculpa de que adoro o que eu faço, o que é uma verdade, vou atribuindo mais e mais tarefas. "Perdemos a pele da alma quando nos tornamos por demais exigentes e perfeccionistas", *Mulheres que correm com os lobos* 1994, pág. 333. Aquela que quer ser tudo acaba sendo é nada. Lembro também que o escritor Mitch Albon colocou que vivemos como sonâmbulos, não aproveitando a vida em sua plenitude, praticando atos que automaticamente achamos que precisamos praticar, pág. 85.

A auto-afirmação eterna pode ser o pior cárcere juntamente com a angústia. Tenho visto tanta gente preocupada em competir com o da frente ou em deixar o de trás mais para trás, que perdem o momento presente.

Existe na maioria das mulheres uma necessidade secreta de impressionar. E para isso é necessário ser extraordinária. Preciso correr. Ser rápida, veloz. Patrizia Gucci, 2005, mostra: "me dei conta de que de que rendo mais quando me apresso menos, de que sou mais eficiente quando não sigo à risca os padrões prescritos pelo meu papel social", pág. 11. Quando nos tornamos uma pessoa que quer ser tão inteligente a ponto, inclusive, de humilhar os outros, todas as outras qualidades que temos podem ficar comprometidas.

A verdade é: "eu quero ser perfeita". Temos muita dificuldade em ser naturais. E é tão bom poder, em certas circunstâncias, largar de mão e ficar em estado relaxado. Olhem, nossa vida parece definida pelo que fazemos: "somos obcecados em fazer", afirmam os escritores Matt Weistein e Luke Barber. Fazer e correr. E assim, como os mesmos autores colocam, estamos nos matando de seriedade. E ainda eles dizem mais. Dizem que este tipo de funcionamento deveria ser considerado doença terminal. Claro que muitas vezes usamos o medo do futuro para este tipo de funcionamento. Mas quando é o futuro? Têm pessoas que passam a vida inteira esperando o futuro que nunca chega, diz a socióloga Glória Pereira. Ela afirma: "Quanto mais dinheiro ganha, mais escravizado sente-se", *A energia do dinheiro*, pág. 31. Criamos a própria escravidão que não nos permite usufruir do que já conseguimos. Fortuna não vem somente de trabalhar duro ou correr. Vem dos pensamentos que você passa a ter em relação ao dinheiro e, principalmente, em relação ao consumo. "As mulheres geralmente são mais intuitivas e perfeccionistas que os homens", diz Christina Larroudé, da FGV, autora do livro *Muito Além do teto de vidro*. O pior é que há uma grande diferença entre proezas e realmente conseguir resultados. Pessoas com baixa autoestima têm a tendência a exagerar seus feitos externos como se quisessem compensar o próprio sentimento de inferioridade. Pessoas com autoconceito pobre se valerão mais e mais de provas externas para criar uma imagem de merecedoras, buscando forjar um conceito respeitável. Não busque proeza, mas significados, afirma Cláudia Riecken.

Cada dia, cada atração exercida por nós vai tornando-se popular e, dessa forma, cada vez mais é exigida uma performance mais difícil e maior. Melhor dizendo, a frase certa é: "não quero ser perfeita, mas tenho a necessidade de ser.". Arnaldo Jabor, 2004, em seu livro *Amor é prosa, sexo é poesia*, afirma: "as mulheres, podem ser as maiores executivas, mas seu corpo lateja sob o tailleur e lá dentro os órgãos estranham a estatística e o negócio, elas querem ser vestidas pelo amor. O amor para elas é um lugar onde se sentem protegidas", pág. 15. Coloca, ainda, que a felicidade virou uma autoconstrução de sucesso, de bom desempenho. O engraçado é que reclamamos de pouco tempo para nós. Para ficar com os filhos, namorar, passear, ler, viajar. Queremos ser mais felizes, mais tranquilos e paradoxalmente trabalhamos mais e mais. Dessa forma, ficamos cada vez menos disponíveis para a felicidade. Pessoas entaladas de tarefas e exigências, com um esforço descomunal para a perfeição se aprisionam no papel de perdedoras. Ainda mais quando a mensagem passada é de que errar é desastroso. Algo de muito ruim pode acontecer se você errar... Este funcionamento, não raro, traz uma sensação crônica de vazio e tristeza.

Acredito que exista um enorme medo de que outras mulheres estejam como que acenando suas vitórias e que você esteja ficando para trás. Este medo de ficar para trás é enorme. Mas para trás do que? Para trás de quem? Algumas mulheres que conheço querem ser como um prêmio a ser dado aos outros, mas com um medo muito grande de que a qualquer momento um prêmio maior, em forma de pessoa, seja oferecido a esses outros. Quanto maior a insegurança maior é a tendência a se comportar de maneira mais destrutiva. Acabamos por criar uma compulsão em ser heroínas. Esse sentimento heróico, essa necessidade de performance pode camuflar a eterna sensação de fragilidade. Domenico de Masi afirma, em seu livro *A economia do ócio*: "os hiperativos fogem do ócio como se fosse a peste, mas adoram falar dele, sonhar com ele, auspiciá-lo e, sobretudo, exigi-lo dos outros", pág. 17. Marx, citado por Domenico de Masi, confessou: "combato pela legalização da jornada de oito horas para os operários, mas no que me diz respeito sou um promotor de longas jornadas de trabalho." Também Domenico cita Bertrand Russel que lembra um ditado muito conhecido de todos: "O diabo sempre inventa uma maldade para quem está de mãos vazias." Temos ainda o ditado: "em cabeça vazia cria bobagem", ou ainda "cabeça vazia é oficina do diabo." Eu, como moça obediente e temente ao diabo aprendi muito bem esta ideia. O esgotamento acabou sendo algo aceito e esperado. Ao conversar com minha sobrinha, após esta ter ficado dois dias em plantão médico consecutivo sem dormir, pude perceber certo grau de satisfação da parte dela ao me contar o ocorrido, afinal de contas ela agora estava sendo merecedora de um elogio da titia, como se eu fosse metaforicamente a professora que diria, batendo com a mão suavemente em sua cabeça: "Muito bem... Parabéns, Aline. Você fez um bom trabalho."

O problema é que dizem que os grandes heróis nunca reconhecem a vitória. Porque após uma batalha, já se encontra outra e depois mais outra. Sempre com a sensação de que nunca acaba. Já tem uma nova missão, já tem um novo chamado. Quando um herói pode dizer que chegou onde gostaria? E, infelizmente, esta busca crônica do heroísmo pode se tornar com o tempo uma compulsão. Desta forma o lúdico, o brincar, maior fonte de inspiração da criatividade, se esvai. O psicanalista Winnicott já falava que é no brincar e somente no brincar que o indivíduo, criança ou adulto, pode ser criativo e usar sua personalidade integral, e é somente sendo criativo que o indivíduo descobre o seu verdadeiro self. O seu verdadeiro eu.

Pior de tudo é que todos os feitos e ganhos parecem pequenos demais para serem comemorados. Todas as etapas vencidas, todos os projetos alcançados e realizados, as dificuldades passadas parecem que, na hora da comemoração, sempre têm um aspecto de não terem sido grandes o bastante ou um verdadeiro acontecimento, digno de comemoração. E, é claro, que seu marido já sentiu o mesmo. Afinal, a desvalorização está assolando, como já disse, tanto homens como mulheres. Volto a citar na história o personagem de Alexandre, o Grande citado por Lance Kurke, 2005. Ele fala que Alexandre tinha como um dos seus lemas a seguinte frase: "Seja sensato. Não seja obcecado pela ambição de possuir", *A Sabedoria de Alexandre, o Grande*, pág. 48. Podemos através da própria ambição tornarmo-nos os nossos maiores inimigos. Lembrando de Alexandre, faço a conexão com Marco Aurélio, o grande imperador, que disse: "Como agradará a si mesmo quem vive a se arrepender de quase tudo quanto faz?", *Meditações de Marco Aurélio, 2004*, pág. 88.

Nem toda ambição é doentia, afirma o escritor Karen Horney. A diferença está nas forças que nos instigam. Portanto, que forças nos levam a ter que correr mais, tornar as coisas do dia-a-dia mais difíceis? Creio que o nosso self, o nosso eu, se na atualidade não chega à exaustão, ao limite do stress, não se sente competente. Quantas vezes eu me depreciei por não estar exausta. Estar sem condições, muitas vezes, me trouxe alívio como que dizendo, parece que fiz um bom trabalho. Escreve John Gray: "A mulher tenta ser perfeita, de modo que ele, o marido, nunca tenha qualquer razão para se afastar. Ela desiste de si mesma e de tenta tornar-se o que acredita que ele quer", pág. 120. Infelizmente, algumas mulheres incansáveis na busca de ser brilhantes acabam não agradando e se tornando impossíveis de conviver. São aquelas que sabem tudo e que entendem de tudo, sem querer, muitas vezes, desqualificando os outros. Como é bom saber que podemos decepcionar ou, em algumas situações, ter uma derrota sem que se perca o valor e sem o medo de deixar de impressionar.

Muitas vezes a necessidade de impressionar faz com que percamos as próprias crenças. Ninguém está aguentando mais somente utilidade e desempenho, poder e sucesso, diz o comentarista Arnaldo Jabor. Mas será que comunicamos ou será que realmente sabemos o que realmente queremos? Lya Luft, em seu texto *Canção das mulheres*, escreve de maneira brilhante:

Que o outro saiba quando estou com medo, e me tome nos braços sem fazer perguntas demais.

Que o outro note quando preciso de silêncio e não vá embora batendo a porta, mas entenda que não o amarei menos porque estou quieta.

Que o outro aceite que me preocupe com ele e não se irite com minha solicitude, e se ela for excessiva saiba me dizer isso com delicadeza ou bom humor.

Que o outro perceba minha fragilidade e não ria de mim, porque também preciso poder fazer tolices tantas vezes.

Que se estou apenas cansada o outro não pense logo que estou nervosa, ou doente, ou agressiva, nem diga que reclamo demais.

Que o outro sinta quando me dói a ideia da perda e que ouse ficar comigo um pouco – em lugar de voltar logo à sua vida, não porque lá está a sua verdade, mas, talvez, o seu medo ou sua culpa.

Que se começo a chorar sem motivo depois de um dia daqueles, o outro não desconfie logo que é culpa dele, ou que não o amo mais.

Que se estou numa fase ruim o outro seja meu cúmplice, mas sem fazer alarde nem dizendo "olha que estou tendo mais paciência com você".

Que se me entusiasmo com alguma coisa o outro não a diminua, nem me chame de ingênua, nem queira fechar essa porta necessária que se abre para mim por mais tola que lhe pareça.

Que quando sem querer, eu digo uma coisa bem inadequada diante de mais pessoas, o outro não me exponha, nem me ridicularize.

Que quando levanto de madrugada e ando pela casa, o outro não venha logo atrás de mim reclamando: "Mas que chateação essa sua mania, volta para a cama!"

Que se eu peço um segundo drinque no restaurante, o outro não comente logo: "poxa, mais um"?

Que se eu eventualmente perco a paciência, perco a graça e perco a compostura, o outro ainda assim me ache linda e me admire.

Que o outro – filho, amigo, amante, marido – não me considere sempre disponível, sempre necessariamente compreensiva, mas aceite quando não estou podendo ser nada disso.

Que, finalmente, o outro entenda que mesmo se às vezes me esforço, não sou, nem devo ser a mulher maravilha, mas apenas uma pessoa; vulnerável e forte, incapaz e gloriosa, assustada e audaciosa – uma mulher.

Lya Luft, Pensar é transgredir, pág. 20.

Acabamos por nem saber ao certo o que realmente queremos e se desejamos tal feito, mas acabamos por fazer qualquer coisa para mostrar um bom serviço. David Herbert Lawrence, falecido em 1930, foi um dos mais polêmicos romancistas ingleses. Autor do livro *O amante de Lady Chaterley*. Escreveu: "A coisa mais cruel que um homem pode fazer a uma mulher é retratá-la como se ela fosse perfeita", Jornal NH, 11 de setembro de 2005.

Se não estou no limite da exaustão, deprecio o meu eu. Tenho que provar que posso ser sobrecarregada, diz a escritora Ute Ehrhardt, em seu livro *Meninas Boazinhas vão para o céu, as más vão à luta*, pág. 46. Outro grave problema é que o trabalho feminino ainda é considerado secundário. O interessante é que isto ocorre mesmo que a mulher esteja sendo melhor remunerada que o homem. Coontz, diz: "Os homens são identificados com o trabalho em termos de autoestima e reconhecimento social, enquanto o trabalho das mulheres é considerado secundário", 1992, pág. 3.

Como diz a psicoterapeuta Peggy Papp, também acredito que terapeutas precisam estar atentos e não ter um pensamento simplista em relação às questões de gênero, mas encorajar homens e mulheres a transcender estas diferenças. Não podemos ter status desigual. Até porque homens e mulheres têm sofrido do mesmo mal. Minha mãe costuma usar o termo recolher-se quando ia para seu quarto. Eu sempre gostei do termo se recolher. Hoje não nos recolhemos mais, nem quando vamos aos nossos aposentos. O filósofo Jaques Elluf nos diz que o homem e a mulher da sociedade tecnológica suprimiram as pausas necessárias ao ritmo de vida, esse tempo para escolher, adaptar-se, recolher-se sobre si mesmo não existe mais, diz o filósofo. Esse tipo de esquema sem folgas mentais necessárias muitas vezes ocasiona pane mental com esquecimentos e atrapalhações oriundas unicamente da exaustão cerebral.

O neurocientista e médico Ivan Izquierdo lembra da necessidade de dizer não. Ele diz: "é preciso racionalizar o trabalho de gerente da memória e dar-lhe folga nos momentos necessários", 2004, pág. 31. Quanto mais atarefados, mais probabilidade de problemas de memória, se esta permanecer saturada. Não necessitamos de capacidades diferentes e, a cada dia, mulheres e homens demonstram como podem ser competentes, no que antes era considerado somente feminino ou masculino. Dividir tarefas de acordo com o gênero limita tanto homens como mulheres. Lembro que certa vez perguntei a uma amiga porque ela não deixava seu filho de quatro anos com o marido para que pudéssemos sair. Ela respondeu: não posso, ele não consegue. Logo que saímos ela começou a telefonar para casa. Dava instruções a cada 15 minutos. Perguntava se o filho já havia dormido, comido e por fim, o garoto muito esperto começou a chorar e ela disse: "Preciso ir embora. Definitivamente ele, o marido, não consegue fazer nada sem mim." Fiquei pensando: e ela deixou?

Desta maneira, a mulher garantiu durante muito tempo sua performance em detrimento à desqualificação masculina. Se homens desqualificaram a mulher profissionalmente, as mulheres desqualificaram homens nas atividades ditas femininas. Pais, assim como mães, podem ser excelentes cuidadores e quando são possibilitados para fazê-lo surpreendem-se da própria capacidade. Mas daí o que seria das mães indispensáveis?

Como vemos, da mesma forma que o trabalho profissional da mulher muitas vezes é taxado como secundário, assim o trabalho doméstico do homem quase sempre é considerado secundário. Isto tem a ver com cultura. "A tradição serve como guia às pessoas nos momentos difíceis, estabelecendo regras de comportamento e formas de relação, facilitando a negociação, naqueles períodos novos e difíceis da vida. Porém, a tradição tem suas raízes em ideias de dominação social que determinam papéis muito diferentes para homens e mulheres, definindo cada gênero como portador de capacidades diferenciadas e limitando a percepção de cada pessoa e sua capacidade", 2002, Peggy Papp, pág. 58.

Passamos a acreditar que somos secundárias no âmbito social e os homens secundários no âmbito doméstico. Com a cobrança de uma performance cada vez maior, fica fácil o desencadeamento de crises de desempenho. As crises de desempenho podem surgir com o término de um trabalho, com a passagem para outra fase da vida ou ainda com a passagem para outra idade, seja nos trinta anos ou aos quarenta, cinquenta, não importa necessariamente a idade, mas se a crise se instalar ou não. Nesta situação a crítica assola em muito o conceito da mulher a respeito de si mesma. É diferente de reflexão. Reflexão é trocado por cobrança, o que torna as coisas cada vez mais difíceis. A mulher culpada tem a tendência a piorar a própria situação. Além de carregar a tristeza, carrega a depreciação de si mesma. Vamos assim, muitas vezes, trabalhando no que chamo de piloto automático. Fazemos as coisas e trabalhamos pelo hábito. O hábito vira rotina. Deepak Chopra, guru indiano, em seu livro *As sete leis espirituais do sucesso*, escreve: "Quando as ações são motivadas pelo amor... a energia extra que se ganha pode ser canalizada para criar qualquer coisa que se queira, inclusive riqueza ilimitada."

Esta afirmação diz respeito à valorização do que é rotineiro. Melhor dizendo, a desvalorização da rotina do dia-a-dia. É muito difícil as pessoas darem valor ao que se torna rotina na vida. Que o digam as mulheres que são donas de casa, ninguém percebe todo o trabalho de deixar uma casa em bom funcionamento. O trabalho somente é percebido quando é deixado de ser feito, caso contrário, ninguém elogia, ninguém comenta, até porque, muitas vezes, nem se percebe o que foi feito. Há aqueles que ainda dizem: "Você não trabalha?" Dando a entender que se a pessoa não tem uma atividade profissional fora de casa, logo, não trabalha. Não trabalha fora, mas acaba tendo o dobro de trabalho exatamente por estar em casa. Confesso que, algumas vezes, vejo que fugi do trabalho de casa, porque o sentia muito mais difícil do que o trabalho fora, sem falar que o de dentro de casa representa trabalho sem remuneração. Pare de querer suprir as expectativas do que os outros esperam de você. Pare de querer suprir sempre as suas próprias expectativas, acreditando que nunca está bom o suficiente.

A performance chegou, também, à questão afetiva. Sei de pessoas que se apaixonam, sentem-se felizes, mas decidem abandonar seus amores por acreditar que esses homens não estão à altura da expectativa que haviam criado em relação ao parceiro que escolheriam. Algumas vezes, a expectativa é pessoal, muitas vezes é social. Difícil quando suas amigas cobram com frases: "mas este é o cara que você quer namorar?" Basta ele não corresponder à expectativa do homem lindo, alto, moreno, sensual e claro, rico, para ser totalmente descartável.

Pergunte-se a respeito de algumas amigas que são especialistas quando o assunto é destruir seus namorados e seus relacionamentos. Têm aquelas de plantão, que estão sempre dispostas a observar, detalhadamente, todos os defeitos do seu namorado que para você nem são perceptíveis, mas aos olhos delas são enormes. Massacram você caso decidir aturar tais defeitos, afinal com a sua performance, a dele certamente precisa ser melhor.

Soube de uma propaganda em que os atores principais eram um pai e uma garotinha, mas creio que se enganaram porque deveria ser a mãe e a sua filhinha. Deveriam colocar um exemplo de uma mulher, mas o exemplo do pai é para marcar o que fazemos também como indivíduo, independente do gênero. No comercial, o pai luta para arrumar uma árvore de Natal e deixar tudo certo e perfeito na casa, ignorando a garotinha. Então ele ouve a garotinha conversando, imaginariamente, com a lista de presentes que pedirá ao papai Noel. A menina diz que, ao invés dos tradicionais presentes, ela gostaria de ter mais tempo com o pai. O que a filha quer é a intimidade verdadeira, o amor. O pai pega a garotinha, leva-a à frente da lareira e lê uma história. O anúncio diz: "No Natal, dê o maior de todos os presentes: você mesmo." Cartões Hallmark. Quantas vezes não estaremos cometendo esse mesmo erro? De achar que a performance é mais importante do que o que poderemos vivenciar?

Conheci mulheres que demonstravam ser totalmente independentes e capazes de cuidar de si mesmas. Porém, ao longo do tratamento o que eu descobria? Descobria que a tal independência fazia parte de uma autoestima baixa. Isso mesmo. Como elas não acreditavam que poderiam encontrar alguém, tinham que se desenvolver desta forma. Cuidando de si mesmas porque não encontrariam alguém.

O perfeccionismo é apenas uma maneira socialmente mais aceitável de lidar com a baixa autovalorização. O escritor Mark W. Baker, 2005, aborda: "Parecer perfeito nunca foi sinal de saúde mental. Bem ao contrário. Ter a coragem de ser imperfeito indica muito mais a estima saudável do que fingir ser impecável." *Jesus, o maior psicólogo que já existiu*, pág. 80. Fingir ser impecável é muitas vezes sinal de imaturidade. O perfeccionismo é uma máscara e não uma meta. Um velho ditado: "Se quiser algo bem feito faça você mesmo." Porém, li, recentemente, esta frase sob uma nova versão: "se você quiser que uma coisa seja bem feita, peça a uma mulher." Acreditem, este tem sido o novo lema de muitas mulheres. Mas é preciso fazer uma grande observação: bem feito sim, não necessariamente perfeito. Somos, assim, como afirmam os escritores Allan e Bárbara Pease, superatarefadas. Enraivecemos com frequência e estamos ficando cada vez mais solitárias, 2003, pág. 11, *Por Que os Homens Mentem e as Mulheres Choram*. No capítulo, *Trabalho e mais trabalho*, podemos comentar um pouco das sequelas destes funcionamentos.

Trabalho e mais trabalho

Adoramos falar em qualidade de vida, aliás, até virou moda. Todos sabemos que andamos trabalhando em excesso. Os médicos que o digam, pois atendem inúmeras pessoas cheias de sintomas e com um diagnóstico que também já virou moda: stress! Por ter virado moda, não damos mais tanto valor a ele. Ainda vivemos numa cultura que supervaloriza quem trabalha em demasia. Em minha opinião, em nosso meio isto ainda é consequência do período de escravidão em que viviam os primeiros imigrantes que aqui chegaram. Mas como saber se andamos exagerando? Ana Cristina Limongi, professora da Universidade de São Paulo, identificou três problemas relacionados ao trabalho em excesso: Síndrome de Burnout, Síndrome do desamparo e Síndrome do lazer. Não são especificamente doenças, mas conjuntos de sintomas, os quais produzem muitas alterações. As três síndromes podem aparecer juntas, o que dificulta o seu diagnóstico, assim como podem estar associadas a uma depressão, o que também causa confusão. Diagnosticada, por vezes, apenas a depressão, a pessoa continua buscando o foco de seu problema, o que a impede de melhorar.

A Síndrome de Burnout é a mais conhecida, já tendo sido estudada por vários profissionais. É o esgotamento emocional levando ao esgotamento físico. Os sintomas são a baixa autoestima, alterações no sono e no apetite, ansiedade, falta de concentração, problemas gastrointestinais e muitos outros. É vista como o nível máximo do stress.

Outra síndrome, um pouco mais difícil de diagnosticar, é a Síndrome do desamparo. Ela se configura pelo medo constante de perder o emprego. Ocasiona irritação, agressividade e impotência sexual, entre outros aspectos.

O medo vira uma ideia fixa, gerando constante ansiedade. Foi usado o termo de "Síndrome do pânico ligada à carreira" como uma metáfora para a síndrome do desamparo. Hoje em dia, como todos têm medo de perder o emprego, fica difícil reconhecê-la como algo que necessite de tratamento.

A meu ver, a mais difícil de diagnosticar e, portanto, a menos tratada, é a Síndrome do lazer. Ela provoca alteração metabólica que faz a pessoa ficar sempre em alerta, perdendo a capacidade de diversão. Seus sintomas mais frequentes são a transpiração excessiva, inquietude, gastrite, dores de cabeça, dores nas costas, irritabilidade e ansiedade. Esta é minha grande conhecida em épocas de férias, mas estou reconhecendo-a e tentando melhorar. Os profissionais, mesmo em férias, continuam com o organismo trabalhando da mesma forma. Em casos extremos a pessoa não se diverte e sente a necessidade de voltar ao trabalho, desta forma obtendo provisoriamente certo conforto.

Respondendo à pergunta do início, cabe a você fazer uma reflexão e na dúvida conversar com seu médico ou qualquer outro profissional da saúde que o auxilie no diagnóstico e, se for o caso, buscar tratamento. Trabalhar é muito bom, mas divertir-se e ter prazer na vida também. As duas coisas precisam ser dosadas, isto é qualidade de vida. Ou o preço a ser pago se torna muito caro, não poupando você e nem sua família.

Ronald Kessler, professor de saúde pública da Harvard Medical School, pediu a 166 casais que anotassem seus estresses diários durante seis semanas. Ele concluiu que as mulheres estressavam-se mais porque tinham uma visão mais holística da vida diária. O professor afirma que o homem fica preocupado caso alguém da família adoeça, a mulher preocupa-se com toda a vizinhança. Os homens cuidam de uma coisa, as mulheres juntam as peças. No livro *Mulheres que fazem demais*, pág. 21, a autora diz que a mulher tem medo de que, se tudo não estiver sob controle, a vida vire um circo.

É preciso lutar contra o mito *"as pessoas que progridem são aquelas que trabalham demais"*. O que estas pessoas ganham são stress e infarto. O sentimento de sermos imperfeitas e fracas é que nos impele a buscar compensar esse defeito lutando pela perfeição, afirma Lois Frankel, 2005, pág. 136, *Mulheres Ousadas Chegam mais Longe*. Se realmente valorizamos quem somos não precisamos buscar a perfeição que somente nos torna cada vez mais incapazes. É preciso muito cuidado para que esta busca da perfeição não se torne uma obsessão. É muito melhor ser perfeita ou humana? Se nos consideramos pessoas, vamos ficar com a preferência de sermos humanos.

Caso já tenhamos nos tornado um mecanismo, aí talvez fiquemos com a preferência da perfeição. Dave Grossman, antigo tenente-coronel do exército e autor de *On Killing*, afirma que, acima de 145 batimentos, coisas ruins começam a acontecer. Capacidades motoras complexas começam a falhar. Fazer algo com uma das mãos e não com outra, torna-se difícil... Com 175 batimentos começamos a sofrer um colapso absoluto do processo cognitivo. A maioria das pessoas sob pressão fica demasiadamente excitada e começa a se confundir. Com o passar dos anos, desta forma tornam-se ineficientes.

Ninguém acredita e leva muita fé numa pessoa que está sempre parecendo sobrecarregada, aflita e nervosa em cumprir tarefas. Estas pessoas, como já ouvi uma vez, causam mal-estar e uma sensação de cansaço nos outros. Os homens, anteriormente, adoravam essa posição, hoje eles estão libertando-se desse papel e a mulher esta assumindo, achando-se vitoriosa. Platão escreveu há muito tempo atrás: "não vivo para me divertir, mas me divirto para poder viver e voltar com um entusiasmo maior para as labutas da vida". Não deveria ser assim? Então por que não fazemos deste modo? Ficamos preocupados com o que sentimos ou com a opinião que os outros terão, se nos observarem nos divertindo? Estar em movimento, antes um privilégio e uma conquista, torna-se uma necessidade. Manter-se em alta velocidade, antes uma aventura estimulante, vira uma tarefa cansativa, observa Zgmunt Bauman, 2005, pág. 13.

Decepcionar os outros ou não corresponder às expectativas destes, será que é tão ruim assim? A cientista polonesa Marie Curie, citada por Bauman, confidenciou ao irmão num misto de orgulho e vergonha: "Nunca se nota o que já foi feito, só conseguimos ver o que está por fazer, *Vidas Desperdiçadas*, 2005, pág. 142.

O problema é que estamos tão enredados na busca dos grandes prazeres que deixamos escapar os pequenos, e isso é difícil quando estamos muito ocupados, fazendo outras coisas. Afirmam os escritores Matt Weistein e Luke Barber, pág. 70. "Passamos parte da vida dedicada ao estudo, outra parte dedicada ao trabalho e a terceira parte não se sabe ao que", afirma Domenico de Mais. Mas eu penso um pouco diferente. Eu penso que geralmente acabamos a terceira parte cuidando das doenças que arrumamos nas outras duas partes da vida. Acabamos não nos preparando para momentos de vazio que, quando aparecem em nossa vida, são totalmente desestruturadores. Interessante o trocadilho: desestrutura dores. Falo melhor sobre isso no capítulo de mulheres desativadas.

Veja bem, eu não estimulo, em hipótese nenhuma, o viver uma vida medíocre, fazer um trabalho medíocre. "O trabalho, assim como o tempo livre, pode proporcionar bons frutos, se forem cultivados, de modo que o primeiro não se deturpe transformando-se em brutalidade e alienação, e o segundo não degenere em tédio, dissipação, uso de drogas ou violência", Domenico de Mais, 2000, pág. 37. Também não queremos retardar satisfações, porque o mundo de velocidade cobra a satisfação imediata que, muitas vezes, vem somente de forma efêmera, por alguns minutos e depois se esvai. "Todos começamos a morrer no momento em que nascemos. Alguns morrem mais rapidamente que outros. Tudo o que podemos fazer em relação a isso é gozar a vida", afirma Milton Erickson, 1994, pág. 47, no livro *Minha voz irá contigo*. Acabamos virando meritocratas. Meritocrata é aquele que sempre está em busca do mérito. O verbo do meritocrata é dever.

Este sentimento, não raro, ocasiona mágoa e desilusão. Não deixa de ser uma luta solitária contra si mesmo, o que, invariavelmente, produz perda. Corremos o risco de sofrermos de uma forma de ejaculação precoce. Isso mesmo. Assim como na ejaculação precoce, quanto maior o esforço para o desempenho, mais rápida a ejaculação e a sensação de fracasso, criando um grande problema. É que, com a dificuldade de aproveitar todas as coisas simples da vida, fica difícil. O consultor Gutemberg de Macedo nos lembra que todas as nossas realizações são superadas, todos os recordes são quebrados, que fama e reputação se esvaem com o tempo, que o sucesso é temporário. Portanto, é providencial podermos curtir o que já alcançamos, caso contrário tudo será sempre em vão. Em busca do resultado, que é sempre futuro, sacrificamos o presente. Escrevi no jornal Folha de Novo Hamburgo o artigo *Só isso*, que me rendeu vários comentários, apesar da sua simplicidade, porque apenas refletia exatamente isso – a sensação de que nunca estamos aproveitando o bastante. Aqui está ele.

Só isso

Sabe, há tempos atrás andei um tanto preocupada comigo. É eu estava com um sentimento que não estava me agradando em nada. Era um sentimento de falta, de insatisfação, um sentimento de que as coisas nunca estavam boas o bastante. Um sentimento de que eu mesma não era suficiente. Era assim com meus artigos, com meu aspecto físico, com a quantidade de livros que eu estava lendo, com a atenção que eu estava dando e ganhando dos outros, era assim com minha conta bancária, era assim em relação a meus filhos. Foi quando, num insight, num se dar conta, como se diz, caiu a ficha. Eu estava sofrendo de uma nova síndrome. Creio que é a síndrome do momento. Eu vou chamá-la de *só isso*. Por favor, isso não tem nada de científico, portanto, não saiam por aí dando esta afirmação como um diagnóstico, que pode ficar mal para mim. Mas aqui, cá entre nós, pode. Então é isto mesmo: é a síndrome do só isso.

Estamos vivendo uma insatisfação coletiva. E esta insatisfação envolve tudo. O que compramos, com quem nos relacionamos, onde moramos e até o sexo que fazemos hoje em dia parece ter aquela sensação de: "mas é só isso?" Como se algo constantemente estivesse faltando. O pior é que parece que quanto mais vamos adquirindo as coisas e progredindo como pessoas, em algumas ocasiões parece que esta sensação de só isso vai aumentando ao invés de diminuir. Creio que estamos aceitando muito pouco o que temos e quem somos. Longe de acreditar que devemos ser conformistas, muito pelo contrário. Mas creio que estamos com uma dificuldade enorme de curtir, saborear e apreciar as coisas.

Enquanto acharmos que sempre além, que sempre mais adiante é que fica bom, não vamos aproveitar o presente. Perdemos muito tempo nos comparando e acreditando que devíamos estar vivendo outras coisas. Acreditamos geralmente de maneira errada que deveríamos ser quem não somos. Que deveríamos estar onde ainda não estamos. Estamos ficando um bando de pessoas saco sem fundo. Quanto mais colocamos para dentro, parece que mais vazios ficamos. Isso sem falar na solidão em que acabamos vivendo. Claro que temos que trabalhar, que queremos um bom carro, uma boa casa, mas quanto aproveitamos de tudo isso? Aproveitamos muito pouco. Construímos uma casa linda, com direito a churrasqueira e tudo, nada de receber amigos. Construímos uma piscina linda na qual nunca entramos. Aumentamos nossa conta bancária, mas acabamos exaustos e ressentidos de ter que fazer tanto.

Se tratarmos a síndrome do só isso, tenho certeza que nos sentiremos melhor. Se passarmos a valorizar o que somos, o que temos, eu não tenho dúvida de que nos sentiremos melhor. Se usufruirmos de tudo que conquistamos eu sei que vamos sentir mais felicidade. Caso isso não ocorra, a dita depressão já está instalada. Aí procure o psiquiatra, terapeuta mais próximo. O só isso pode ser uma dádiva, pode ser muito bom.

Limites

Quando eu me sentia sobrecarregada, eu acreditava que tinha dificuldade de colocar limites nos outros. Pensava: "esta pessoa não tem limites. Preciso colocar limites nela." Acreditava que eu tinha dificuldade de impor limites por não saber dizer não aos outros. Cansei de ficar com raiva do meu marido em situações em que eu julgava que ele me sobrecarregava. Porém, quando eu reclamava, ele ficava surpreso porque não tinha a ideia de que eu estava descontente. Custou para que eu percebesse que os outros estavam no papel de querer, de exigir, de ter vontades satisfeitas. O real problema não estava em impor ou não limites aos outros. O problema real era e continua sendo impor limites a mim.

A parábola do checo Kafka, *Metamorfose*, conta-nos uma história em que o personagem herói é um típico homem moderno, mas eu sempre penso em indivíduo e, portanto, poderia ser qualquer um de nós. O personagem era um homem agitado e superficial, massacrado pela rotina que se repete a cada dia. Sua vida é tão vazia, sugere Kafka, que um dia ele acorda não mais como homem, mas como uma barata.

Eu tenho muito medo de, na correria, esquecer qual o verdadeiro motivo para tudo o que eu faço. O real motivo e não aqueles que arrumamos para desculpar o ciclo maluco em que nos colocamos. Fácil falar dos outros e terceirizar nossas responsabilidades. A verdade é que ninguém pode nos importunar e perturbar sem que demos permissão para isso. Na verdade, a única pessoa que pode nos perturbar somos nós mesmos. Precisamos é saber colocar limites em nossas ações. O problema é que, em muitas situações, nos tornamos reféns de um sucesso ou de uma aprovação que internamente nunca vem. Precisamos impor limites a nossas exigências pessoais. As fronteiras devem partir de dentro para fora. Dentro de nós é que se encontra o lugar das linhas divisórias que dão acesso ou bloqueiam o exterior. Algumas vezes precisamos criar fronteiras, outras vezes reforçá-las e em outras derrubá-las. É preciso aprender a bater o pé e dizer não, o que fica muito difícil com a mania que as mulheres têm de achar dever em tudo.

Há momentos em que são tantos os deveres, que ficamos paralisadas com as tarefas a cumprir. Não esquecendo que dizer não traz o medo de não ser querida. Eu proíbo você de dizer frases pré-fabricadas que estão na ponta da língua, tais como: "imagina, deixa que eu faço, não tem problema, nem deu trabalho, afinal só cozinhei para 20 pessoas, isso não é nada."

Deixe as pessoas notarem e saberem quando você faz alguma coisa. Deixe as pessoas saberem o trabalho que deu. Não use isso para se fazer de vítima, mas para apontar sem falsa modéstia o que você fez. Esse movimento conecta as pessoas e você mesma à realidade das coisas. Nessa de querer satisfazer o desejo de ser querida fica-se a um pulo para perder o desrespeito por si mesma.

Li no livro *Mulheres Ousadas Vão mais Longe*, de Frankel, 2005, pág. 74, que, se você se preocupa apenas em ganhar a estima dos outros, muito provavelmente está perdendo a oportunidade de ser respeitada. Por outro lado, se está apenas interessada em obter respeito, talvez quando mais precise dos outros, sinta-se totalmente sem o apoio das mesmas. As mais queridas e mais respeitadas, em resumo, são as que dão certo profissionalmente e pessoalmente falando. São aquelas que existem e tem valor independente das suas funções, mas de quem são.

É preciso quebrar a ideia de que nunca cansamos, de que você aguenta tudo, de que você é um poço inesgotável. É necessária a constatação que em nós mesmas existe uma dificuldade de dizer: pare! É preciso dar-se conta de que é preciso parar, ou quando avançar. A maior dificuldade de limites está na nossa falta de voz em relação a nossas próprias coisas. Não no limite que preciso impor aos outros, ou solicitar aos outros, mas no limite que preciso colocar em minhas atitudes. Eu preciso escutar um pare! Este pare deve vir de mim e não dos outros. Este chega, este basta, deve ser para você mesma. O máximo que acontecerá em você por limites é o outro ficar aborrecido. E cá para nós, os outros cheiram longe uma pessoa sedenta de aprovação e fica muito fácil usar o estou aborrecido como arma contra você, ou melhor, estou desapontado com você serve para fazer com que você faça exatamente o que a outra pessoa quer.

Não desapontar! Eis a chave para a dificuldade em impor limites e estar sempre com a porteira aberta. A ideia de estar sempre pronta, sempre disponível, de sempre ter tempo para ser usado pelos outros não vem das pessoas que nos rodeiam, mas da mensagem que passamos. Se você passa a mensagem de que você, ao estilo vovó, sempre dá, sempre deixa, sempre pode, e sempre tem tempo disponível para os outros é assim que será tratada.

Depois nos perguntamos porque nos sentimos como uma velha usada. Se você demonstrar que fazer as coisas no lugar dos outros é fácil, e que você está a mercê dos desejos dos outros, as pessoas acreditarão nisso e depois você não terá como reclamar. O mesmo equivale às frases prontas do tipo: "imagine, não se incomode comigo" ou ainda: "para mim qualquer coisa serve", ou então a célebre frase feminina: "um presente, para mim? Nem precisava." Aprenda a mudar o seu palavreado por frases: "incomode-se comigo sim, para mim qualquer coisa não serve e, por fim, um simples muito obrigado."

O problema é ficar mal se não estiver de bem com todo mundo. Você já sentiu isso? Não me diga? Tem mulheres que se não estiverem de bem com todo mundo não dormem.

Adoramos culpar os outros por nossos próprios abusos. É sofrido constatar que os maiores abusos são provocados pela nossa total falta de limites em relação a nós mesmos. Porém, uma vez identificado este esquema de delegação de responsabilidade, muita coisa pode mudar e ficar melhor. Nossas decisões precisam ser firmes. Quando ficamos no que eu chamo de "chove-não-molha" fica muito complicado tomar decisões.

Saber parar, impor-se um autolimite, pode trazer, num primeiro momento, desconforto. A repetição traz conforto, mesmo com condutas ou respostas que não nos agradem. A repetição de padrões é confortável, mesmo não agradando. Não impor limites pode trazer a sensação de controle, o controle do conhecido. Parece contraditório, mas não é. A falta de limites, uma vez que seja rotina, deixa a sensação de conforto e isenta a responsabilidade de mudanças.

As pessoas reconhecem quando alguém tem dificuldade de limites e, então, para a intrusão é um fio de cabelo. A pessoa que não consegue colocar limites em si mesma é aquela que está sempre perguntando opinião sobre tudo. Pergunta sempre o que os outros acham. E claro que os outros sentem vontade de invadir, inclusive espaços íntimos, já que a porta está sempre aberta. Quanto mais opiniões, mais dependência. Quanto mais dependência, cedo ou tarde, mais frustração e sentimento de constantemente ser invadida.

Pedir opinião sobre tudo é fugir da responsabilidade e buscar aprovação. A mensagem é: "fiz o que todos esperavam de mim". Isento-me das minhas responsabilidades. Evito conflito, evito confronto, agrado e parto para a reclamação ou para o lamento da falta de limites dos outros. Existe um que de autopiedade nesse funcionamento. O problema é quando as mensagens que são direcionadas a nós são dúbias e contraditórias. Nesse caso a confusão está feita. Procure perguntar a si mesma se não consegue por limites nos outros ou o quanto você quer de verdade colocar estes limites?

Existe outro fator, muito importante. O grande problema é que uma vez que a mulher consiga dizer a palavra não para alguma coisa, inicia outra grande batalha, a da explicação. Ninguém explica mais do que mulher. Para qualquer não que a mulher tenha que dar vem um rosário de explicações e justificativas. Geralmente estas justificativas e explicações são desnecessárias, outras vezes, não convencem aos outros e nem deveriam convencer. O não simplesmente bastaria, mas existe a necessidade de ficar de bem e, portanto, a explicação se faz necessária para a própria pessoa e não para o outro. O problema é que, se constatar que desagradou, é quase insuportável para a mulher, e os outros sabem muito bem disso, principalmente quando os outros são os filhos. Eles adoram pedir o que desejam nas horas mais impróprias como forma de paralisar os pais. Como para uma mãe dizer somente não é constrangedor e traz uma péssima sensação e ela, além disso, não terá tempo para explicar o não que está dando, então acaba deixando os filhos fazerem coisas que ela desaprova. Sente-se mal por ter deixado e mal por não ter dito um simples não.

O que não deveria ter limites é a felicidade. E é engraçado como muitas pessoas que conheço sentem-se constrangidas quando estão felizes e têm familiares ou amigos que não estão vivendo a mesma felicidade. Muitas dessas pessoas procuram esconder que estão felizes achando que isso faria mal a outra. Pior, ainda há aquelas que acabam boicotando a própria felicidade. Que nada! Afirmo que mesmo quando alguém está chateado, saber que para outrem as coisas estão certas é, muitas vezes, uma luz no fim do túnel. É o entendimento de que no momento estou passando por um momento difícil, mas, veja você, tudo pode mudar e melhorar. Existe uma falsa ideia de que o sofrimento gosta de companhia. Isso é uma grande mentira. Você não ajuda seu amigo falando de tuas tristezas e incrementando as dele, a não ser que seja como forma de normalizar a situação. Os verdadeiros amigos alegram-se com nossas vitórias, mesmo que estejam passando por um período difícil. Neste aspecto não coloque limites, alegre-se e vá ser feliz.

E dentro do possível contamine os outros com sua felicidade. Não deixe que os *"espíritos de porco"* estraguem sua felicidade. Nesse caso, ponha cerca elétrica para deixá-los bem longe de você.

"No fim da vida a maioria percebe, surpresa, que viveu provisoriamente e, que as coisas que largou como sem graça ou sem interesse, eram justamente a vida. E, assim, traído pela esperança, o homem dança nos braços da morte."

Homens com desejo de vingança

"Alguns homens, e algumas palavras que vem deles, são como comprimidos que engolimos grandes demais para serem digeridos e pesados demais para serem vomitados."

Autor desconhecido.

Soube recentemente que 43% das mulheres brasileiras já foram vítimas da violência doméstica, em algum momento da vida. A maioria dos atos violentos acontecem quando outros métodos de controle fracassam. Alguns homens ainda têm a crença de terem o direito de usar a violência sobre camadas que eles consideram minoria. A violência é uma forma de exclusão e de opressão. Em alguns casos, a violência se dá em pequenos atos que não chegam a criar indignação na mulher. Muitas ainda acreditam que se foram agredidas é porque fizeram ou deixaram de fazer algo para merecer tal ato violento. A violência masculina, mais do que perdoada, é desculpada pela mulher, que se autoacusa pelo ocorrido. Elas falam: "ele me bateu, mas é que eu o provoquei, eu devia ter deixado o jantar pronto", "ele me bateu, mas foi porque respondi." Alon Grath, em seu livro, *Se os homens falassem*, 2001, "grande parte da agressividade sexual dos homens é uma tentativa de inverter o equilíbrio do poder entre ele, em tenra idade, e sua mãe. Mas também ressalta que os homens podem ser agressivos quando ameaçados, por uma sensação de impotência sem qualquer associação com suas mães." E a inabilidade destes homens, não raro, são percebidas pelas mulheres como invalidação delas e não incapacidade deles.

Estudos feitos por Janis e Michel Spring, 1997, demonstram que, conforme as mulheres envelhecem, muitas delas param de acreditar nas suas intuições quando são injustiçadas, pág. 54.

Desde pequenina, a mulher aprende a pedir desculpas. Quando alguma coisa acontece, logo pensa que a culpa é dela. "Enquanto as mulheres tendem a atribuir seu sucesso em determinada tarefa aos outros, mas seus fracassos a si mesmas. Os homens fazem o contrário, eles assumem o crédito por seus sucessos, mas culpam os outros por seus fracassos. Grathm, 2001, pág. 48, *Se os Homens Falassem*.

Se alguma coisa acontece de errado, logo a mulher pede desculpas, diz que foi sem querer, eu não queria ter causado isso. Já para os meninos, se algo dá errado eles logo acusam alguém pelo que aconteceu.

O desejo de vingança masculina pela ascensão feminina é algo que não aparece somente na violência pura e aparente. Tem outro tipo de violência que aparece de forma velada, camuflada. Por exemplo, quando uma mulher está em pé num coletivo urbano e os homens se entreolham e dizem entre si: "não querem igualdade? Pois, fiquem em pé!". Poderiam, de forma educada e como símbolo de cavalheirismo, levantar e ceder o lugar. "Todo homem odeia as moças bonitas secretamente, porque são as que o rejeitam na escola", afirma o escritor Buschnel, 2004, pág. 182, do livro *Sex and the City*. Tem aquele exemplo do homem que convida uma mulher para jantar fora e na hora da conta diz: "custou tanto, vocês não querem igualdade?" A violência tem para alguns homens o mesmo valor que tem para alguns soldados – a única maneira de se destacar e mostrar coragem e superioridade.

Então, vejam bem, não é a questão de ratear contas, é a forma punitiva com a qual a afirmação é passada. Outro aspecto é quando as mulheres começam a trabalhar fora ou a estudar. Muitos homens não as ajudam em nada nas tarefas domésticas, pelo contrário, deixam acumular as tarefas e, quando a mulher não aguenta mais e reclama, este responde: "não queria tanto trabalhar fora?" Assim vão punindo, castigando e competindo com as mulheres. A competição, por um lado, não deixa de ser estimulante para alguns homens. Já, para as mulheres, muitas questões de disputa levam à desqualificação pessoal e a sérias crises de desempenho. Homem adora competir, até porque durante muito tempo foi privilegiado em qualquer disputa.

Homens sabem muito bem quando uma ameaça feminina é vazia. Não adianta dizer frases prontas do tipo: "eu vou embora, você vai ver o que eu vou fazer", se a mulher não toma atitude nenhuma. A frase "você vai ver o que eu vou fazer" não traz nenhuma respeitabilidade, muito pelo contrário, fica parecendo aquelas mães que ficam ameaçando os filhos, mas que nunca cumprem o que dizem. Tornando, assim, as palavras vazias.

Outra forma de violência é profética, a mulher com sucesso profissional acaba sendo cobrada com a solidão. Parece que para ter sucesso numa coisa precisa abrir mão de outra. Muitas mulheres que se tornam guerreiras acabam esquecendo-se de seu lado mulheres. Quando se dão por conta estão sozinhas. Vocês já ouviram falar de homens que abrem mão de suas vidas pessoais por terem sucesso profissional?

Claro que não, o problema é que eles sempre tiveram as mulheres na retaguarda. Hoje que elas estão ao lado, não tem quem queira dar cobertura a elas. Assim, muitas abdicam de procurar este homem também novo, que esteja disposto a pegar junto. Souza Silva citou Eugène Delessert: "Leva-se a mal que os brasileiros exerçam um não sei que de tirânico sobre as suas senhoras. Detêm-nas, com efeito, numa espécie de gineceu impenetrável que as priva de todos os olhares... Tal caráter sombrio e zeloso explica, sem que o justifique, o isolamento em que vivem as brasileiras que não frequentam a sociedade estrangeira. Existência, assim, contribui para que fiquem na ignorância dos usos sociais, elas não compreendem a vida da sociedade, que lhes proíbe, e daí um não sei quê de timidez que nelas se nota e que faz duvidar de sua aptidão intelectual. Eugène Delessert, em 1839, in Souza Silva, 1999.

"Passa, também, rapidamente a beleza no Brasil. Porque as mulheres, que em geral mantêm-se retiradas dentro de suas casas, estão sempre sob a sombra, e a beleza como as flores, carece dos raios vivificantes do sol", Valdez y Pallacios, em 1846, in Souza Silva, 1999. Prestaram atenção nas datas? Será que realmente evoluímos?

Muitas vezes a mulher é amedrontada para garantir a superioridade masculina. "Alguns homens esquivam-se da raiva das parceiras intimidando-as com a própria raiva e assumem o controle de muitos aspectos da vida delas. Na vida masculina o único modo de ter poder e independência é tirando de você." *Quando seu amor é um mentiroso* Susan Forward, pág. 67.

A violência tem uma matemática: alienação = opressão = mistificação, afirma Gus Kaufman Jr., estudioso do assunto. Por isso é tão importante nomear a questão da agressão. Por isso é tão importante não somente o reconhecimento, mas principalmente a nominação do que seja agressão. Principalmente nós, terapeutas, não podemos ter medo de ir longe demais, quando o assunto diz respeito à agressão. Somos antes de qualquer coisa agentes sociais.

Muitos homens aplicam também a tirania, delegando às mulheres determinadas decisões. Vou explicar melhor. Certa vez, uma paciente estava vivendo diversas reações agressivas do marido. A situação chegou a ficar insuportável. Foi quando ela deu um basta, para a desaprovação familiar e social. Dias depois, ela descobre que o marido, há muito tempo, tinha outra companheira, mas não tomava a decisão de deixá-la. Era o velho golpe do não largo dela, mas faço de tudo para que ela me largue. Ela viveu meses de maus-tratos, sem nem desconfiar que ela fosse maltratada por um motivo bem planejado. Para ela foi uma dupla traição. Os homens têm sido muitos hábeis quando o assunto é agressão, tanto que li um texto escrito não para os homens, mas creio que se aplicaria perfeitamente a eles, e, como sempre, a personagem tinha que ser feminina. O texto é chamado de Determinismo Revisitado e diz:

"Fui ao meu psiquiatra – para ser psicanalisado.
Esperando para que ele pudesse me dizer
por que esmurrei ambos os olhos do meu amor.
Ele me fez deitar em seu sofá para ver o que poderia descobrir
e eis o que ele pescou do meu subconsciente:
Quando eu tinha um ano mamãe trancou minha bonequinha
num baú.
E por isso é natural que eu esteja sempre bêbada.
Um dia quando eu estava com dois anos,
vi papai beijar a empregada.
E por isso agora sofro de cleptomania.
Quando eu tinha três anos senti amor e ódio por meus irmãos.
E é exatamente por isso que espanco todos os meus amantes!
Agora estou tão feliz por ter aprendido essas lições que me foram
ensinadas, de que tudo o que faço de errado é culpa de alguém!
Que tenho vontade de gritar: "Viva Sigmund Freud", pág. 118.

Autor desconhecido.

Perdoem-me, mas não consigo ler este texto sem pensar que foi escrito por algum homem e para um homem, mas talvez mais uma vez com preconceito atribuído ao feminino. É preciso usar as palavras de Peter Sandman, consultor de riscos, no livro *Freakonomics, o lado oculto e inesperado de tudo que nos afeta*, que comenta: "quando o perigo é grande, mas a indignação é pequena, a reação do público é insuficiente. Quando o perigo é pequeno e a indignação é grande a reação é exacerbada." Portanto, o perigo não é tão relevante como a nossa capacidade de indignar-se com as coisas.

Não à violência

"Faze com que tua alma seja sempre senhora de si."

Marco Aurélio

Muita violência é cometida em prol do amor. Claro que isso é um absurdo. Homens que espancam, oprimem e que castigam, em nome do bem, a mulher. O problema é que a violência, em alguns momentos, é exercida com o aparente consentimento da vítima. Sei de muitas advogadas que tentam proteger as mulheres estimulando a denúncia de maus-tratos, porém elas esbarram em um grande problema, o fato de muitas mulheres, vítimas, acreditarem conscientemente e inconscientemente que mereçam ser agredidas. Uma pesquisa realizada em um hospital dos EUA mostrou que 80% das mulheres agredidas encaravam como sendo normal, e uma prova de amor por parte do homem, o fato dele bater nela. Sua única queixa era que alguns iam além da conta. Dráuzio Varella, 2004, coloca: "A violência extrema é um facho de luz tão forte, que cega o observador", *Por um Fio*, pág. 28.

Existe um mito que o homem, *Guerreiro fibras de aço*, Bly, 1990, é geneticamente programado para ser homem. A ideia de que os homens são inerentemente violentos apresenta vários problemas. Um deles é que: "homens que não apresentam características violentas não são considerados homens completos. São considerados maricas, frescos ou femininos", coloca Evan Imber Blach, 1994, pág. 211, no livro *Os segredos na Família e na Terapia Familiar*. Querendo ou não, a mídia e a sociedade reforçam esta mistificação do que seja um homem e uma mulher.

Como isso pode acontecer? As mulheres acreditam que alguma coisa elas devem ter feito para que estejam apanhando. Pior que isso, elas buscam justificar os atos cruéis dando desculpas: "ele fez isso, mas é que eu provoquei", "eu sabia que ele não gostava que eu fizesse tal coisa, por isso me bateu, eu mereci." Durante muito tempo eu cometi um grande erro, baseada no que eu acreditava do conceito de reciprocidade. Este conceito foi revisto por Peggy Papp, 2002, pág. 28. Ela reviu que todos os envolvidos em uma interação tinham uma função igualmente importante na manutenção dessa interação, ao reforçar o comportamento do outro. O termo do determinismo é conhecido da psicologia. Se eu estou apanhando, algo eu fiz. Porém, ninguém falava que este conceito ignorava as desigualdades de força e autoridade.

Peggy Papp afirma que a distinção entre estar envolvida em uma interação e ser a responsável por essa interação representa uma virada contundente na área. Ninguém merece violência, ninguém deve viver um cotidiano de violência. Mulheres que já viveram a violência na infância acreditam que é assim mesmo. Portanto não reclamam, não questionam e submetem-se. Outras até puxam um fôlego e, motivadas pelos órgãos de proteção à mulher, até denunciam mas, em seguida, arrependem-se e voltam atrás. Os homens aprendem a agredir e as mulheres aprendem a ser agredidas. Durante muito tempo acreditou-se que era assim e que dessa forma as coisas funcionavam e, principalmente, a ideia que muitos rejeitam em relação aos nazistas, mas que apoiam em relação às mulheres, a de que eles são superiores e pronto. A escritora Marian Keyes, no livro *Melancia*, afirma que aprendeu que algumas vezes as pessoas não se apresentam voluntariamente para ser vítimas, mas se tornam vítimas de qualquer jeito. Ela observa: "Certamente não era minha culpa de meu marido achar que se apaixonara por outra pessoa. Não esperava que acontecesse e, certamente, não queria que acontecesse. Mas, aconteceu", 2007, pág. 27.

Vou transcrever um pedaço de uma carta escrita por uma personagem chamada Chyntia do livro *O clube das mulheres desquitadas*:

"A princípio, as coisas eram perfeitas. Gil me amava, eu o amava, e isso era tudo o que eu queria. Um dia, acidentalmente, arranhei o Jaguar de Gil, quando fazia compras na cidade. Ele ficou furioso ao descobrir. Agrediu-me antes de falar qualquer coisa e quando caí ao chão se pôs a xingar-me pelo que fizera ao seu carro.

Depois, Carla, a filha do casal, nasceu, e as coisas se tornaram ainda piores. Gil me odiou grávida. Fiquei magoada e transtornada, mas estava enorme, toda inchada, achei que isso mudaria depois que a criança nascesse.

Mas Gil continuou a manter-se distante. Mostrava-se distante com Carla também. Alguns homens simplesmente não gostam de crianças, pensei. Deveria ter feito alguma coisa, mas não sabia o que.

Quando Carla tinha três anos, engravidei outra vez. Tive medo de contar a Gil, mas acabei contando. Ele ficou louco. Agrediu-me no rosto, com toda a força. Não apenas uma, mas várias vezes. Depois ambos tentamos ignorar o que acontecera. E eu consegui, por algum tempo.

Depois da surra, ele mostrou-se mais gentil do que jamais fora comigo, mais gentil do que eu imaginava que alguém poderia ser. Por isso quando me pediu, quase um mês depois, para abortar, fiquei chocada. Já tinha três meses e meio àquela altura e queria a criança. Não sabia que Gil não queria filhos. Recusei. Ele suplicou, depois ameaçou, tornou a suplicar. Acabei cedendo. Ninguém soube. Dissemos a todo mundo que foi um aborto espontâneo.

E houve muitas outras surras depois. Essa é a parte mais estranha, não o deixei e não contei a ninguém. Sentia-me envergonhada demais. E eu era culpada, porque sempre fazíamos as pazes quando ele voltava e dizia que estava arrependido. Alegava que andava bebendo muito, ou que era insuportável a pressão do trabalho e da família. E, a cada vez, eu sempre decidia acreditar nele...

...Quando ele já tinha tomado tudo – o nome de minha família, meu dinheiro, meus contatos, meus filhos – começou aquele repulsivo romance público com a mulher Birmingham. A história saiu até nas revistas financeiras, e fui informada de tudo por "amigas". Supliquei a Gil que não me deixasse, mas, claro, ele nem ligou.

Talvez você pense que a morte de uma filha e a traição de um marido não são motivos suficientes para me matar, mas não consigo suportar viver por mais nem um dia sequer. Temos apenas uma vida e fiz tudo errado na minha. Fraca e estúpida até o final, não posso aguentar o desespero por mais tempo.

Eu optei por ele, fui egoísta e estúpida, devo pagar por meu erro. Matei meu bebê por Gil, arruinei meu pai por ele, entreguei-me por completo, e agora não resta mais nada. É horrível demais continuar assim. Que Deus me perdoe. Sinto muito.". O Clube das desquitadas, pág. 48.

Fiquei chocada quando li a primeira vez a respeito do ritual de amarrar os pés das meninas na China, para mim um dos maiores exemplos de violência consentida e atenuada em nome da cultura. Esse ritual iniciava-se muito cedo. Quando a menina era pequena tinha permissão para correr livremente, mas entre os seis e oito anos passava a agonia de ter seus pés amarrados. Primeiro os pés eram lavados em água quente e massageados. Então, com uma bandagem de 5 cm de largura e três metros de comprimento, os quatro dedos menores eram cruelmente curvados para trás e amarrados. Depois, a faixa rodeava o tornozelo fazendo com que os dedos curvados se juntassem ao tornozelo. O resto da bandagem era enrolado várias vezes em volta do pé, para que ele não pudesse voltar à posição normal. Só o polegar escapava ao castigo. Se a menina chorasse, apanhava.

Apesar da dor, era obrigada a caminhar para que os pés se acostumassem à nova forma. A cada quinze dias, usavam um sapato 0,25 cm menor que o anterior. Por incrível que pareça, o objetivo era reduzir o comprimento do pé a 1/3 do seu tamanho normal. Há um trecho do livro *Com os Pés Atados,* de Kathiry Harrison, 2001, pág. 32, que diz: "Seus pés serão os menores e os lótus mais perfeitamente formados. Caminhará com o andar da beleza e contaremos a seus pretendentes que você nunca chorou quando seus pés foram enfaixados."

Quando atingiam a idade adulta estavam aleijadas para sempre. Incapazes de andar e limitadas a umas poucas atividades físicas. Essa era a vantagem social da deformidade. As esposas eram incapazes de afastar-se de seus maridos, mas ofereciam uma posição de status. Os Lótus dourados, como eram chamados os pezinhos, tinham um significado erótico. Acreditavam que quanto menor era o pé da mulher, mais maravilhosa era a concavidade da vagina. Podemos dizer que essa forma de mutilação foi abolida. Mas sabemos que outras formas continuam em plena atividade, em vários países, tais como algumas regiões da África, do Oriente Médio e da Ásia.

Estima-se que a circuncisão feminina ainda é praticada em mais de vinte países. De acordo com Desmond Morris, 2005, em seu livro *A Mulher Nua,* pág. 202, calcula-se que existam hoje mais de 100 milhões de mulheres vivas que foram submetidas a essa mutilação. E o pior é que diplomatas e políticos das Nações Unidas e de outras organizações escondem-se por trás de justificativas convenientes como "mostrar respeito às tradições". Um Líder Muçulmano afirmou: "A operação é uma prática louvável que respeita as mulheres." Muitas pessoas acreditam que os piercings teriam essa função de mutilação. Mas, pelo contrário, hoje eles têm o objetivo de decorar, estimular e provocar o interesse sexual.

Algumas pessoas dizem: "Algumas mulheres gostam de apanhar e sofrer. Essa é uma grande mentira! O que acontece é que não veem outra alternativa. "Quando um animal é exposto à violência, ele apresentará a tendência a adaptar-se a essa perturbação, de tal forma que, quando a violência para ou ele tem acesso à liberdade, o instinto saudável de fugir é extremamente reduzido e, em vez e escapar, o animal fica paralisado." *Mulheres que correm com os lobos*, Estés, 1994, pág. 307.

O medo de sofrer outras violências, como o abandono, faz com que as mulheres acreditem ser menos doloroso apanhar e viver a violência em casa, do que romper com a violência já conhecida. A personagem do livro *Melancia*, escrito por Marian Keyes, fala: "Quando James me deixou, percebi que preferia passar pela dor de cem trabalhos de parto do que passar pela dor de perdê-lo", pág. 20, 2003. Certa vez, uma paciente, quando questionada sobre a violência que sofria, me disse: "Não se preocupe, eu já o conheço e ele não passa disso". Essa pessoa já havia sido hospitalizada por ter apanhado, mas não passaria disso, dizia ela, até porque, passar disso, seria a morte. Como a questão não era de morte, logo, eu não precisava me preocupar. Assim, como a violência era conhecida, parecia não ter tanta importância.

Algumas mulheres parecem perder o medo da agressão, inclusive confrontando. Não crie confronto com um homem que pode se tornar violento, principalmente se ele já a agrediu fisicamente. O confronto não ajudará em nada, somente diminuirá sua estima. O confronto deve ser feito, antes de tudo, internamente e depois com as autoridades e órgãos protetores ou familiares que possam proteger você. Acontece que a definição da palavra abuso ainda é algo muito nebuloso na nossa sociedade. Abuso é definido como qualquer comportamento que visa a controlar e subjugar outro ser humano, pelo uso do medo, humilhação e agressões verbais ou físicas. Quer dizer que você não precisa levar uma surra para ser agredida e para sofrer abuso. A única diferença, muitas vezes, é o uso de armas.

Susan Forward, em seu livro *Homens que odeiam suas mulheres e mulheres que os amam*, coloca que algumas mulheres dizem: "pelo menos ele não me bate, apenas diz coisas ruins. Minha resposta a essa declaração é a seguinte: "o resultado é o mesmo", pág. 54. Insultos, gritos e principalmente a desmoralização são mais doídos que golpes oriundos de punhos. Apesar de que, o grande medo de toda mulher é que a agressão emocional se torne agressão física. Isso faz com que a mulher vá se limitando cada vez mais, com o medo intenso de vir a ser agredida fisicamente.

Não acredito que a violência que acaba impune ou com penas leves deixe qualquer consciência do que acontece. Muito pelo contrário, as penas pequenas, o descaso das autoridades e, acima de tudo, o não reconhecimento, somente perpetua os maus-tratos à mulher. Acreditem, li no livro *Porque os Homens Mentem e as Mulheres Choram,* que, em Hong Kong, um marido deu uma martelada na cabeça da esposa, causando-lhe danos cerebrais permanentes. Foi beneficiado com redução da pena de prisão por um juiz que considerou que ele foi levado a cometer a violência porque a mulher era excessivamente rabugenta. Pease, 2000, pág. 19.

No ambiente de trabalho muitas mulheres são vítimas de assédio sexual e de flertes que, aparentemente, podem não ter a conotação de violência. Mas sempre, no ambiente de trabalho, quando existe o flerte a culpa sempre é da parte feminina. Muita mulher já perdeu o emprego por causa de flertes inocentes. Muitas sofreram piadinhas dos demais colegas por terem flertado com um colega. Eles, os homens, somente aumentaram o seu ibope. Nestes casos, dificilmente uma mulher avalia os riscos que ela corre. Onde está a violência, você deve estar se perguntando. Basta perguntar ao colega o que houve para ele dizer: "ela ficava me atiçando, sou homem, o que eu poderia fazer?"

Em resumo, se alguém corre o risco de perder, este alguém é a mulher.

Não estou dizendo para que não flerte, mas que esteja ciente do risco que corre, uma vez que a maioria dos homens não terá dificuldade nenhuma de isentar-se da responsabilidade do caso, colocando a culpa em você. Lembro agora de uma piadinha que li certa vez em algum livro. Uma piadinha que retrata muito bem a supremacia de um homem. Ele disse falando à conhecida, quando pensavam em sair juntos: "Dizem que café da manhã é para a amizade, almoço é para os negócios e jantar é para o sexo. Qual você prefere?" Este tipo de ousadia masculina pode muito bem ser uma forma de encobrir a insegurança e, na maioria das vezes, não deixa de ser uma falta de respeito.

Também recordo de uma vez em que fui a uma repartição pública e o colega de uma amiga ficou fazendo piadinhas de mau gosto, com insinuações sexualizadas. Não sei se minha amiga percebia este feito como mau-trato, uma vez que a deixava constrangida ou se ela, afinal, gostava do que eu estava considerando uma incrível falta de respeito. Então perguntei se ele sempre se dirigia a ela dessa forma e ela respondeu: "O que posso fazer, sabe como é, somos colegas e ainda tem mais, ele é o chefe aqui da repartição, se eu reclamar ou denunciar quem sai perdendo sou eu, então vou levando".

Não podemos avalizar maus-tratos, não podemos tornar a violência algo banalizado e, consequentemente, em algumas situações vista como normal. Algumas pessoas nem sabem que sofrem maus-tratos, acham que é assim mesmo, criaram-se acreditando que não existe outra forma de viver. Algumas vezes choram, mas o choro somente incrementa a ideia de fraqueza, fragilidade e, principalmente, impotência.

É preciso que possamos falar a este respeito de forma consciente. Somente assim conseguiremos ter pessoas com uma estima valorizada e como resultado pessoas mais motivadas a viver, buscar mudanças e a gerar menos violência. Os limites iniciam em casa, para depois passar para o social. Os limites devem partir também da própria vítima. O limite parte de mães corajosas que, com voz ativa, protegem suas filhas e a si mesmas contra os maus-tratos. Portanto quando alguém dá poder a um agressor está passando a mensagem que fora de casa, no social, ele pode agir igual. A vítima deixa de estar dentro de casa e passa a ser qualquer um de nós no cotidiano. A lei para mim é fundamental. Quando um homem não consegue proteger a família de sua própria violência ele precisa que a lei faça isso por ele. Parar o círculo da violência faz bem a ambos os lados.

Para mim, o agressor não deixa de passar também por um sofrimento nem sempre observável. Por isso não creio que atiçar a vítima contra o agressor seja uma boa receita. Mas pará-lo pode ser uma forma de protegê-lo contra sua própria agressão. A raiva que se cria é uma consequência de um direito que eu não reivindico. O problema é que a raiva, afirma o terapeuta Bert Hellinger, também serve como substituto da própria ação. Fico apenas com a raiva, mas não atuo e assim nada mudará.

Outra forma de violência é o abuso. Na verdade é uma das piores formas de violência possível. Ele parte a estima e rouba muitos sonhos. Caroline Myss coloca, em seu livro *Anatomia do espírito*: "O estupro e o incesto são motivados pelo desejo de mutilar a capacidade que uma pessoa tem de ser independente e escapar do controle de outra. Na maioria das vezes, as pessoas que sofrem abuso são acusadas de provocá-lo. Elas sofrem uma espécie de estupro no poder pessoal de que necessitam para que sejam saudáveis e bem sucedidas." Nestes casos, infelizmente, contamos com um grande número de meninas vítimas deste tipo de violência.

"Os pais podem manter informações em segredo a fim de proteger a criança ou a si mesmos do que consideram uma revelação dolorosa e desnecessária", comenta Peggy Patt, em seu artigo *O Caruncho no Broto*: *Segredos Entre*

Pais e Filhos. O escritor Tamaro, em *Vá onde seu coração mandar*, pág. 22, coloca as palavras da personagem Olga: "há verdades que trazem consigo um sentimento de libertação e outras que impõe o sentido do terrível."

Também o confronto fica difícil quando se é pobre ou se são pessoas que sofrem preconceito. Muitas dessas pessoas vivem em silêncio às situações de abuso e de violência, como forma de sobrevivência. Quando uma criança sente que suas emoções não são vistas, ela entende e sente que não é importante. Alon Gratch, 2001, pág. 167, *Se os homens falassem*. E, o contrário, também é verdadeiro "Sentir que alguém se interessa pelo que você tem para contar, isso produz uma intensidade do sentimento de existir que é uma delícia", afirma Francisco Daudt da Veiga, em seu livro *Amor Companheiro,* 2004, pág. 26.

Existe a agressão que foi durante muito tempo sucesso num programa humorístico na televisão. Tratava-se de um casal onde o marido, alcoolizado, desprezava a mulher na frente de todos, ao que a mulher sempre respondia com um sorriso e uma desculpa esfarrapada pela agressão. O sorriso é uma maneira de camuflar, negar e despistar a dor. Claro que este procedimento é inconsciente. Por mais que a pessoa seja desfeita pelo companheiro, mais desculpas ela usa para tal conduta. A mulher assim parece tudo compreender, tudo aceitar. Certa vez minha filha, falando de uma conhecida, perguntou: – Será que ela não vê que ele chega a ser mal educado com ela? Ela não percebe que ele a trata mal? A minha resposta foi: – A maioria das vezes, não.

Você pode até se sentir constrangido quando vê alguém numa situação assim, mas o constrangimento é mais seu do que da outra pessoa. A pessoa não vê e não consegue devolver a agressão, tão pouco impor respeito, fazendo-o parar. Assim, aumenta sua submissão, aumenta o poder superior dele. A maioria dos homens que humilha e maltrata tem uma grande inferioridade. Precisa da força sobre o outro para sentir-se superior. Na maioria das vezes são homens que eu chamo de brochas, que somente tem potência e poder tirando de outrem. A falsa compreensão funciona como uma desculpa para o mau-trato. Até porque, com o reconhecimento, a dor seria muito grande. Os rótulos que essas mulheres vão aceitando é uma grande violência.

Até o século dezenove, as leis inglesas, norte-americanas e européias permitiam que o homem se queixasse ao juiz, da implicância da sua mulher. Se a acusação ficasse provada, ela era condenada a cadeira de imersão. Era um instrumento de punição de bruxas, prostitutas, autores de pequenos crimes e, pasmem, mulheres rabugentas, mulheres que se queixavam de seus maridos. A mulher infratora era amarrada a uma cadeira e pendurada na extremidade de um braço móvel e mergulhada no rio ou lago mais próximo, por um período de tempo determinado. O número de vezes que uma mulher era imersa dependia da gravidade da ofensa e da quantidade de condenações anteriores.

Existe um registro de um tribunal inglês, no ano de 1592, que diz:"... a esposa de Walter Hycocks e a esposa de Peter Phillips são notórias rabugentas. Fica decidido, portanto, que lhes será dito na igreja para parar com a rabugice. Mas, se seus maridos e vizinhos se queixarem uma segunda vez, elas serão punidas com a cadeira de imersão. Em 1780, Benjamin West publicou um poema que mostra como os homens, em séculos passados, levavam a sério o excesso de reclamações:

A Cadeira de Imersão.

Veja lá, meu amigo, no lago do nosso cantão
o engenho chamado cadeira de imersão
sob o manto da lei ela guia o cortejo,
alegria do vilarejo.
Se a mulher rabugenta provoca discussão
com palavras obscenas ou fora de questão;
se a esposa ruidosa tem a ousadia
de mandar na casa com tremenda gritaria,
dizes: para, ou ficarás à míngua:
Na cadeira aprenderás a governar tua língua.
Nela a infratora ocupa o seu posto
com a carranca pomposa estampada no rosto.
Atada à cadeira, mergulha no tanque,
mas uma só vez não é ainda o bastante;
a mulher é içada e vocifera
como jamais ousou nenhuma megera.
Pois, quando se atira água à fogueira,
sobe ainda mais alto a labareda.
É preciso então levar a camponesa
uma segunda vez às profundezas,
e antes que se perca a paciência,
uma segunda vez às profundezas,
e antes que se perca a paciência,
uma terceira e quarta vez, sem reticência.
Esposas briguentas, meu caro, nunca mais.
Quando o fogo é ardente, a água fria desfaz.

Quando a cadeira de imersão não era suficiente, havia outra possibilidade. Algumas mulheres eram obrigadas a desfilar pela cidade, como advertência às outras mulheres, com uma máscara de ferro presa à cabeça, com uma barra de metal que ia até dentro da boca, para prender a língua. A última mulher a passar pela cadeira de imersão, depois de condenada como rabugenta contumaz, foi Jennifer Pipes, de Leminster, Inglaterra, em 1809.

Claro que reclamações constantes não levam a nada. Tampouco desejo que as mulheres virem umas chatas queixosas. Mas reclamar, discutir é fundamental. Eu acredito no bom senso feminino. Somente reclamação traz total descrédito. Mas dizer o que se sente é fundamental. Porém o que muita gente considera rabugice é um apelo para mudança. Aprender a ser clara sem medo da cadeira de imersão que ronda o nosso inconsciente é um grande desafio.

Precisamos falar a respeito da violência, do descaso quando o assunto é dinheiro, em relação às mulheres. Em matéria de dinheiro, o médico Dráuzio Varella comenta, em seu livro *Por um Fio*, que ele assistiu às mais impiedosas mesquinharias entre casais, mas especialmente quando a pessoa doente é a mulher. Ele não se refere aos que mal ganhavam para as necessidades básicas da família – estes, curiosamente, costumam dar mais demonstração de altruísmo. Fala de gente que se importa com automóveis, frequenta os melhores hotéis, compra jóias de milhares de dólares. Ele afirma que pode contar nos dedos as manifestações de desprendimento verdadeiro que teve ocasião de presenciar nesses casos. Teria a mulher menor valor de mercado do que o homem? Seria a mulher merecedora de tais gastos?

Em resumo, valeria a pena tratá-la e ter estes gastos com uma mulher? O controle financeiro também pode ser uma forma cruel de opressão sobre a mulher. Tem homens que decidem onde gastar, o que gastar e de que forma. A mulher apenas executa, sob pena de escutar que ela não traz o dinheiro para casa ou, sem rodeios, que quem manda é ele e ponto final. O pior é que muitas mulheres acabam se sentindo gratas e de certa forma mal agradecidas, afinal ele é o provedor. Um provedor que oprime, mas o provedor.

Restringir e obrigar a mulher na sua vida social também é algo muito mais comum do que se possa pensar. Eventos sociais, visitas familiares, acabam sendo definidas e, algumas vezes, delegadas pelos maridos. Muitas pacientes queixam-se de terem se afastado da família e de amigos porque o marido não gostava. Na tática do querer agradar, muitas mulheres abrem mão de toda a relação que não seja aprovada pelo marido.

Para mim, um dos problemas mais graves é o uso do filho para desqualificar as mulheres ou a falta de proteção para com a mesma pelos homens. Muitos deles falam abertamente palavras que menosprezam, diminuem, humilham e desqualificam a mulher e que, muitas vezes, acabam sendo seguidas pelos filhos que acabam, no futuro, reproduzindo o mesmo esquema com suas mulheres. Quando um homem não protege sua mulher de um comentário maldoso de um filho ou, quando acaba até concordando e reforçando, a tirania infantil então começa a ser implantada. Alguns homens aliam-se aos filhos na agressão contra as mulheres.

Também tem aquele homem que está sempre desqualificando a mulher, quando ela comenta alguma coisa. Comentários do tipo: "isso que você falou é uma grande bobagem, quanta burrice sai dessa cabeça". Engraçado dizer, nas questões de gênero, sempre se comenta que a mulher é a que fala. Mas o que se vê é que a mulher fala muito pouco quando está num grupo social e, além disso, é constantemente interrompida pelo homem. Coates, 1986. E quando ela escuta um comentário deste tipo muitas acreditam que o seu homem está tentando fazer algo para torná-la melhor. Li, certa vez, que Hitler afirmava que uma mentira, se suficientemente repetida, faz com que os povos esqueçam a verdade. A excessiva exposição da mulher ao mau-trato faz com que ela acredite que sua verdade é esta mesma. E pior é que ela acredita ser esta pessoa desprezível que dizem que é.

Tem ainda aquele funcionamento do homem onde ele sempre retruca com a frase: "não, não é assim, você não entende nada, você não sabe fazer nada", e muitas outras frases. A ironia com que se é tratada ou se sentir ignorada é uma grande forma de agressão. Quanto mais o homem for letrado em comparação à mulher, com mais poder se sente em desqualificá-la. Muitas vezes, utilizando um argumento totalmente constrangedor e inibidor. Ele diz: "é para o teu bem". Assim, eles se tornam seus críticos ferrenhos ou seus professores rígidos, sempre criticando e desvalorizando. Mas como reclamar, se é para o bem?

Muitos homens expressam a agressão sem mesmo perceberem quando o assunto é sexualidade. Alguns, após algum tempo, simplesmente abrem mão de qualquer preliminar para com a mulher e impedem qualquer possibilidade de excitação por parte delas. Alguns não querem mesmo é perder tempo. Se eles estão excitados isso é o que conta. Portanto, após o término da relação sexual, sem problema nenhum, viram para o lado e dormem. Se a mulher reclama, ela ainda corre um risco de ouvir que ela é fria. E lá vai a mulher novamente desqualificar-se. Muitas mulheres vivem assim um sexo protocolar.

Uma pessoa me perguntou, recentemente, o que significava a palavra protocolo. Expliquei que todo protocolo era mais ou menos como um ritual ou, melhor dizendo, um registro. A característica básica era que seguia rigorosamente uma sequência, na maioria das vezes igual. Então ela me explicou o porquê da pergunta. Ela me disse que havia escutado o termo em uma novela. O termo completo era sexo protocolar. Também me disse que já havia entendido o que o termo queria dizer. E me contou: "eu e meu marido temos sexo protocolar". Perguntei a ela por que dizia isso. Ela então justificou: "toda a noite eu deito em nossa cama pela esquerda. Depois de certo tempo me viro para a direita. Ele me beija, mas sem emoção. Parece que ele não gosta de beijar. O beijo é chocho e sem graça. Quando eu reclamo, dá uns beijos forçados que não têm nada de bom. Então, ele põe a mão no meu seio, depois pega um pouco na minha nádega e me penetra. Vem e vai, vem e vai. Parte, então, para a variação que é me deitar de costas e então tem um orgasmo. Isso acontece todas as semanas há mais de 25 anos. Se eu resolvo mudar alguma coisa e me empolgo ele pede para parar, caso contrário, ele goza logo. Então eu paro e me desestimulo. Ele não se desestimula e goza. É sempre assim. Quando ele tenta fazer algo diferente noto que não tem habilidade nenhuma e que acaba ficando pior. Sexo protocolar acaba sendo seguro.

Essa pessoa me fez lembrar de um filme muito antigo chamado de *Terapia do Prazer*. O filme não é grande coisa, mas há uma cena que deveria ser assistida por todos os homens. O marido procura um terapeuta. O terapeuta pede para ele descrever brevemente uma cena de sexo entre ele e sua mulher. O homem relata exatamente o parágrafo acima. O terapeuta explica então que toda mulher é como um instrumento musical. Ele usa como exemplo um violino. Fala que é preciso segurar com firmeza, mas que deve ser tocado com delicadeza. Como um instrumento musical deve ser afinado antes de qualquer coisa. Impossível querer tocar sem afinar. Não sai boa música de um instrumento desafinado. O terapeuta proíbe qualquer contato mais íntimo antes de passar por toda uma preparação. Mas levando em conta, principalmente, que esta preparação nunca seja protocolar.

Isso não quer dizer que as coisas não vão se repetir. Muito pelo contrário. Mas a mecanicidade do ato deve ser evitada a qualquer custo. Isto também diz respeito à frequência. A frequência virou uma necessidade, muito mais do que o prazer. Isto porque frequência está ligada a desempenho. É engraçado dizer, mas na percepção de muitos homens o gozo da parceira não está ligada a uma boa performance. Até porque, se ela não gozou, o problema é dela.

Dificilmente é visto como problema dele. Acho que é preciso voltar para as aulinhas básicas de música. Mas o primeiro passo é a afinação.

Muitos homens que agridem, e veja bem, não os estou defendendo, vivem uma espécie de autismo, onde nem mesmo eles conseguem diferenciar seres humanos de um vaso de flor. Não têm noção empática nenhuma de estar fazendo o outro sofrer, mesmo que este esteja se **debulhando** em lágrimas.

Quanta mulher se queixa de passar noites chorando, ao passo que o marido dorme do lado tranquilamente. Quando pergunto: "e ele percebe o teu choro?" Então elas dizem: "como que não veriam?" Respondo que uma coisa é ver o choro, outra é perceber e sentir. Caso vissem o choro, poderiam ainda pensar na sua misoginia meritocrata, que faz parte da vida da mulher sentir-se e estar oprimida. "Existe uma palavra para o eu feminino, escreve Kingston, que é escrava. Cale as mulheres com suas próprias línguas", pág. 56. Todo agressor se sente forte escorado por alguém, ou por algum tipo de poder. Que jamais seja escorado por você. O primeiro passo é a identificação. Mas é sempre bom lembrar que somente expressar a raiva não liberta ninguém. E sempre lembrar que a mesma pessoa que agride pode ser aquela que traz lembranças boas também, o que traz um sentimento de confusão. Quando pensamos em desfazer uma relação o sentimento de desorientação aparece muito bem. Na música *Eu Te Amo*, de Tom Jobim e Chico Buarque, vemos claramente esta desorientação na letra:

Ah! Se já perdemos a noção da hora
Se juntos já jogamos tudo fora
Conta-me agora como hei de partir.
Se, ao te conhecer, dei para sonhar, fiz tantos desvarios,
Rompi com o mundo, queimei meus navios
Diz-me pra onde que inda posso ir.
Se nós, nas travessuras das noites eternas
Já confundimos tanto as nossas pernas
Diz com que pernas eu devo seguir,
Se entornaste a nossa sorte pelo chão
Se na bagunça do teu coração
Meu sangue errou de veia e se perdeu.
Como se na desordem do armário embutido
Meu paletó enlaça o teu vestido
E meu sapato inda pisa no teu.
Como, se nos amamos feito dois pagãos

Teus seios ainda estão em minhas mãos
Explica-me com que cara eu vou sair.
Não acho que estás te fazendo de tonta
Dei-te meus olhos para tomares conta
Agora conta como hei de partir.

Negligência também é abuso e, em certo sentido, uma das piores formas de abuso − a violência silenciosa da omissão.

Mulher: a identificação de maus-tratos

Today near eventime I did lead
The girl who has no seeing
A little way into the forest
where it was darknes and shadows were.
I led her toward a shadow
that was coming our way
It did touch her cheeksw
with its velvety fingers.
and now she too
does have likings for shadows.
and her fear that was is gone

Hoje quase ao anoitecer levei/a menina que não vê/um pouco pela floresta adentro/onde estava escuro e havia sombras./Levei-a até uma sombra/ que vinha na nossa direção./A sobra tocou-lhe o rosto/com seus dedos de veludo./E agora também a menina/veio a gostar das sombras./E o medo que existia passou. (N. da T)

Passei parte da minha vida acreditando que tudo pelo que eu passava em matéria de violência e maus-tratos não era tão ruim assim. Na verdade, custei a identificar que certas atitudes para comigo eram maus-tratos. Precisei de anos de terapia e de um terapeuta corajoso que fosse capaz de quebrar a minha idealização em relação a meus pais. Precisei e ganhei dele o apoio suficiente e a presença afetiva para suportar a realidade de constatar a vivência de maus-tratos na minha vida. Tenho certeza que é melhor uma verdade que dói do que uma mentira que conforta. Mas isso não quer dizer que seja fácil. Agora, quando a verdade, mesmo doída, vem acompanhada do apoio sincero, então, tudo fica mais tolerável. O filósofo Kierkegaard dizia que algumas pessoas têm duplo desespero, isto é, estão desesperadas, mas nem sabem.

Custei a perceber que eu tinha um pai agressor e tirano e uma mãe submissa e, consequentemente, na minha concepção durante muito tempo, conivente. No meu entender, a submissão de minha mãe naqueles momentos foi tão tirânica, se não mais do que a agressão aberta. O meu querido amigo Juan C. Kusnetzoff, psicanalista argentino, diz que o machismo é uma doença. O sintoma mais grave do machismo é o autoritarismo. Quer dizer, os homens sentindo-se superiores e considerando as mulheres inferiores. Dignas de obediência.

Mais tarde percebi em minha mãe que o medo de não saber como defender a si mesma era maior. "As mulheres, no mundo inteiro, têm aprendido como usar o segredo e o silêncio para fins de estratégia e sobrevivência, para guardar sua vez em outro momento ou local, para preservar suas histórias e experiências, para proteger a si mesmas e a seus filhos, para enriquecer sua vida e para definir a si mesmas – Arbab, Avakian, Clason-Hook, Gardner, Kwon, Ntloedibe-Disle, Nowa-Phiri &Tsugawa, 1991, *Segredos*. A mensagem, que por outro lado se aprende, é que mamãe não pode se proteger, também não pode me proteger e se não pode me proteger eu mesma não poderei me proteger. A verdade é que nunca imaginamos que padres, médicos, políticos, advogados, homens brancos e de boa situação econômica possam ser um agressor. Gus Keufman Jr. Afirma: "necessariamente não precisamos usar a violência física para obtermos o que desejamos, contudo o potencial para a violência no sistema é essencial para a nossa posição de poder", pág. 207.

Era engraçado perceber que eu, na qualidade de terapeuta, não pudesse identificar e diagnosticar em mim mesma, determinadas atitudes vividas como maus-tratos. Arnaldo Jabor, 2004, comenta: "Pior que a violência é o acostumamento com a violência, pág. 96. Hoje percebo, em certas situações, a necessidade do mecanismo de defesa chamado negação. Também me ocorre a palavra acomodação, ou o sono do entorpecimento, termo que certa vez ouvi, que sempre nos traz a ideia do tudo bem, dá para aguentar, basta que eu olhe para o outro lado. Clarissa Estés diz que este é um sono maligno. Soube de uma moça que oscilava entre esperar que um dia seu pai notasse que ela era uma boa pessoa e parasse de maltratá-la e desejar que ele morresse. Nenhuma dessas duas esperanças a fazia sentir-se melhor a respeito de si mesma. Eu, da mesma forma, achava-me totalmente **má** por ter estes pensamentos. Afinal, eu como mulher, assim como Eva, era a origem de todos os males. Dela saía a vida e a morte, dela saía o prazer pecaminoso, o mal do mundo. Assim era passado a mim e assim durante muito tempo me senti: o mal em pessoa.

Eu também, como tantas mulheres, aprendi de forma equivocada a reagir com delicadeza, submissão e, principalmente, sem protestar frente a situações de maus-tratos. Na verdade, até hoje não sabemos protestar frente a atitudes de falta de respeito. Uma vida com mais força precisa passar pela superação da passividade. Porém, inclusive terapeutas acabam muitas vezes exercendo o domínio de seu poder masculino com suas clientes e muitas vezes até com suas alunas. Rutter em *Sex in the Forbidden Zone*, 1989, informou que 17% das alunas graduadas em psicologia haviam sido sexualmente íntimas de um professor durante seu treinamento, enquanto 30% adicionais rejeitaram avanços indesejados, pág. 208, *Os Segredos na Família e na Terapia Familiar.*

Eu tinha e ainda tenho a crença de que os maus-tratos que eu vivi não eram intencionais e, sendo assim, não conseguia ficar suficientemente indignada para parar tal tipo de funcionamento. O perdão era uma exigência pessoal: ele fez sem querer, sendo assim, não tenho como me indignar e ficar magoada. Anos mais tarde confirmei o que acreditava: meu pai queria me corrigir ou me ensinar de tal forma que eu não tivesse problemas e isso é ter muito amor. A estratégia é totalmente equivocada. Desta forma eu ia suportando e desculpando atitudes de violência e maus-tratos. Mitch Albom, 2004, diz em seu livro *As cinco Pessoas que você encontra no céu*: "Os pais são capazes de destroçar seus filhos, pág. 42. O olhar feroz jamais se esquece. "Todos os pais causam dano aos filhos. É inevitável. A juventude, como um vidro novo, absorve as marcas de quem manipula. Há pais que mancham, há pais que racham e há uns poucos que esmigalham a infância de seus filhos em pedacinhos rombudos, sem nenhuma possibilidade de conserto", pág. 101. O autor afirma: "ainda que para um pária, uma pedrada pode parecer uma carícia." O eterno olhar feroz do meu pai ainda ronda meus pesadelos."

É triste quando nos pegam no braço com mais irritação do que com amor. Mesmo a disciplina, também sendo uma forma de amor, quando somente ela se faz presente e aparece a ternura vai-se embora. Também sabemos e afirma o escritor Juan Millán Jose, 2005, pág. 86, em seu livro *Contos de Adúlteros Desorientados:* "as crianças escutam melhor aquilo que se silencia do que aquilo que se fala", 2005, e é verdade. Portanto, tem olhares dirigidos com silêncio que oprimem e paralisam mais do que qualquer palavra. O silêncio em nossa casa era ensurdecedor. Também era difícil acreditar num Deus de amor que erguia-se em nossa casa sobre os alicerces de mentira, como afirma Francis Collins, diretor do projeto Genoma, em seu livro *A linguagem de Deus*. Ele afirma que Deus e a fé é a água pura que, por vezes, é colocada em recipientes sujos e enferrujados. Mesmo meu pai tendo aprendido no seminário sobre religião, parece não ter aprendido nada sobre Deus, amor e a fé verdadeira.

Claro que com o meu crescimento também o controle e os tipos impostos de agressão foram crescendo, assim como a minha indignação. Porém, nunca uma agressão parecia forte ou grande o suficiente para dar um basta. Logo vinha o pedido de desculpas de forma velada. Geralmente era um chocolate deixado escondido entre minhas roupas no armário, o que trazia alegria, amenizada a tristeza e, então, surgia a célebre frase: nem doeu. Não foi tão ruim assim. Ele gosta de mim. Eu adorava meu pai a despeito de tudo, porque todo filho adora seu pai. "Antes de devotar-se a Deus ou a qualquer pessoa a filha é devota ao pai, por mais insensato e inexplicável que possa parecer", afirma Mitch Albom, pág. 102.

Eu tinha uma esperança muito grande de que crescendo tudo melhoraria. Acontecia o oposto. Creio que esta é uma esperança em todas as mulheres: um dia tudo há de melhorar. Existe sempre uma esperança no divino, que tudo num passe de mágica irá modificar. "Somente mudamos quando a dor de permanecer com antigos padrões for maior do que a dor da mudança, diz Sandra Walston, em seu livro *Coragem, coração e alma de toda mulher*, 2003, pág. 74.

À medida em que eu crescia os problemas cresciam junto. Mais proibições, mais controle, mais críticas, mais desprezo e mais desqualificação. A cada ilusão uma grande desilusão. O pior é que em muitas vezes eu acabava pedindo desculpas, nem sabia porquê. A terapeuta Lois Frankel, 2005, coloca: "pedir desculpas a um briguento só alimenta a fogueira e reforça a ideia de que você é uma de suas vítimas", pág. 95. Não adiantou, como eu pensava, chegar aos quinze anos, estar no segundo grau. Não mudou ingressando na universidade, nada mudava mesmo com tanta obediência e com tanto sofrimento e resignação.

Acabei ficando com medo de crescer, sabia que isso implicaria numa tomada de decisão que poderia resultar em algo nada bom. Muitas mulheres como eu têm medo de crescer e não somente no tamanho. Boicotam qualquer crescimento pessoal que possa desestabilizar ou contrariar o companheiro. Sabem que crescendo precisarão tomar providências, o que implica em ter coragem e estar disposta ao embate. Sonhava com um milagre vindo do céu. Sonhava com uma tomada de consciência pela parte dele que nunca viria. A tomada de consciência e o milagre tinham que vir de mim mesma. A cada espera sentia-me muito mal. Sentia-me covarde, sem condições e, certa vez, ouvi um termo inesquecível para mim, burrificada.

É assim que me sentia, burrificada. Creio que não existe nenhum sentimento pior do que aquele onde você se sente burro, otário ou incapaz. Cada vez que chorava escondida debaixo das cobertas me sentia duplamente mal, pelo sofrimento e pela aceitação. Mas dentro de mim eu estava viva, e, consequentemente, cheia de força para mudar, mas com o grande companheiro das mulheres – o medo. Chegou, porém, um dia que perguntei a mim mesma o que eu temia? Seria medo de apanhar? Medo de decepcioná-lo? De enfrentá-lo? Medo de perder sua estima? Cheguei à conclusão de que este era o meu maior medo. Perder a estima de meu pai. Muitas mulheres hoje são vítimas de seus filhos com o mesmo sentimento, o de perder o amor e a estima deles. O maior medo de todos, o de desapontar a quem queremos bem.

A escritora Colette Dowling, em *Complexo de Cinderela*, 1987, pág. 57, aborda: "A primeira coisa que as mulheres têm que reconhecer é o grau em que o medo governa suas vidas." Bem, o medo governou grande parte da minha vida. Até que um dia, não sei bem se resolvi deixar de temer, mas precisava mudar. Lembro que li no livro *O caçador de Pipas,* de Khaled Hosseini: "não há nada de errado com a covardia, contanto que ela esteja aliada a prudência. Mas, quando um covarde se esquece de quem ele é...Que Deus o proteja...", pág. 273. Não me via naquele momento como as mulheres dos filmes, que quando sofriam violência pareciam frágeis, indefesas, acovardadas e impotentes. O que fez com que este dia chegasse, ainda não tenho claro.

Não foi por indignação, não foi por cansaço, não foi por raiva. Simplesmente, creio que chegou o momento, eu sentia que aquele era o momento. Temos escolhas e chega um momento em que isso parece ficar claro. Todas as mulheres têm a coragem dentro de si mesmas quando ela não se manifesta. Li em uma das histórias do psicanalista Erickson:

"Uma das alunas com altura inferior a 1,50m saiu numa noite para passear com seu cachorrinho quando, repentinamente, cercou-se deles um pastor alemão, grunhindo e dando claras mostras de querer comer a ambos, inteiros.

Ela apertou o cachorrinho entre os braços e enfrentou o pastor alemão com um par de gritos. O cachorrão deu a volta, abaixou os olhos e foi direto para a sua casa. Quando alguém faz alguma coisa inesperada provoca reajustes no pensamento das pessoas."

Bem, eu não gritei, mas enfrentei mais adiante o *pastor alemão*. Eu estava cansada de, independente dos meus esforços, estar sempre errada. Mas ainda me sentia incapaz de enfrentá-lo. Toda a criança tem muito medo de sua própria raiva, acredita que ela possa ser incontrolável e destruir as pessoas que ela quer bem, e este sentimento pode persistir por toda a vida. O medo de poder com a própria raiva causar o mesmo dano que ela sofreu. Lembro de uma vez em que estava na igreja. Eram missões, uma espécie de novena, na cidade em que morávamos. Uma semana de rezas todas as noites. Eu gostava das rezas. Naquela noite haveria uma procissão, porém minha mãe achou melhor que eu ficasse na igreja para me confessar. Depois de uma hora de espera consegui confessar ao que o padre disse que estaria tudo bem se deixasse uma boa quantia na caixinha da igreja. Ao sair da igreja, esperando pela procissão que traria meu pai e mãe, encontro um amigo, namorado de uma amiga, que veio falar comigo.

Estávamos falando quando meu pai chegou. Ficou silencioso e disse: "vamos para casa". Durante todo o trajeto não se falou uma só palavra. Eu sabia que tinha cometido um erro. O de conversar com um garoto que era de cor. Chegando no portão de casa fui arrastada para dentro pelos cabelos. Minha mãe tentou intervir, mas preferiu ao final apenas sentar, chorar e silenciar. Tenho muito medo hoje de deixar passar no consultório este tipo de violência, feita através de comentários maldosos de certos pais e que acabam fazendo com que os insultos se tornem verdades para seus filhos criando preconceitos e intolerância. Criança tem uma grande dificuldade em constatar que a percepção do adulto agressor seja equivocada. Ela se vê como o equívoco. Ela sente que é o erro e não o que o adulto está lhe impondo. Frases como o pai não queria brigar, mas olha o que você fez são armas muito poderosas na aceitação da violência.

Acabei aquela noite socada num canto da minha cama sem entender o que de tão grave eu havia feito. Apenas ecoavam os gritos dele: "vagabunda, vagabunda, falando com um negro". Mas histórias como essas eram amenizadas pelo amor incondicional de meu irmão mais velho. Quando o perdi, aos dezessete anos, com a sua morte também perdi a proteção. As coisas foram piorando, até que num momento da minha vida senti que tinha chegado a hora de gritar liberdade ou morte. Não senti medo nem de dor e nem de morte. Senti-me forte pela minha decisão. Alegre pela ousadia, satisfeita pela escolha por mim mesma. Fico entre duas frases uma que diz que se você quer paz, esteja pronto para lutar ou, como diz o escritor Daniel Defoe, em seu livro *Robinson Crusoé* : "Mas quem se rende a dores tendo a libertação em vista?"

Tinha chegado a noite e estava contente porque iria sair. Seria a primeira vez aos 19 anos que eu sairia em minha cidade à noite, para ir a um barzinho. Até esta idade não havia saído para ir a um barzinho na minha cidade, isso não era coisa de menina de família. Havia falado a meu pai, e pela primeira vez não tinha escutado um não. Lembro que foi a glória para mim, acreditava que finalmente meu milagre havia chegado. Eu morava há dois anos em outra cidade para estudar e então acreditava que este tinha sido o motivo por meu pai não ter parecido zangado. Apesar de morar sozinha, saia pouco durante a semana, ficava estudando, e nos finais de semana o máximo que fazia era ir na igreja. Eu sentia-me, enfim, gente grande. Como Cinderela moderna, escolhi minha melhor roupa, pus rolos nos cabelos,e tomei o banho mais demorado da minha vida. Os meus olhos faiscavam de felicidade. Creio que a felicidade foi tanta também por parte da minha mãe que ela decidiu ir até a igreja mais próxima que tivesse uma missa, pois tinha que agradecer. Não teria choro silencioso naquela noite. Sim, o choro nunca pode ser algo escutável em minha casa, creio que talvez na sua casa isto também já possa ter acontecido. O choro das mulheres geralmente é silencioso. Tem também o confessionário das dores. O confessionário das dores? Sim, o confessionário das dores é o chuveiro.

Quando estava próximo ao horário de sair, entrei pela pequena sala onde meu pai estava sentado. Ao me olhar, mesmo estando muito bem coberta, sem decotes ou pernas de fora, mudou de ideia e disse-me: "você não vai mais sair. Mulher decente não vai a bares ou fica na rua na noite." Estava eu cometendo outra heresia naquela noite, sairia com minha cunhada, viúva de meu irmão. Viúvas, você sabe bem, nem sempre tem direito a recomeços. Também as desquitadas e as mães solteiras que muitas vezes precisam voltar a ser virgens aos olhos dos pais. Resolvi pedir algo que nunca tinha ousado pedir. Pedi para conversar o porque da proibição.

Explicação não tem ligação com obediência. Da mesma forma, autoridade é muito diferente de poder. Luiz Calos Prado, 1996, terapeuta de família e casal escreve: "famílias pouco flexíveis e que não incluem a possibilidade de diálogo em seu repertório comunicacional não deixam saída aos filhos, senão se submeterem ou enlouquecerem. A loucura, muitas vezes, é o único recurso para o protesto em famílias rígidas, pág. 202. Bem, a resposta de meu pai foi: "Cala a boca!". Senti uma força estrondosa em mim e respondi que não me calaria mais. Fui avisada no que poderia acarretar a minha petulância. Incrivelmente não tive medo. O medo sempre me paralisava, medo de que uma possível agressão acontecesse, tinha muito medo da dor. Havia assistido muitas vezes os meus irmãos maiores passarem por dores quando apanhavam. O engraçado é que em muitas vezes eu protegi meus irmãos das surras do pai, mesmo que eu apanhasse por tabela, mas quando o assunto era defender a mim mesma era outra história. Mas naquele momento eu sabia que estava preparada para aquilo.

Lembrava que tinha aprendido que quase todos os atos de violência são protagonizados por um arrogante que entra em pânico com a palavra não. Bem, meu pai teria que enfrentar pela primeira vez o meu não. O terapeuta de família e casal Haim Omer aborda que há uma grande diferença em figura parental com autoridade baseada na violência, principalmente no que toca à dignidade da criança. "A meta da presença parental jamais é a rendição incondicional da criança. Pelo contrário, a presença parental é um conceito dialógico: os pais almejam tornar-se presentes para a criança e em relação à criança", 2002, pág. 147. Presença parental tem a ver com a união de firmeza e amor, jamais com poder de opressão.

Ele me sentou em uma cadeira e disse para calar. Respondi que não ficaria mais quieta. Levantei, falei de maneira pausada, calma e em tom baixo, mas muito firme. Não estava histérica, nem atropelada, apenas decidida. Desta vez não iria obedecer. Foi a primeira vez que fiz outra coisa do que aceitar, como se isso fosse um ato de libertação a cumprir. Geralmente o ciclo da violência se dá da seguinte forma: descaso, violência e silêncio. Naquela noite eu estava em paz comigo mesma. O descontentamento tinha chegado ao nível da libertação. Libertação só é possível com descontentamento. Eu estava sem medo ou disposta a encarar o medo. Maria Helena Matarazzo, no livro *Nós Dois*, lembra que o significado original da palavra inglesa fear – medo, é atravessar. Ela diz: "Assim enfrentar, atravessar, ultrapassar esse tipo de sentimento, em vez de recuar cada vez que ele surge, é algo que faz parte do nosso processo de crescimento", pág. 64.

Ele sentou-me novamente e advertiu-me, mas novamente levantei. Ele sentou-me mais uma vez e acredito que tão assustado quanto eu, reafirmou sua ameaça. Não deve ser fácil para ninguém, de uma hora para outra, perceber-se sem poder. Fica fácil se desesperar e partir para atitudes desesperadoras. Pela primeira vez seu poder estava à prova. A hierarquia do poder estava sendo quebrada. E sabendo que ele, sentindo-se sem voz, poderia apelar então para a violência, me fortaleci. Eu sabia o que me esperava, mas com determinação resolvi enfrentar. Disse que sairia. Veja bem, acabo de me lembrar daqueles quadros televisivos onde o personagem, pondo-se em risco, afirma: "não tente fazer isso em casa".

A partir deste momento, lembro de ter caído sobre uma cadeira sob seus golpes, protegendo bem os dentes. Sempre tive um imenso medo de quebrar os dentes. Tinha medo até de andar de bicicleta, porque sempre acreditava que os quebraria. Protegi o rosto de maneira instintiva, o restante nem sentia e não me importava.

Não pedi socorro, não pedi que parasse, aquele momento era meu. Meu momento de libertação. Creio que esse momento me fez entender o *como* algumas mulheres são mortas.

Passado algum tempo, não consigo identificar quanto, ele parou e disse: "o que eu fiz?" Ele estava assustado, aparentemente arrependido e desesperado, e eu sem poder me mexer. O resultado foram hematomas incontáveis, costelas trincadas e um coração quebrado. Claro que, como tantas mulheres, não dei parte em lugar nenhum, escondi de todos, com exceção de quem me socorreu. Finalmente, escutei pela primeira vez na minha vida: "eu gosto de você". Isso mesmo. Quando voltei para casa ele me disse que havia feito isso, mas que gostava muito de mim. A palavra amor não fazia parte das relações do meu pai. A palavra amor não fez parte do vocabulário de muitos homens da geração do meu pai e de muitos filhos, como eu, da minha geração.

Hoje tenho claro, assim como diz o escritor Mitch Albon, que "Os pais raramente libertam seus filhos, os filhos é que se libertam dos seus pais. Mudam-se, vão embora. As forças que os definiam – a aprovação da mãe, o aceno de cabeça do pai – são compensadas pela força dos seus próprios talentos", pág. 121. A Terapeuta de família Marilene Marodin certa vez me colocou que na vida é preciso viradas de mesa. Bem, esta foi a minha.

Na ideia dele ele me bateu por gostar de mim e ter muito medo do que poderia acontecer, se eu experimentasse a liberdade. "O espancamento é isso: o uso da força ou ameaça de força para fazer com que alguém faça algo que não deseja fazer ou para evitar que faça algo que deseja fazer", Evan Imber Black, 1994, no livro *Os Segredos na Família e na Terapia Familiar*. Depois disso, algo mudou entre nós e para melhor. Eu havia mudado e ele precisava se adaptar a essa filha crescida. Eu, por minha vez, não vou dizer que de todo o entendi, mas o perdoei. Li que guardar raiva é envenenar-se. Ela nos consome por dentro. O ódio é uma arma que se volta sempre à própria pessoa, pois sua lâmina é curva. Sempre me neguei a assumir o papel da vítima que acusaria os outros no futuro pelas minhas perdas. Mas percebi que não poderia negar as coisas pelas quais eu havia passado. Também eu sabia, ou precisava acreditar, que ele não queria me machucar. É muito doloroso para um filho entender que a mesma pessoa que provê é a mesma que pode violentar.

O Psicoterapeuta Gus Kaufman Jr., citado por Evan Imber Black, no livro *Os Segredos na Terapia Familiar*, afirmou que quando entrevistou homens que espancavam, ficou surpreso ao constatar que eles não eram monstros reais como ele esperava encontrar. Descobriram que muitos espancadores não se sentiam bem pelo que haviam feito, mas que não sabiam como poderiam ter feito diferente já que elas, as mulheres, não paravam de falar. Os pesquisadores descobriram que o espancamento era considerado algo necessário, a fim de manter o status quo no que tem sido historicamente uma instituição hierárquica, a família. Os homens precisavam espancar porque ouvir ao invés de falar, considerar seriamente a posição da mulher em vez de silenciá-la, perturbaria a ordem natural das coisas, pág. 205, *Os Segredos da Terapia Familiar*.

A partir daquele dia ele sabia que não teria mais o direito de me machucar ou usar de qualquer tipo de violência. Chega um momento que os filhos também precisam parar e conter os pais. Eu, em contrapartida, não era mais a menininha frágil. Eu era capaz de enfrentar o mundo... Ou não? Durante muito tempo ainda tinha dúvida interna de não saber se meu pai torcia por mim ou se parte dele torcia para me ver fracassar e dizer: "eu te avisei". Cada vez que saía era como se seguisse amaldiçoada pelo medo e pela desaprovação e, consequentemente, a qualquer momento coisas horríveis poderiam acontecer. Este sentimento é muito comum quando mulheres pensam em se separar e passam a ter pesadelos horríveis em relação aos filhos, já que estes são os seus bens mais preciosos. Ao ser atingido por uma adversidade extrema, você nunca mais será o mesmo. Você poderá se tornar amargo e prejudicado ou ressurgirá mais forte e melhor. Você pode se transformar em vítima ou em valente sobrevivente.

Mas não é para todas as mulheres que depois da violência as coisas mudam para melhor. A comprovação da agressão pode resultar numa apatia geral. Pode desencadear um desânimo tão grande e uma desilusão consigo, que a pessoa decide desistir de lutar. O que ela não se dá conta é que então vem a depressão e os sintomas físicos. Sai de uma agressão para cair em outra. Gus Kaufman. Jr, afirma que para as mulheres espancadas a vida é dividida para sempre em antes e depois. Esta é a realidade habitual do espancamento da mulher que caminha pisando em ovos, vive com medo, que sofre de agressões episódicas e ameaças subjacentes, todas visando romper com a resistência. 1994, pág. 205.

Relatei aqui um exemplo de uma situação quase que extrema, desejando quebrar com a ideia de *nem doeu*. O silêncio de não trazer à tona certas coisas é a maior traição que alguém pode cometer contra si mesmo. Mascaramos o segredo com a palavra privacidade. Privacidade é considerada algo positivo como um direito quase constitucional. Segredo é visto como proteção a algo destrutivo. Muitas mulheres são vítimas de muitas formas de violência e logo depois pensam – nem doeu. Quando tem um risco realmente importante de violência sempre alerto as mulheres para terem calma e cuidado. Não creio que um homem tido com possibilidade de violência deva ser provocado. Em nenhum momento, apesar da minha alegria pelo enfrentamento, julgo hoje minha tática, de certa forma, *de provocação* como correta. As autoridades e familiares precisam, como já falei, ser mobilizados para proteger e apoiar.

A única forma de parar com o *nem doeu* é identificar o quanto o que vivemos dói. A dor maior está na negação e na relação continuada de maus-tratos, tanto imposto pelos outros como imposto por si próprio. Jacques-Anatole François Thibault, romancista e crítico, afirma que: "nunca se deve perder tempo lamentando inutilmente o passado ou queixando-se das mudanças que nos causam aborrecimento, pois a mudança é a essência da vida." Perdoar não tem relação com aceitação.

Os cachorros têm uma facilidade enorme para perdoar. Mesmo que você os tenha frustrado eles não demoram em abanar o rabo novamente. Este desprendimento de passar por cima das mágoas me encanta neles. Isto não significa que aceitaremos novas agressões. Muito menos entenderemos perdoar como aceitar e, consequentemente, repetir. Muitas vezes, temos medo de perdoar por acreditar que estamos com isso aceitando a agressão. O médico e neurocirurgião Ivan Izquierdo coloca muito bem: "Tentar esquecer é uma coisa, permitir que se formem memórias falsas com o material a ser esquecido é outra." 2004, pág. 59.

Tem o outro lado da moeda. Quando as mulheres têm uma vontade de perdoar imediatamente seus agressores. Elas têm uma necessidade enorme de ficar de bem. Eu estarei sempre prestando muita atenção para poder auxiliar de todas as formas a não aceitação da violência, porém associado ao entendimento. No momento, talvez a música do grupo Jota Quest seja como um hino pra mim. A canção diz: "hei, medo, eu não te escuto mais, você não me leva a nada e se quiser saber para onde eu vou, para onde tenha sol, é pra lá que eu vou."

O escritor Irvin D. Yalom, 2006, cita em seu livro *Mentiras no Divã*: "Acredite em mim, se você interromper um ciclo autodestrutivo de comportamento, não importa como o faça, você terá realizado algo importante." O primeiro passo tem de ser interromper o ciclo vicioso do ódio de si mesmo, autodestruição e, depois, mais ódio de si mesmo por causa da vergonha do seu próprio comportamento. Parar as agressões externas funciona da mesma forma. Edith Eva Eger, enviada aos campos de concentração, em 1944, afirmou recentemente: "Perdoar era um ato egoísta para libertar a mim mesma de ser controlada pelo meu passado. Eu não tenho tempo para odiar. Se eu odiasse, eu seria uma prisioneira. Eu teria dado a Hitler uma vitória póstuma." Quanto ao meu pai, acabou morrendo um ano depois de câncer. Câncer, é importante colocar, não tem a ver com merecimento como muita gente gosta de colocar. Como diz Machado de Assis "o câncer não reconhece as virtudes do sujeito". E claro, meu pai tinha muitos aspectos bons e de qualquer maneira era o melhor pai do mundo. Afinal era o meu! Nunca esqueçam que todo problema é temporário.

Mulher: Tirana de si mesma

"Mesmo sem motivo, sinto sempre uma ansiedade que me faz ver e procurar perigo onde não existe. Isso aumenta infinitamente qualquer aflição e faz com que a ligação com os outros seja muito difícil."

"Os sentimentos são como enormes transatlânticos: poderosos, complexos, muito lentos para tomar uma nova direção, mesmo quando o capitão ordena uma mudança de curso imediata."

É mais fácil falarmos e atribuirmos aos homens nossos sentimentos de desqualificação. Mas a verdade mostra que a mulher muitas vezes é seu próprio algoz. A crítica primordial geralmente sai do pensamento da própria mulher. Algumas chegando a ser tiranas com elas mesmas. Tolhendo, paralisando, fantasiando, amarrando, tirando a liberdade. Quem tira a liberdade, na maioria das vezes, é o famoso superego. O superego é a censura interna. Quanto mais rígido for o superego, mais crítica é a mulher com ela mesma. Freud, citado por Francoise Dolto, afirma que o superego nas mulheres nunca é tão inexorável, tão impessoal, tão independente de suas origens emocionais como acontece com os homens. Seus traços de caráter, segundo consenso de todas as épocas, são um sentido de justiça menos agudo que nos homens, a dificuldade de submeter-se às grandes necessidades da vida, a facilidade de, em seus julgamentos, frequentemente, se deixarem influenciar por sentimentos e afeição ou hostilidade.

Não raro, a mulher acredita que precisa de um definidor externo para ela. No livro de Isaías, 4:1, aparece a seguinte constatação: "E sete mulheres se atracarão a um só homem, dizendo-lhe: "Proveremos a nossa comida, proveremos o nosso vestir, desde que possamos usar o teu nome, tira a nossa desonra!" O sobrenome do marido, o nome do pai. O outro passa a ser a referência da mulher. Existe certo glamour em dizer: "sou a mulher de fulano de tal".

Este é um grande problema quando a mulher é abandonada pelo marido. Ela não perde somente o marido como perde a sua identidade, porque ser casada era ser alguém, era possuir uma identidade. Nestas situações de abandono logo vem a pergunta: o que fiz de errado? Não fui boa o suficiente? Fiz tudo como me ensinaram, mas, certamente, não devo ter feito direito. Se perder o marido, que na fantasia iria me salvar, sou uma perdedora. Isso acaba dando margem a um grande problema de falta de respeito pessoal. A falta de respeito aparece de forma velada. Aparece quando falam com você como se estivessem falando com uma criança. Aparece quando suas ideias são desqualificadas ou ignoradas. Aparece quando você permite que tirem vantagem de você.

Eu cresci duvidando de tudo em mim. Nunca soube se era alguém de valor. Dançava, cantava, estudava, lia, mas tudo parecia pouco, porque me apegava a detalhes do tipo você é pobre, você é baixinha, tem sotaque campeiro, não tem roupas da moda. Quando vinha um elogio externo a sensação era de desconforto. O elogio trazia um peso maior. Existia um medo de que a qualquer momento eu fosse ser desmascarada, afinal eu não era boa o suficiente e merecedora de tal elogio. Vocês já viram estas sensações na história da Cinderela, onde a qualquer momento o relógio badalaria e todo o encanto acabaria. Vinha um medo de decepcionar o outro, assim que ele me conhecesse melhor, afinal eu não era grande coisa. Muitas mulheres que conheço têm a sensação de serem impostoras, independente do sucesso pessoal e profissional que já tenham alcançado.

Difícil foi, mais tarde, me dar conta de que eu jamais seria grande coisa, independente do cargo que tivesse, do dinheiro e das coisas que eu adquirisse. O valor teria que mudar dentro de mim. Sempre acompanhava uma sensação de ser um engodo. Quando aparecia alguém com alguma repreensão não era nada mais do que já o conhecido. Apesar de certa tristeza, nada mais fazia do que reforçar o que já era conhecido. O filósofo Nietzsche disse uma vez que quando acordamos desanimados no meio da noite, os inimigos que derrotamos há muito tempo voltam para nos assustar.

O elogio pode ser muito constrangedor. Não deveríamos temer, não saber ou não fazer certas coisas, deveríamos temer não buscar aprender. Há uma sensação de que os outros estão mentindo e, consequentemente, debochando, quando elogia, porque você não acredita no elogio.

É difícil para a mulher associar a crítica a maus-tratos, que pode ser externo, como interno. Primeiro a criança é desqualificada pelos pais, depois ela se acostuma a fazer isto sozinha com ela mesma e, por fim, não raro se associa a alguém que repete este padrão com ela. Acaba associando-se a pessoas especialistas e dar os chamados fodeback. Escrevi um artigo sobre o tema:

Não pensem que errei o inglês. Também sei que este termo não existe. Melhor dizendo, ele existe sim, mas não de forma literária. Porém, aposto que você já o sentiu. Ou você mesmo já pode ter emitido um fodeback, ou ainda soube de alguém que recebeu um. Infelizmente não tive a iluminação de ter criado o termo. Escutei-o no comentário de alguém. O termo feedback é famoso e conhecido por muitos, significa uma opinião, um retorno, informações a alguém referente a uma avaliação. Mas muita gente é especialista em dar fodeback e não feedback. No caso do fodeback, o retorno ou a opinião dada vem sempre carregado de uma maldade que não acrescenta nada à vida da outra pessoa. Muito pelo contrário, oprime, desqualifica, desvaloriza, humilha, enfim, arrasa.

Têm pessoas que dão fodeback somente para os outros. Mas também há aquelas que dão fodeback para si mesmas. Mesmo quando não agrada ou não chega como um elogio, ainda assim possui uma porção muito positiva, porque sempre pode ajudar a outra pessoa a crescer. O feedback ajuda quem recebe a dar-se conta de onde precisa melhorar, se aprimorar, se adequar. Quem dá o feedback tem a oportunidade de deixar claro o andamento das coisas e da própria pessoa. Ajuda em tudo aquilo que pode proporcionar desenvolvimento e crescimento. O fodeback, por sua vez, também pode ter uma boa intenção. Mas, como diria a minha mãe, de boas intenções o inferno está cheio. A diferença entre eles é que o fodeback sempre acaba desfazendo o outro. A desqualificação da pessoa que o recebe é sua marca registrada. E como diz o termo, acaba com a pessoa.

Há especialistas em dar feedback e estes sabem o quanto ele é importante na vida pessoal e na vida corporativa. Assim, há também os especialistas de fodeback. Estes, infelizmente, não estão somente nas empresas. Pode ser um colega de trabalho, um amigo ou mesmo pessoas da família. E eles atacam em cheio a sua estima. Quem dá fodeback sente-se em alguns momentos poderoso. Sente-se importante à custa da desvalorização do outro. Quem dá feedback, por outro lado, sente-se muito diferente. Sente-se feliz por poder auxiliar o outro no seu próprio crescimento. Funciona como uma visão maior de coisas que nem sempre podemos observar, por estarmos envolvidos na situação. E o mais importante, ele é dado com cuidado e zelo para com o outro. Se a intenção é o crescimento, como posso auxiliar desfazendo o que o outro faz ou desfazendo quem o outro é?

Toda crítica, por mais difícil que seja, pode ser dada com cuidado. Toda a crítica, mesmo quando for doída, pode ser dada com respeito pelo outro. Quando damos qualquer devolução a alguém é preciso que cuidemos de uma coisa fundamental, chamada dignidade. Uma pessoa pode perder tudo na vida. Um companheiro, um emprego, um negócio. Uma pessoa pode ter problemas com filhos e perder a própria estima. O que não pode é perder a dignidade. Então, preste bem atenção quando for dar uma devolução sobre qualquer coisa a alguém: você está dando um feedback ou um fodeback?

Existe também um sério problema social entre as mulheres que atualmente tem sobrecarregado inclusive as crianças. É a comparação. O que a sua filha faz a mais do que a minha? O que como mãe eu proporciono a meus filhos? Há no momento uma escalada de performance em relação aos pais que são claramente percebidos a cada festinha de aniversário aonde vão nossos filhos.

Que tamanho será a festa? Que recursos são utilizados? Luzes, homens com malabares de fogo, gelo seco, etc. Ouvi, numa ocasião, a frase: "Uma mulher

faz por merecer suas vitórias, mas também faz por merecer suas derrotas."
Também escutei:

Estamos passando da conta. Esse é o grande problema, segundo Jerry Adler. Ele escreveu na Newsweek de 14 de junho de 1999, citado por Mary Loverde, em seu livro *Mulheres que fazem demais*: "Estamos fazendo do estresse uma virtude, repetindo o mantra o que não mata engorda". Mas a ciência prova que isso não é verdade. As novas pesquisas mostram o estrago que o estresse causa ao organismo: provoca não somente doenças cardíacas e úlceras, mas a perda da memória. Prejudica o sistema imunológico e é responsável por um tipo particular de obesidade. Nada disso aparentemente mata, mas acaba matando não antes sem antes engordar você, pág. 29.

O outro grande problema, que também é uma forma de violência, é a vitimização. Mulheres vítimas estão fadadas ao insucesso e ao sofrimento dobrado. Ninguém gosta de gente pedinte, carente, sofredora, vista como coitado. A palavra coitado vem de coito. Que quer dizer = foda. Bem, sendo assim, uma pessoa vítima que se acha coitado é na verdade uma pessoa fodida. Com esta sensação interna fica difícil lutar em busca de qualquer coisa melhor para si, muito menos é de serventia para uma estima adequada. A pessoa que vive em suas lamúrias se torna insuportável para si mesma. É a autopiedade tomando conta dos sentimentos e das atitudes.

Muitas vezes nos tiranizamos porque, às vezes, nossa família ou nossos amigos não ficam felizes em nos ver crescer e mudar. Quando as pessoas à nossa volta não se alegram ao nos verem diferentes, temos que seguir em frente, desejando que um dia elas percebam o valor de nossa transformação. No livro *Jesus o maior psicólogo que já existiu*, pág. 67, há a seguinte frase: "A mudança nem sempre é um hóspede muito bem vindo".

Falando em mudança, veio à minha cabeça a palavra arrependimento. Tem um ditado que diz: "é preferível arrepender-se das coisas que você fez do que das que deixou de fazer". Não concordo com ele. Arrependo-me de muitas coisas que fiz. Não aquele arrependimento que culpa e que traz ressentimento pessoal. O verdadeiro significado da palavra grega arrependimento na Bíblia é metanóia, que significa mudar de ideia e isso com certeza tenho feito bastante. Porém, muita gente usa outro tipo de arrependimento que é vinculado à punição. Minha culpa, minha máxima culpa. Sendo que perdem de usar o verdadeiro sentido do arrependimento que é estar aberto aos questionamentos e às mudanças. Quando pensamos dessa maneira não nos sentimos mal, pelo contrário, somos ajudados a mudar. A pensar e a fazer diferente. Li que as pessoas sábias estão sempre prontas para mudar de ideia e que as tolas não. E nas suas ignorâncias sucumbem num eterno arrependimento, associado à condenação.

A dependência química também tem sido um grande problema. Ouvi que o álcool e as drogas são como um amante violento. A princípio nos trata bem e depois nos espanca, pede desculpas, é gentil por um tempo e, de repente, volta a nos espancar. Excessos irrestritos e irresponsáveis têm feito muitas de nós adoecer. "Uma pessoa incontinente não é capaz de refrear seus impulsos para conseguir alguma coisa que deseja, nem consegue saciar-se com uma quantidade razoável do que procura", afirma Gabriel Chalita, 2003, pág. 149. Nos incontinentes, os desejos pervertem o conhecimento, distorcendo-o de modo a produzir uma falsa justificativa para suas ações. Afirma Gabriel: "Quando uma mulher quer se encaixar dentro de um embrulho bem feito ela caminha para um lado sombrio, o da morte da alma. Muitas mulheres conseguem sentir ódio de si mesmas por acreditarem que não se encaixam onde acreditam que deveriam se encaixar."

A mulher também tem um péssimo hábito de falar mal de si mesma. Algumas vezes não deseja falar mal, mas acaba contando coisas que podem ser interpretadas de maneira maldosa. A mulher acaba ficando exposta a maldizeres motivados por ela própria. Não quero dizer que você deva virar paranóica. Longe disso, mas você pode cuidar o que você fala e, principalmente, com quem você fala a seu respeito. Ou ainda, cuidar a extensão do que você conta. Você pode dizer: eu estou tendo problema aqui ou ali, mas não entre em detalhes. Use a sua percepção para dar-se conta quando algo pode e será usado contra você. Pode ser um comentário simples que tenha se tornado uma tempestade. Aprenda com isso e controle-se ao abrir a sua boca novamente. A tendência a achar que os outros se comovem com seus problemas é um grande erro. Na maioria das vezes, as pessoas utilizam-se das informações que receberam de você mesma para usá-las no futuro contra a sua pessoa. Então vá com calma e, por mais que você morra de vontade de comentar certas coisas, aguente.

Tiranas uma das outras

"O invejoso adoece diante do regozijo do outro. Só se sente bem com a miséria alheia. Todo esforço para satisfazer um invejoso é infrutífero."

Melanie Klein

Há algum tempo escutei um ditado que dizia que duas mulheres necessitam apenas de dois segundos para se tornarem inimigas. Quando ouvi esta afirmação tive uma sensação de desconforto. Logo comecei a pensar em todas as atitudes femininas e em toda experiência que tinha com muitas mulheres, e percebi que temos uma grande dificuldade de sermos parceiras, apoiadoras, colaboradoras e, principalmente, cúmplices umas das outras. Basta uma mulher começar a ter uma ascensão para que um bombardeio feminino caia sobre sua cabeça. Nossa violência pode ser tão danosa como a dita violência masculina. Martha Medeiros em sua crônica *Amiguinhas da onça*, cita: "meninos resolvem suas diferenças frente a frente. Meninas são mais calculistas e podem levar meses arquitetando vinganças mesquinhas." Temos, na verdade, um medo muito grande das nossas próprias dificuldades, que ficam mais evidentes quando percebemos o crescimento das outras mulheres. Sempre lembro de Mario Quintana, em seu poema *Cinco Fábulas,* que aborda:

Diz o elefante às rãs que em torno dele saltam:
"Mais compostura! Ó céus! Que piruetas incríveis!"
Pois são sempre, nos outros, desprezíveis
as qualidades que nos faltam...

Tenho certeza que você já ouviu comentários maldosos a seu respeito, pois sempre os comentários chegam aos nossos ouvidos queiramos ou não. Mas vou perguntar: você já ouviu comentário maldoso feito a seu respeito por outras mulheres? Ou talvez você seja do tipo que fique fazendo comentários da vida de outras mulheres? Segundo Francisco de Quevedo: "O invejoso chora mais o bem alheio do que o próprio dano."

Existem os comentários que vêm com um tom irônico, sarcástico, desfazendo as conquistas. Comentários do tipo: "Claro que ela tem aquele namorado maravilhoso, ele só sai com ela porque ela é linda, ele quer aparecer com ela, nem gosta dela. Ela aparece sempre no jornal, por isso faz sucesso." Ah! Isso me lembrou de certo comentário feito a meu respeito, vou contar: "Uma colega perguntou-me se eu atendia muitos homens." Respondi que sim, e que na verdade atendia mais homens do que mulheres. Fiquei sabendo depois que a tal colega comentou com outra pessoa referindo-se a mim: "Claro, ela deve seduzir todos eles". Ah! Quem dera eu ter este poder sedutor. O que me irritou é que ela, num segundo, de forma simplista, jogou no lixo todos meus anos de estudo e preparo. Quatro cursos de especializações foram trocados por uma resposta tão simplista e banal.

Outra história foi uma mulher que, quando do comentário de uma paciente sobre a quantidade de pacientes que eu atendia, respondeu: "Ela é a psicóloga da mídia". Afonso Romano de Santana escreve em seu artigo, *O anti-midas*, que esse tipo de pessoa deve levar este nome: as anti-Midas. O anti-Midas é um mesquinhador profissional. Essas pessoas têm sempre um Ah!, Também... Afonso Romano diz que o anti-Midas tem sempre um tom conspiratório. Trama escondido, no sussurro. Middleton Murry diz que são pessoas que tem uma *visão excremental* da realidade. O escritor Jonathan Swift, aquele de Viagens de Guliver, achava que certas pessoas "tem um modo de ver o destino do homem espiando através do seu ânus". Afonso Romano de Santana afirma que esse tipo de pessoa é como um radiologista, que sempre vê câncer no pulmão alheio. Ele acredita que o anti-Midas deve ser denunciado para que todos possam vê-lo como um vírus.

Eu já sou mais solidária e penso que ele morre sozinho. Mas é sempre bom lembrar o que citava Arthur Schopenhauer: "não há ódio mais implacável do que o da inveja". Enquanto não ocorre dele picar-se sozinho, vale saber que você pode isolá-lo de sua vida. Fuja das frases destrutivas utilizadas por este tipo de pessoas. Frases tais como: "Ela conseguiu aquele emprego porque já comentam que o patrão quer é transar com ela. Ela tem sucesso, mas também o que não deve oferecer, afinal olha o jeito de perua ou algo pior. Ela está tendo sucesso, parece um homem, será que ela não é mesmo lésbica? " Pareceres contaminados de inveja são comuns vindo de mulheres.

Nesse aspecto, vou dizer que os homens estão piorando. Antigamente não se tinha notícia de que os homens fossem fofoqueiros ou *focoqueiros*, aqueles que acham um foco desqualificado de alguém e não conseguem olhar nada além disso. Muita coisa tem mudado, principalmente com a competição da mulher no campo de trabalho, trabalhando parelho palmo a palmo com os homens. Há 1500 anos, um jovem monge chamado Bento fundou o sistema monástico básico do mundo cristão, uma organização espiritual que existe até hoje. Ele criou regras que foram os primeiros sistemas completos de administração do mundo ocidental.

Ele afirmava: "As pessoas só se sentem parte de um projeto se sentirem que são respeitadas. Hoje em dia o chamamos de São Bento. São Bento procurava manter esse respeito mútuo de várias maneiras. A regra claramente afirma que cada membro deve mostrar respeito pelos outros, tanto em títulos como em comportamento. Esse respeito deve ser aplicado não só à pessoa, mas para o trabalho que cada indivíduo executava dentro do grupo. *O código Beneditino de Liderança*, Craig Galbraith e Oliver Galbraith, 2005, pág. 85. Ele chamava esse comportamento de respeito mútuo de *bom zelo* da comunidade. Antecipem-se uns aos outros em honra. O bom zelo é fundamental, independente de papéis que possamos desempenhar em hierarquias e em gêneros.

Antigamente os homens não precisavam desfazes nas mulheres, elas eram as rainhas do lar, porém, na atualidade, infelizmente, os homens estão entrando no mesmo esquema: o de desqualificar os outros, ou melhor as outras, para sentirem-se capacitados. É deprimente que precisamos da desqualificação das pessoas da nossa classe para que nós, mulheres, nos sintamos superiores ou capacitadas. Perdemos muito com essa atitude, porque acabamos por desvalorizar não somente a classe a quem pertencemos, como a classe que deveria ser nossa imagem e parceria de luta contra o preconceito nas situações da vida.

A verdadeira paixão empreendedora surge do desejo de melhorar e não do orgulho pessoal e do ego, dizia São Bento, em suas regras de liderança. O problema está na vaidade. É muito bom quando criamos vínculos de apoio, vínculos de amizade. Nossas amizades não precisam ter a idealização da infância quando acreditamos que nossas amigas são perfeitas e nossa amizade inabalável. Podemos ter com as mulheres uma amizade que costumo chamar de *a amizade que podemos ter*. Ela significa que terei uma amiga que é ótima companheira para ir ao cinema, mas que não deverei contar coisas íntimas, porque ela não sabe guardar. Posso ter aquela que conto tudo, ela é um túmulo, mas não vou convidá-la para ir a um restaurante comigo, porque ela perde a paciência, não gosta de esperar e, não raro, discute com os garçons, coisa que eu detesto.

Tem aquela amiga que é expert em negócios e quando preciso de uma consulta logo grito para ela e ela está sempre disponível, mas não pense em convidá-la para viajar ou ir à praia, ela detesta. Creio que esta é a amizade de gente grande, aquela em que você não cobra e não julga o outro pelo que ele não pode te dar. Mas reconhece o seu valor.

Eu tenho fama entre meus amigos de brigona em favor dos outros, ou melhor, das outras, mas não é verdade. Apenas sinto-me muito mal quando vejo uma mulher ser humilhada. Quando fico sabendo que uma amiga, ou mesmo simplesmente que uma conhecida foi abandonada, traída, perdeu o emprego, enfim, que levou um pé na bunda ou que deu um fora, mesmo sentindo-me encabulada, costumo telefonar. Telefono para dizer que não sei bem o que dizer, mas, que estou aqui. Quem me conhece sabe que faço isso mesmo. Principalmente quando a outra está passando por algo que eu já tenha passado. Eu sou do tipo que não sofre de amnésia. Claro que sempre com o cuidado de não ser intrusiva. Algumas vezes pergunto meio constrangida: "olha estou ligando porque fiquei sabendo o que aconteceu e sinto muito." Vou dizer que nunca aconteceu da outra pessoa demonstrar-se agredida ou invadida, pelo contrário, geralmente vem um suspiro acompanhado de um "valeu!", "obrigada por ser solidária".

É diferente de querer bisbilhotar e saber o que ouve para depois se deliciar como num programa de reality show. Falo do demonstrar que se importa com a pessoa e que está solidário a ela. É uma maneira de dizer que ela não está sozinha ou esquecida, o que é um sentimento horrível.

Percebo que muitas vezes, quando vemos uma mulher sendo atacada verbalmente por comentários de pessoas que conhecemos, seja justo ou injusto, tanto faz, dificilmente saímos em sua defesa. Parece até vergonhoso não concordarmos ou, então, explicitamente a defendermos. Geralmente ficamos calados, consentimos nem que seja com a cabeça, quando muitas vezes nem concordamos com o que está sendo dito. Nesse aspecto canso de interromper pessoas conhecidas que estão falando mal de alguém, entenda-se falar mal de alguém por falar mal das mulheres: a fulana isso, a cicrana aquilo, olha como se veste, como anda, com quem anda e assim por diante. E pedir para parar. Não raro pergunto: "porque essa pessoa te mobiliza tanto?"

As pessoas param e olham-me como se eu fosse um extraterrestre. Então pergunto: "algum problema?" A resposta meio desconcertada é não. E o assunto, que seria polêmico, morre ali mesmo.

Tenho outra tática que é simplesmente me retirar. É como um protesto silencioso. Isso me irrita porque já fui mulher separada, sempre fui do tipo colorida para não dizer perua, o que gera uma porção de comentários, já me envolvi quando solteira com homem casado, e tantos outros *podres*, ou seja, respeito. Aprendi na prática a respeitar. A julgar menos e apoiar mais. A maior expressão do que os psicólogos chamam de empatia, que significa colocar-se no lugar do outro, é você ser compreensivo com alguém, mesmo com quem você não goste. Natalie Anguiar escreveu: "quero encontrar o valor da irmandade, fêmeas tomando a defesa de outras fêmeas, assim como fazem as fêmeas bonobos (chipanzés pigmeus), que raramente são importunadas ou violentadas pelos machos, apesar de eles serem maiores e mais fortes", pág. 165, *Mulheres que fazem demais*.

Somente vivendo determinadas situações é possível ser empáticas, que quer dizer colocar-se na pele da outra. Infelizmente, tem uma porção de mulheres que sofrem de amnésia e esquecem o que já viveram. Lembro de uma mulher que era doméstica na casa de famílias e que virou empresária. Apesar de ter a experiência de ter vivido situações de humilhação, não poupou nenhuma de suas funcionárias de agressões verbais e atitudes de humilhação e maus-tratos. Esse capítulo será poético, vou ter que citar de novo Mario Quintana:

Gato do mato e Leão, conforme o combinado,
juntos caçavam corças pelo mato.
As corças escaparam... Resultado:
Não escapou o gato.

Portanto, abram os olhos. Devemos aprender a nos defender como classe. A verdadeira competição está mais na cabeça de cada uma. Imaginar que sempre nossas parceiras de sofrimento estão contra nós é muita onipotência e paranóia.

Além de não se defenderem, muitas mulheres contaminam-se como uma doença ou como um veneno destilado pela língua alheia e passam a sabotar as outras mulheres com jargões preconceituosos, com olhares duvidosos quando se referem a outra mulher, com ataques dissimulados, com ironia sarcástica, com pensamentos duvidosos a respeito da virtude de outras mulheres e assim por diante. Quando conspiramos contra as mulheres estamos conspirando contra nós mesmas. Eu diria que é um tiro no próprio pé. Funciona como auto-sabotagem, se não em curto prazo, bem provável que em longo prazo.

Lembro aqui das beatas, das carolas, das fofoqueiras de plantão que acabam mordendo a própria língua com a história das próprias filhas ou das netas. Lembro-me daquelas senhoras que não poupam a filha da vizinha de nenhum mau comentário e que depois precisam amargar a solidão e tropeços das próprias filhas. Quando escuto uma situação dessas não posso negar que, nesse caso, sinto, em algumas situações, o meu veneno escorrer no canto da boca, com certo ar de satisfação.

A origem de muita inveja está na comparação. Através desta competição, as mulheres não gostam de compartilhar nada com outras mulheres, com exceção as blusinhas quando somos adolescentes. Sim, nós mulheres, quando adolescentes, adoramos trocar blusas, tamancos, bolsas e outras apetrechos. Quando ficamos adultas morremos de medo de compartilhar o que temos. Isso envolve roupas, dicas, sugestão de lugares, amizades (ou você é amiga dela ou minha) e, principalmente, o saber.

Certa vez uma paciente disse-me: "você não tem medo de escrever um livro? As outras psicólogas vão usar o que você sabe." Pensei, mas não é esse o objetivo? Então ela disse: "elas vão roubar tuas ideias" e então pensei, mas não é esta a ideia? Que roubem de mim tudo aquilo que for bom e útil? Neste aspecto os homens são mais solidários. Trocam sobre restaurantes, sobre onde encontrar os vinhos prediletos com preços mais acessíveis, e até histórias sórdidas que deveriam ficar para cada um também são contadas. Você pode dizer que nesse caso é para aparecer e contar vantagem e pode até ser, mas que compartilhem, compartilhem!

Não se pode também criar a ideia de que para não ser vítima das invejas alheias tenha que se afastar das pessoas. Porque cria-se assim um egocentrismo e um isolamento que com certeza não traz felicidade. Quando, erroneamente, acreditamos que somente nós mesmos somos os *bons,* estamos cometendo um grande erro. Uma solução cautelosa contra alguns males seria cuidar a auto-exposição com intimidade. As mulheres geralmente não veem problema em contar suas coisas ou mesmo se expor para os outros. Não acreditam que possam ser ludibriadas pelos outros e confundem expor-se com ser íntimas. Quando seus assuntos são expostos ou distorcidos, ficam magoadas e, então, vem a sensação de que deviam ter se protegido mais e ter cuidado para não se mostrar.

Os budistas tem uma palavra chamada "mudita",que significa "alegria pela alegria do outro". Confesso que nem sempre esta palavra tão simples e tão significativa é fácil. Vejo por mim mesma, que tenho um trabalho pessoal enorme de poder ao invés de me comparar, regozijar-me com as alegrias alheias. Mas garanto que estou treinando e com mais maturidade chegarei lá sempre lembrando do poeta Raimundo Corrêa, que escreve:

Mal Secreto

Se a cólera que espuma, a dor que mora
N'alma, e destrói cada ilusão que nasce,
Tudo o que punge, tudo o que devora
O coração, no rosto se estampasse;

Se se pudesse o espírito que chora,
Ver através da máscara da face,
Quanta gente, talvez, que inveja agora
Nos causa, então piedade nos causasse!

Quanta gente que ri, talvez, consigo
Guarda um atroz, recôndito inimigo,
Como invisível chaga cancerosa!

Quanta gente que ri, talvez existe,
Cuja ventura única consiste
Em parecer aos outros venturosa!

Raimundo Corrêa

Diz um poeta, amem-se uns aos outros, ou pereçam e pergunte a você mesma: o que ou quem impede de ser uma pessoa do bem? Vale a pena saber o que escreve o rabino Nilton Bonder, ao citar uma tradição judaica, em *A cabala da inveja*: "invejar é pior do que morrer".

Mulher e o consumo

"Diga-me o que consomes e te direi quem és".

Carlos Arturo Molina Loza

Sempre acreditei na compulsão a *ter,* como algo interno. Porém, recentemente, li a seguinte afirmação, que infelizmente não sei apontar o autor: "As pessoas parecem ovelhas. São adeptas inconscientes da influência externa, isto é, todas as coisas acontecem de fora para dentro." Assim tem sido a maciça comercialização dos afetos, das pessoas e das coisas. O cantor Lobão escreve em um texto: "É no consumir por consumir que nasce o vício, essa patologia contemporânea." E continua: "O vazio hospedeiro do vício é o que nossa sociedade mais sabe produzir." Recebemos um amontoado de estímulos para que nossos desejos sejam satisfeitos, digo nossos desejos, o que é muito diferente de falar nossas necessidades. A troca dos afetos pelos objetos tem sido um grande problema a gerar mais e mais frustração a cada compra.

"Sem perceber, entramos nas ilusões da realidade superficial, acreditando nas promessas fáceis da felicidade material e mergulhamos, assim, nos sonhos fúteis do conforto físico, imaginando estar imunes ao sofrimento. Mas as ilusões obscurecem nossa lucidez, deturpam situações, invertem valores, nos arrastando aos círculos de sofrimento que queríamos evitar."

Luiz Gasparetto, na contracapa do livro Tudo Vale a pena.

A satisfação é apenas momentânea. Gabriel Chalita cita que se alguém está satisfeito com o que possui, basta ficar sabendo que o outro tem mais para que a insatisfação e o desejo de possuir mais lhe tomem pela mão. *Educação, a solução esta no afeto*, pág. 19. Estamos com uma fome de consumo que infelizmente não se sacia com a compra. Pelo contrário, a cada compra incrementamos o desejo de mais e a sensação de pobreza de alma. "Somos consumidores numa sociedade de consumidores. A sociedade de consumidores é uma sociedade de mercado. Todos nos encontramos dentro dela e, ora somos consumidores, ora mercadorias", afirma o sociólogo Zigmunt Bauman, pág.151. Li, certa vez, que grande parte do que fazemos é ter e gastar. Também podemos usar um trocadilho e dizer ter que gastar, gastar para ter, gastar para ser. Assim forjamos uma falsa sensação de mais controle pessoal, de poder e de valor. Certa vez uma conhecida me disse que odiava loja *bastantão*. Eu, ingenuamente, perguntei o que seria uma loja *bastantão*. Então ela respondeu que era essas lojas tipo de departamentos, onde todo mundo põe a mão para olhar. Cheguei à conclusão que eu sou povinho mesmo. Afinal, adoro loja bastantão.

O dinheiro através do consumo acabou criando um indicador de status e poder. Algumas pessoas acreditam ser irresistíveis, como nas propagandas de televisão, se estiverem vestindo isso ou aquilo. Não é só ter dinheiro, é preciso mostrá-lo. Certa vez ouvi um termo que achei muito engraçado, masculinômetro. O termo se referia à medida da masculinidade através dos bens. Precisaríamos falar do femininômetro também. A comparação massacra. Em seu livro *Porque os homens são como são*, Warren Farrewll, acrescenta que tanto homens como mulheres estão se sentindo frustrados, porém por razões diferentes. Eu acredito que muito tem a ver com a questão da performance em relação ao consumo. Pior é o consumo afetivo. Estamos criando o prazer a um toque de telefone. É a relação pronta entrega. Relação fast-food, relação de consumo e momento. Isso que não entrarei no mérito da relações tipo liquidação. Que é aquela onde levamos para casa somente porque está disponível e barato.

A cada dia as relações têm se tornado mais superficiais e mais comerciais, sendo fadadas à inconstância e à futilidade. Não me admira que os objetos criem tanto poder e tanto valor, na falta de relações constantes e vínculos fortemente estabelecidos. Marck Baker, 2005, observa: "Algumas pessoas tem dificuldade de relacionarem-se com outras pessoas. Quando seus relacionamentos são ameaçados ou perdidos, elas os substituem por objetos." *Jesus O maior psicólogo que já existiu*, pág. 100. O tesouro da compra passa a ser nosso referencial de valor. O consumo também passou para a área das relações. Certa vez, li uma citação de Jamie Turndorf, no livro *Até que a morte nos separe*: "os homens, sexualmente eram como leitores de códigos de barra do supermercado". Sua meta é processar o máximo de mercadoria e com o máximo de rapidez. Mas não vejo diferença em algumas mulheres da atualidade.

Estranhamente já está na Bíblia, em Lucas, 12:34, que "Onde estiver o teu tesouro, aí estará também teu coração." E não o teu coração estará no que você comprar ou em quem você consumir. Sócrates era famoso por tanto saber gozar como se abster dos bens que a maioria dos homens não é capaz de perder sem sofrimento, nem de possuir sem intemperança. *Meditações de Marco Aurélio*, pág.12.

Levei um susto quando ouvi a afirmação do Terapeuta de Família e Casal, Carlos Arturo Molina-Loza: "Diga-me o que consomes e te direi quem és." Mas foi a partir desta frase que comecei a compartilhar o sofrimento de muitas mulheres, em relação à comparação com as outras. Da mesma forma comecei a prestar mais atenção e a constatar o sofrimento de muitos homens por não poder prover os desejos de consumo, para que suas mulheres façam parte do grupo social. Ser marido tem sido muito difícil hoje em dia. Não basta oferecer um carro ou um bom apartamento. As implicações para que sejam vistos como bons provedores implica numa infinidade de exigências de consumo que não acabam mais. O mesmo equivale à maternidade e paternidade. O mestre em administração Gustavo Cerbasi, 2004, pág. 89, coloca: "Estabelecer regras de consumo de produtos caros ou pouco saudáveis para os filhos é muito importante. Incentivar as crianças a consumirem doces, guloseimas e alimentos inadequados, sem nenhuma regra, é estimular o consumismo doentio e desnecessário."

Porém, na atualidade, o baricentro da economia, como diz Domenico de Mais, na obra *A economia do ócio*, hoje requer um deslocamento para a produção de bens imateriais, isto é, de ideias. Mas parece que tem pessoas que ainda não se deram conta desta nova necessidade. O psicanalista A. Wellausen, em seu livro *Consumismo*, lembra que comprar ou saber que se pode fazê-lo parece ser o caminho mais curto entre a insatisfação e a satisfação. Desta mesma maneira os filhos exigem esta satisfação imediata. O psiquiatra Içami Tiba diz que os filhos são especialistas em criar saias justas, no intuito de obrigar os pais a consumir. Ele usa o termo: "tiranos do consumo".

Quando se tem a ideia de que quem você é o que consome, ou que sua identidade está associada ao objeto de consumo, precisando de coisas materiais para sentir-se seguro, uma mudança é quase impossível. Às vezes, usa-se o desejo de ter as coisas exatamente assim, como um modo de sentir-se especial. "E isso pode levar a uma infelicidade crônica", afirmam os escritores Matt Weistein e Luke Barber. Em uma época onde o dinheiro tem passado para outras mãos, a visão de quem tem e não tem valor passa a ser muito em função dos bens e do que a pessoa apresenta aos outros, no sentido da matéria. Nós, mulheres, nos tornamos muito matéria, chegando primeiro à roupa e nossos acessórios e depois a pessoa, isto quando a pessoa é vista. O sucesso é um deus egoísta. Ouvi que quando o veneramos, ele nos empobrece espiritualmente e necessariamente não nos tornará pessoas melhores. Para sermos mais importantes e nos sentirmos melhores acabamos investindo sem dúvida em coisas erradas.

Fala-nos o escritor Mitch Albon: "Sabe-se como se lavam cérebros? Repete-se uma coisa constantemente. Possuir coisas é bom. Mais dinheiro é bom, mais posses é bom. Mais consumo é bom. Mais é bom. Mais é bom. Repetimos isso constantemente até ninguém sequer pensar diferente. O cidadão fica tão zonzo com tudo isso e perde a perspectiva do que é verdadeiramente importante. Estamos nos tornando pessoas famintas de amor, acabamos aceitando qualquer coisa como substituto, afirma o escritor. Ele comenta ainda: "pessoas abraçam coisas materiais e ficam esperando que essas coisas retribuam o abraço." Nunca sabemos o que realmente é importante, quem somos ou o que oferecemos, ou ainda o que representamos. O filósofo dinamarquês Soren Kierkegaard, que escreveu bastante sobre desespero, disse que em vez de enfrentá-lo optamos por nos tranquilizar com o trivial. Bebemos demais, comemos demais, consumimos demais, fazemos qualquer coisa, menos lidar com nossas dores e sofrimentos. Estas coisas funcionam como distração.

Hoje em dia não estamos sendo preparados para retardar satisfação porque, sem dúvida, como afirma Zygmunt Bauman, em *O amor Líquido*: "retardar satisfação é algo detestável em nosso mundo de velocidade e aceleração." As mulheres, tais como bens de consumo, têm sido consumidas instantaneamente. Na verdade, muitos estão tendo a sensação de estar sendo coisificados. Zigmunt, citado acima, ressalta que "as pessoas, ainda que cumpram o que se espera delas, não se imagina que permaneçam em uso por muito tempo. Afinal, automóveis, computadores, telefones celulares em bom estado e em condições de funcionamento satisfatório são considerados, sem remorso, como um monte de lixo no instante em que novas e aperfeiçoadas versões aparecem nas lojas e se tornam o assunto do momento." 2004, pág. 28.

Acabamos sendo prisioneiros das exigências de compra. Exigências de que nos tornemos iguais, massificados. "Sofremos com o mandato do consumo, sofremos com o pouco espaço para o diálogo, ternura e solidariedade dentro da própria casa. Principalmente, não temos tempo ou disponibilidade para o natural exercício da alegria do afeto", afirma a escritora Lia Luft, *Perdas e Ganhos*, pág. 25. Conversava com meu marido a respeito de nosso futuro financeiro, chegávamos à conclusão de como a maioria dos brasileiros deveriam pensar em reservas, uma vez que o futuro, por certo, trará necessidades de adaptação frente ao nosso estilo de vida. Esperamos tempos mais difíceis. E, então, pensei se deixaríamos de ser especiais se alterássemos nosso estilo de vida? Principalmente em relação aos nossos filhos? A resposta foi não. Ser especial não está ligado ao que iremos proporcionar além do necessário. Nunca, afirma Gabriel Chalita, será melhor do que a presença, pág. 28. Mas quem seremos, com certeza, fará muita diferença a nós mesmos e a nossos filhos.

Li, certa vez, uma colocação do escritor Greenson, pág. 209. Uma pessoa que se sente amada e favorecida não precisa ficar provando isso. Uma pessoa segura de sua posição é confiante, confia nos outros, encontra-se em paz, não é exuberante, exageradamente ambiciosa e inquieta. Veja bem, que não estou fazendo apologia à rotina e à falta de prazeres. Muito pelo contrário, porém o que vejo é que exatamente o consumo excessivo faz com que as pessoas não tenham um planejamento adequado para sair da rotina. A rotina torna-se o consumismo e não o prazer. O mestre em administração Gustavo Cerbasi comenta: "Muitos responsabilizam a pessoa amada pela rotina, quando na verdade isso pode ser consequência da falta de planejamento. E um bom planejamento financeiro pode diminuir bastante a rotina do casamento. Como? O que vocês acham de incluir entre os gastos essenciais do mês uma verba para sair da rotina? Chamo essa verba de finanças da reconquista diária." 2004, pág. 139.

Muitas das coisas que adquirimos camuflam nosso desconforto verdadeiro por um determinado tempo. Assim, a palavra conforto deve ser revista e adequada ao que ela realmente representa: uma sensação baseada em como nos sentimos. É uma questão interior e não uma questão em relação ao que possuímos na matéria. Há pouco tempo visitei minha filha mais velha, que está, no momento em que escrevo estas linhas, morando na Itália. Ela mora com um casal em uma casa muito simples, porém muito confortável. Está cercada de luxo, cercada de pessoas amigas e de meu genro, carinhoso e afetivo. Ela sabe o calor humano que tem na casa. Sente-se no ar. O alimento é recebido de forma agradecida. Sente-se o colo que contém e acalma. Sabe-se que lá todos são queridos. Sabe-se que podem contar. Enfim, como podem ver, um luxo só. Alan Watts colocou que há uma enorme sabedoria no reconhecimento de que você já é especial, por ser você. Você pode ter o gosto pelo bom e gostar do que é bom, mas jamais o luxo fará com que você não possa se sentir um lixo.

Amor e sexualidade

"É preciso coragem para se forçar a ir onde nunca se esteve antes... Testar seus limites... Romper barreiras. E chegou o dia em que o risco de continuar espremido dentro do botão era mais doloroso que o de desabrochar."

Anais Nim

Demorei anos para dar-me conta e suportar meu medo da própria sexualidade. Primeiro era o medo de sentir coisas que acreditava não ser dignas de uma mulher decente. "Para uma mulher ser feliz no amor cumpria-lhe o dever, ou pelo menos dar a entender que era frígida, a fim de parecer honesta", mulher de bem. Se, portanto, o sexo em uma mulher era eloquente, ela devia guardar silêncio sobre a sensação que experimentava. Como em plena adolescência a libido se manifestava mais acirradamente, logo vinha um questionamento que Francoise Dolto cita numa frase, em seu livro, *Sexualidade Feminina*: "Talvez eu não seja uma mulher como devo ser, será que sou uma mulher adequada?"

Na era vitoriana as pessoas acreditavam que havia dois tipos de mulheres: aquelas que eram naturalmente sexy e por isso más, e as que eram frias, e por isso boas. As boas eram do tipo com quem os homens casavam e as más eram do tipo com quem os maridos traíam suas esposas. A própria menstruação era vista como *algo sujo* e muitas vezes como *doença feminina*. Frank Pittman, 1994, diz que as mulheres são ensinadas a sentir culpa em relação à sexualidade. "Nossos pais falam sobre sexo com eufemismos, em vez das palavras certas, podem fazer piadas nervosas sobre assuntos sexuais e ficam assustados quando as filhas não parecem bastantes assustadas em relação ao sexo", pág.38. Já o psiquiatra Robert Soller afirma que já se espera dos meninos na nossa sociedade um comportamento sexual malicioso. Isso é evidente, por exemplo, pelo fato de ensinar as meninas a se proteger dos meninos desde muito cedo. Acabamos, nós mulheres, como marionetes, com pessoas como os pais, irmãos, depois os maridos e, por fim, uma cobrança social, comandando os fios da nossa sexualidade. Sexo nunca deveria ser um problema. Na verdade, agora que todos, homens e mulheres, podem devidamente protegidos transar à vontade, parece que estão perdendo o tesão.

O Pênis sempre foi algo ameaçador para as mulheres. Um dos exemplos mais claros deste aspecto foi um relato de um caso de Milton Erickson, onde sua paciente trouxe a seguinte história no livro *Minha voz irá contigo*, pág. 42: "O sexo foi para mim uma experiência horrível. Um pênis é algo tão duro e tão ameaçador... Eu ficava passiva, cheia de temor. Era uma experiência horrível e penosa...". Erickson responde: "É uma triste história. E a parte realmente triste de tudo isto é...que você é uma imbecil! Você disse-me que tem medo de um pênis ousado, duro e ereto! E isto é imbecil! Você sabe que tem uma vagina, e eu também sei. Uma vagina é capaz de transformar o maior pênis, o mais ousado e prepotente pênis, num objeto completamente desvalido e frouxo. E sua vagina pode extrair um prazer vicioso, reduzindo-o a esse objeto frouxo e impotente e semimorto."

Até hoje não estamos seguros pelas questões sobre pecado. As meninas aprendiam, e não faz muito tempo, que os homens que as desejavam sexualmente estavam ofendendo-as e degradando-as. "Uma menina saberia quando um homem realmente a amava, pois ele não tentaria fazer sexo com ela", nos diz Frank Pittman, em seu livro *Mentiras Privadas*. Hoje, muitas mulheres não sabem se são amadas ou se o sexo que elas proporcionam é que é amado. Sexualidade e intimidade afetiva são duas linguagens diferentes. E a maioria delas considera ainda um fator excludente um do outro. Ou quer me amar e fazer carinho ou quer sexo comigo. Bert Hellinger, terapeuta de família e casal, diz que nós vivemos uma sexualidade domesticada. Nós a domesticamos e fizemos um rio turbulento, um canal de águas paradas. Por querer tê-la inteiramente sob controle, nós também a despojamos da sua grandeza e de suas consequências, pág. 117.

Afirma Joan Laird, 1994: "É lamentável que os meios de comunicação sejam fontes de exploração sexual. É lamentável que nossas crianças sejam exploradas e exibidas nas cidades turísticas como uma mercadoria." Meninas objetos, unicamente fontes de prazer. Playgrounds ambulantes em qualquer estrada brasileira, à mercê de homens que poderiam ser seus pais. Aparentemente, havia ficado para trás séculos de servidão sexual dando prazer aos homens. O poder agir livremente e de forma provocativa não tem nos libertado tanto quanto havíamos pensado. Pelo contrário, a promiscuidade na intenção do desejo de afeição entre mulheres jovens é altíssimo. Mulheres que não se sentem desejadas e amadas têm uma probabilidade enorme à paixão e sexo casual, buscando uma legitimação de afeto que nunca vem. Sexo para a mulher ainda representa um ato de rendição, ao contrário do homem, onde sexo representa conquista e poder. Ainda a mulher tende a ver o sexo como uma oportunidade de dar mais prazer do que ter prazer.

Também é lamentável que se trate, sobretudo, de um fantasma de perfeição do amor, visto unicamente no sentido físico e orgástico, enquanto aquilo que um ser humano mais necessita é de uma evolução para uma humanização maior das relações. Não é na busca do corpo e sobretudo do seu próprio corpo, que ele vai encontrá-la, mas na relação de amor com o outro. "O mercado estraga o prazer, programando-o", coloca o cineasta Arnaldo Jabor, 2004. Ele questiona ainda: "A mulher de bunda bonita, vive angustiada: quem é a amada? Ela ou sua bunda? A bunda hoje no Brasil é um ativo. Centenas, milhares de moças bonitas usam-na como um emprego informal, um instrumento de ascensão social", pág. 33.

Pobres mulheres escravas, que continuam na servidão dos homens como senhores. Pobres mulheres iludidas, que sonham como meninas na paixão que as tirará de qualquer sofrimento e que lhes dará uma identidade. Mulheres que, na sua ignorância, apenas sonham. Elas trocam de nome: ora são oportunistas, modelos, Marias Chuteiras, muitas lutando de forma desmedida, em busca de uma identidade firmadora. O problema é que ninguém respeita uma pessoa fácil demais, porque denota falta de autoestima. É mais fácil alguém desejar você e querer lhe amar se você fizer o mesmo por si. O respeito é um escudo contra a desqualificação pessoal. Muitas acabam tendo um comportamento nocivo ao invés de autoproveitoso.

Como podemos pensar em recriar a imagem feminina para a imagem de pessoa humana, rompendo conceitos preestabelecidos do que seja uma mulher santa ou promíscua, com tamanha exposição e apelação, que somente incrementam a hierarquia dos gêneros? Será que a sexualidade sem medidas e sem compromisso não estaria prejudicando muito de sua profundidade? A sexualidade sempre fora até bem pouco tempo o ápice do amor. Não estaríamos prejudicando seu sentimento de plenitude?

Não podemos negar que o impulso sexual está fazendo com que ignoremos os sentimentos das pessoas. Mas, infelizmente, é isto que está se vendo. Entretanto, está tudo confuso desde o início por causa dessas complicações de corpo, e isso engana. Não é o gozo exclusivo dos corpos dos amantes, é o seu gozo simultâneo de coração e espírito. As mulheres eram e ainda são muito mais tolerantes do que os homens "à frustração orgástica, mas muito intolerantes em relação à frustração do amor", afirma a psicanalista Françoise Dolto. Na atualidade, será que isto esta em modificação? A erotização precoce igualmente incrementa conflitos e gera igualmente temores.

As meninas da atualidade cobram-se, de forma rígida em relação a seu desempenho sexual. Precisam dar! O termo é esse mesmo, precisam dar. Hoje, se não têm uma relação sexual assim que decidem ter por "querer", ou ainda, se não têm orgasmos logo se perguntam: "Será que sou a mulher que deveria ser?" A cobrança é a mesma, o significado mudou. "Há corpos malhados, excessivamente nus, montanhas de bundas competindo em falsa liberdade, pois ninguém tem tanto tesão assim, ninguém é tão livre assim. Arnaldo Jabor, 2004, pág. 60, em *Amor é Prosa, sexo é poesia*. Coloquei acima entre aspas o querer porque sei que muitas meninas, na verdade, nem querem e nem estão preparadas para ter uma relação sexual, porém, as outras meninas já tiveram, a mídia cobra e, portanto, elas precisam "dar". A palavra ainda é essa "se dar".

A psicóloga Iara Camaratta Anton coordenou um estudo na sociedade de psicologia do RS, viram que a exposição precoce na infância e adolescência a uma carga erótica excessiva apresenta, entre outras consequências, o aumento da agressividade e das condutas antissociais. Representa, também, um conluio de pais descuidados, parceiros em disfunções e/ou perversões sexuais. Iara e sua equipe utilizam o termo refrear para conduzir. É muito diferente de refrear por refrear, a serviço de medos e pudores inspirados em preconceito e restrições sociais descabidos. Muitos pais, hoje em dia, ao contrário dos de antigamente, nem se questionam a respeito do que será permitido, estimulado ou proibido, afirmam ainda no estudo.

Há uma situação pior, onde os meninos nem cobram e nem querem a transa, porém as meninas forçam a barra e exigem que eles cumpram o seu papel transando com elas, afinal de contas, elas têm que dar. É uma velho-nova cobrança de desempenho. O valor está em poder contar que já se transou, assim são normais, são como todas. É uma pseudoliberdade. Liberdade corporal, mas não de conflitos. Curtimos e nos divertimos pouco quando o assunto é sexo.

Será que como as avós, nossas meninas continuam querendo servir? Sexo, como diz a terapeuta de família Iara Camaratta, não combina com egoísmo, também não combina com renúncia, pois o que é genuinamente sexual leva sempre à marca da reciprocidade, *A escolha do cônjuge,* 2000, pág. 133. Mas o homem, em seu prazer, nunca teve problema em não ver a sexualidade satisfatória da mulher, pelo contrário, era uma preocupação que o homem não precisava ter porque homem precisava de sexo, mulher não. Assim, o homem desenvolveu um egoísmo saudável em relação ao sexo, a mulher não.

"Para funcionar bem sexualmente, uma pessoa precisa estar apta a abandonar-se à experiência erótica, precisa ser capaz de eliminar, temporariamente, o controle e algum grau de contato com o ambiente, Kaplan, pág.128.

A mulher é cobrada a arriscar-se em uma área que até então foi obrigada a reprimir. Muitas meninas chegam e me dizem: "eu transo numa boa, desde os quatorze, não tive grilo em transar a primeira vez." Então pergunto: "E você goza? Tem prazer?" Elas ficam constrangidas e com olhar encabulado me dizem: "como assim?" Pergunto novamente e então elas respondem: "Bem, gozar assim, essa história de orgasmo ...não." Grande avanço! Penso eu. Chego à conclusão de que apenas nos tornamos mais eficientes para o sexo do outro.

"Os meninos de hoje vivem em haréns. Estes "pequenos canalhas" que eu tanto invejo torcem o nariz para deusas de 18 anos, entediados, enquanto no meu tempo, quantas meninas eu tentei empurrar para dentro dos apartamentos emprestados, ficando elas empacadas na porta,quantas unhas quebradas em sutiãs inacessíveis, quantas palavras gastas em cantadas intermináveis apelando para Deus, para Marx, para tudo, desde que as saias caíssem, as blusas abrissem, as calcinhas voassem", escreve Arnaldo Jabor, em um dos seus textos.

Tornamos muitas meninas mais eficientes na prática do sexo, no verdadeiro sentido dele. Perdemos o amor, parece que tudo está perdendo a aura, como dizem muitos. A linguagem está sendo esquecida. Sexo está ainda muito mais ligado ao ouvido do que a qualquer outro órgão. Escrevi em 2003 um artigo chamado *Abre-te Sésamo*:

Esqueça o que já ouviu em alguma aula de orientação sexual, ou o que possa ter aprendido em alguma fita erótica. Esqueça o que você ouviu sobre clitóris, ponto G, ou sei lá eu que outros nomes aparecem para definir pontos estratégicos e mágicos, em relação à sexualidade. Esqueça dos malabarismos com pernas, do tipo jogue para cima, depois pegue novamente, vire, etc... Não pense que precisa ser um acrobata sexual para despertar algo em sua mulher. Quer saber os órgãos mais importantes na sexualidade, independente de ser homem ou mulher? Vou lhes dizer: boca e ouvido.

Não estou falando em sexo oral, tampouco estou me referindo à colocação de dedos ou línguas no ouvido. Estou me referindo ao que um homem diz no decorrer do dia ,da semana, dos meses e dos anos. Estou me referindo ao que uma mulher tem para contar no fim do dia. Estou me referindo ao tipo de diálogo que se tem como casal.

É fácil, no início do relacionamento, a boca ser usada para contar as mais lindas histórias e cantar as mais lindas melodias. As histórias são cuidadosas, a voz vem como bálsamo aos ouvidos. No telefone, a musicalidade é sentida num simples oi. Esse cuidado com o que falamos, esse cuidado com o que sai das nossas bocas é que talvez seja o verdadeiro elixir afrodisíaco para o sexo. A falta da voz, o silêncio que não é oriundo do apaixonamento, onde nos sentimos embriagados e somente falamos com os olhos, faz com que os ouvidos não possam ser tocados e que não possam emitir ao interior a mensagem mágica, capaz de abrir as portas dos desejos mais profundos e do prazer.

Deveríamos dizer no altar: eu te amarei e te desejarei, enquanto nossas bocas e nossos ouvidos se comunicarem. Te desejarei enquanto me sentir ouvida e entendida por ti. Depois será difícil, mas não impossível suportar os momentos de silêncio e de descompasso no que queremos falar e ouvir. Somente resgatando o início do zelo com o que falamos e ouvimos é que poderemos resgatar o amor e o sexo.

As mulheres são mais claras quando reclamam da falta de conversa, ou que as conversas esvaziaram, mas acho que nem elas mesmas pensam na importância das suas bocas e ouvidos também para os homens. O amor carnal não se sustenta. Um peito, um tórax ou uma nádega que está em moda não sustenta um amor, nem sustenta um desejo. O prazer da carne se esvai. O que sustenta é o prazer que sentimos ao ouvir quem amamos, falar a quem amamos e, o principal, nos sentirmos ouvidos pela pessoa que amamos. Quando esse processo de comunicação começa a falhar, não raro se busca quem ouça, quem valoriza o que ouve, quem nos conte histórias novas e diferentes. Algumas histórias do dia-a-dia se arrastam infinitamente, sendo sempre uma repetição. A música é sempre a mesma,ou melhor dizendo, como os homens me dizem, a ladainha é sempre igual.

Somente você pode por a cabeça para funcionar, ou melhor, os ouvidos e a boca para descobrir, como Indiana Jones, o caminho para os porões internos de cada um, onde está guardado o "ouro". As palavrinhas mágicas não são: abre-te sésamo! As palavrinhas são únicas para cada casal, e treinando para ouvir e falar é que se poderá desvendar os segredos que abrem as portas do prazer.

Se não há linguagem entre os parceiros, o desejo que a mulher sente, pouco a pouco desaparece. Para mulheres, o encontro de corpo a corpo ainda precisa da comunhão de encontro de coração. Mulher abre pernas e abre coração simultaneamente, mas fica muito difícil quando, como diz o psiquiatra Gaiarsa: "mesmo hoje com todas essas histórias de explosão sexual, a verdade é que em toda família decente e respeitável ninguém tem pinto, nem xoxota. Não tem. Simplesmente não tem. É falta de respeito. Então todo mundo continua a não ter. Eu fico vinte anos fazendo de conta que não tenho, depois é muito difícil eu me convencer que tenho. Gaiarsa,1987."

Eu vou falar também do outro lado da moeda. Vou falar dos pais que forjam uma pseudoliberdade e um *faz de conta* natural e que passam a mensagem às meninas de uma normalidade, que nem eles próprios sentem. Tem os casos das meninas que sabem que tem xoxota e sabem sobre sexo. Querem ter sexo e obrigam-se a ter sexo, com a ressalva de que se não tiverem não estarão dentro de uma normalidade. Em resumo, estão trocando a frase podem ter, por devem ter sexo. Chegando ao final da frase, precisam ter sexo. Caso contrário, estarão perdendo algo incrível que outras meninas poderão estar tendo e elas não. Nenhuma menina hoje em dia quer perder, principalmente quando comparada a outra menina que ela acredite já ter iniciado sua vida sexual.

Fazer sexo hoje tem um que de supervalorização. É mais um codificador de status. Muitas mulheres adoram bradar, aos quatro ventos, suas aventuras sexuais, como se aquelas mulheres que não estão tendo uma vida de liberdade sexual intensa estivessem fora de uma festa imperdível. Porém pergunto o porque dessas mulheres, de vida sexual tão intensa e dita prazerosa, continuam precisando de seus comprimidos para dormir, ou de um copo a mais de vinho ao chegar em suas casas. A resposta pode estar no vazio. Muitas mulheres me dizem que, após noites tórridas de amor fugaz, o sentimento que restava era solidão e vazio. Da mesma forma, as pessoas acreditam que devam ser verdadeiros malabaristas, quando o assunto é sexo. Em outro artigo, chamado *Malabarismos Sexuais*, abordo um pouco esta cobrança circense, em se tratando de sexo. O artigo cita:

"Você costuma transar dentro de um carro? Você já fez amor na areia da praia? Dentro do cinema? Não? Mas no banheiro do avião já, né? Não? Então fique tranquilo, você é normal e, acredite, eu também."

Hoje em dia, quem não tem histórias sexuais mirabolantes para contar sente-se um verdadeiro ET. Como se uma parte da vida estivesse faltando. De certa forma nos sentimos como que criminosos, inadequados e desconfortáveis, como se tivéssemos deixado de cumprir algo.

As revistas femininas estão cheias de histórias picantes, contadas como se acontecessem todos os dias. Alguns artistas contam, em plena rede de televisão, suas experiências nesta área, e os homens escrevem sobre suas fantasias sexuais, deixando bem claro o que aparentemente esperam de suas parceiras. Nem sempre o que falam é verdade. Se o objetivo disso tudo é estimular, para que os casais inovem, para que ousem. Então ótimo. Mas não é o que vejo.

O que parece haver é um grande número de homens e mulheres sentindo-se inadequados por acharem que malabarismos acrobáticos fazem parte do dia-a-dia de um casal. Fico preocupada quando vejo casais com uma vida sexual normal, porém sentindo-se inseguros, comparando-se com padrões que fazem parte de um marketing de consumo. Eu diria marketing de consumo de pessoas-objeto.

Nunca consegui quebrar uma cama e meu marido nunca se jogou de nenhum armário. Será que isto é normal? Deixando o ser normal ou não de lado, a pergunta que todo casal deve-se fazer é: nosso sexo é bom? É prazeroso? Você costuma ficar gritando palavras obscenas? Não? A maioria dos casais também não. Isto quer dizer que o sexo não deve ser tão bom? Errado! Cada casal tem o seu jeito de amar e fazer sexo. Cada casal tem o seu jeito de ousar. Cada casal tem seu próprio ritmo. Querer imitar experiências de outros pode ser uma faca de dois gumes. Muita gente pensa que ousando, como a vizinha contou, tudo será maravilhoso. Algumas vezes é desastroso. Não adianta ousar em coisas ou situações que não tenham nada a ver com você e seu parceiro.

Confesso que com a febre da dança do ventre pensei em comprar uma fantasia de odalisca para surpreender meu marido. A ideia sumiu rapidamente ao me sentir ridícula. Como posso estimular alguém me sentindo ridícula? Como posso me estimular sentindo-me ridícula. A roupa pode ficar maravilhosa na Jade e na minha melhor amiga. Ficarei feliz por elas, sem achar que devo copiar algo que não tem muito a ver comigo, mas que combina com ela e com a Jade. Eu não consegui encarnar.

Qualidade sexual não está ligada nem a acrobacias, nem à frequência. O velho papai e mamãe pode, sim, ser muito bom se você e seu parceiro gostam de papai e mamãe. Grandes malabarismos podem trazer é um cansaço e muita dor na coluna, sem acrescentar prazer a mais. Tentar fazer coisas diferentes para agradar pode fazer muito bem a si mesmo e ao parceiro. Mas cuidado! Muitas mulheres estão fazendo tudo que é curso para melhorar sua performance sexual, mesmo não se sentindo bem, sem nenhum desejo, unicamente porque as amigas estão fazendo e se ela não fizer poderá perder o marido. Nesse caso, vejo muitas mulheres no seu velho e antigo papel, o de escrava sexual. Não sou contra estes cursos, de maneira alguma, pelo contrário. Mas penso que devemos ter cuidado com palpites, entendendo as dicas que são dadas como possíveis possibilidades. Elas podem servir muito bem a um casal e ser desastrosas para outro.

Uma mulher disse-me: "eu detesto certas coisas que ele quer fazer, mas sei que se eu não fizer outra fará". Perguntei, então, até quando ela ficaria nesta competição solitária, disputando quem faria isso ou aquilo. Enfim, quem se venderia melhor? Nesses casos nada é mais precioso do que uma boa conversa, buscando outros recursos, outras ideias que agradem aos dois. Adoro ideias! Ideias, volto a dizer, querem dizer possibilidades. Estas somente se efetivarão se o casal assim o desejar. Se alguma ideia não servir é fácil, coloca-se fora.

Quando forem bolar uma cena diferente, quando forem usar recursos diferentes, efeitos especiais, instrumentos, enfim, qualquer coisa, pensem se isso tem a ver com vocês. Ainda, prestem atenção se há uma sintonia entre o que você for propor a seu parceiro, caso contrário, o que seria uma experiência para enriquecer pode tornar-se um golpe de estado e tudo dar errado. Precisamos aprender a ser verdadeiramente íntimos no que diz respeito ao assunto sexo e o primeiro passo é poder falar do mesmo.

Já ouvi homens comentarem que se sentem reféns de suas mulheres, quando o assunto é sexualidade. Certa vez, um colocou que a mulher ficava como uma rainha no seu trono, escolhendo se lhe daria ou não o sexo, como se estivesse fazendo um favor e não por gostar de fazer sexo com ele.

Bertrand Cramer, 1998, pág. 168 e 169, comenta: "A desvalorização de sua representação de mulher e sua inveja das vantagens do homem não são as únicas em questão. Trata-se, mais profundamente, de uma vontade de escapar a qualquer limitação e de inebriar com a ideia de poder ser ela e seu contrário, a mulher e o homem, o preto e o branco, o gozo de ser tudo. Esperemos que as mães possam transmitir às suas filhas, ao mesmo tempo em que uma legitimação de sua emancipação, uma imagem de homem suficientemente valorizada, para que se perpetue o desejo pelo sexo oposto. A permanência desse desejo é o antídoto da tentação de autossuficiência andrógina. E, na perpetuação desse desejo pelo outro, também os maridos e pais deverão educar suas filhas a amá-los. A responsabilidade do homem é capital na manutenção do desejo e da preocupação da alteridade." Sexo não pode ser sinônimo de eficiência, nem para homens nem para mulheres. Fala-se pouco na arte do sexo e muito nas regras de sexo. A ansiedade da atualidade, quanto à performance sexual, é a versão ocular de nossa velha culpa religiosa. A indústria do aperfeiçoamento do desempenho sexual gera suas próprias limitações, inibições e ansiedades. Eu até penso que a chamada guerra dos sexos acabou. Creio que deveríamos chamar de guerra de egos ou conflito de narcisismo. Vejo também casais que acham que o sexo deve ser espontâneo e acabam sem transar. Já que seduzir eles veem como trabalho. Trabalho que eles não deveriam ter, já que são casados. Toda vez que o desejo míngua, acreditem, muitas vezes ao longo de um casamento o desejo míngua, os casais acabam por concluir que o amor acabou. Uma das frases mais idiotas que já ouvi: "Se o sexo está em declínio o amor deve estar no leito de morte. O erotismo, afirma Esther Perel, é ineficiente e adora perder tempo e desperdiçar recursos. Requer um salto, uma perda de controle, da qual nos ensinam, principalmente as mulheres, desde cedo a nos proteger. Ela diz: "A perda de controle é vista, quase exclusivamente, por um prisma negativo, nem sequer consideramos a ideia de que a entrega pode ser afetiva ou espiritualmente iluminadora.

Há um comercial de preservativos Durex ,onde um casal com bom gosto, mas claramente fazendo amor, apresenta a legenda que diz: "O corpo humano tem mais de 70 quilômetros de nervos. Aproveite a viagem." A sexualidade satisfatória é também um processo de alma. Se a alma está em sintonia a sexualidade flui por si só. Mas o contrário também é verdadeiro de acordo com o terapeuta de família Bert: "se a sexualidade resseca, também pode ressecar a alma". Eu li, certa vez, uma citação que dizia "talvez não haja sexo no paraíso, porque nosso paraíso sexual é aqui." Mas estaremos nós preparados para resistir ao canto da sereia de prazeres ilimitados? A sexualidade cheia de tabus e a sexualidade dos excessos convergem de maneira perturbadora.

Um sério problema é o ambiente de trabalho e a sexualidade. Meu pai sempre dizia: "Não se come a carne onde se ganha o pão." Mas, na verdade, esse ditado nunca foi muito levado a sério, principalmente pelos homens, uma vez que quem sofria punições eram as mulheres. Brincadeirinhas que muitas vezes começam indolores e, aparentemente inofensivas, acabam se tornando assédio sexual, constrangendo, trazendo desconforto e mal estar. Como a mulher não fala, acaba dando a entender aos homens, e estes adoram ter este tipo de entendimento, de que a mulher está gostando do que está acontecendo, os homens acabam por intensificar as abordagens mais sexualizadas. É importante que a mulher não deixe margem à dúvidas. Nessas brincadeiras sexualizadas é muito fácil passar para a falta de respeito. Sexo em si não é problema, ser irresponsável em relação ao sexo sim. Algumas vezes a mulher passa também para a ilusão, quando confunde palavras relativas à sexualidade. Ter um comportamento de mulher liberada está longe do significado de ser liberada. Muitas mulheres acreditam que para ter prazer é preciso um pagamento com obrigações cumpridas. Escrevi o artigo *Fazer amor*, onde abordo um pouco esta questão de confusão de palavras. Transcrevo-o aqui.

Sou da época em que falar a palavra transar era um horror. Transar não era coisa que mulher decente falasse ou fizesse. Para os homens era muito diferente. Eles podiam falar em papar, comer, f., traçar, deixar de quatro e assim por diante. Mas para uma mulher da minha geração, falar em transar era muito constrangedor. A meu ver, a minha geração e a anterior a ela são as culpadas por deturparem muito o significado de algumas palavras, incluindo o transar. A geração de agora, então, nem se fala. Mas sobre isso falo em outro artigo. Ao invés de aumentarmos o padrão da palavra amor, acabamos rebaixando-o. Usamos a palavra amor para muitas coisas. Usamos a palavra amor em vão. Utilizamos essa palavra, de imensa importância, em situações banais e até inadequadas. Noites avulsas de sexo, como afirma o sociólogo Bauman, são chamadas de fazer amor. O termo fica mais bonito.

As mulheres, após uma noite de sexo efêmero com alguém, adoram dizer: "Então, nós fizemos amor." Eu digo: "sexo". Elas dizem, muito brabas comigo, "amor". Eu volto a dizer "sexo". Não há problema algum em se fazer sexo, mesmo que seja efêmero, fugaz ou descartável. É um direito de cada um. O que não dá é querermos mudar a nomenclatura das coisas. A prática frenética do sexo, a busca da quantidade desenfreada, nunca vai poder ser chamada de "fazer amor". Ou de estar sendo bem amada ou bem amado. Ilude-se, achando que foi amado, aquele homem que, como dizem, papou várias mulheres. Ser amado e ter feito amor são coisas muito diferentes. Ocorre que, como ficava muito feio assumir o gosto pelo sexo e vê-lo simplesmente como tal, as pessoas da minha geração precisaram maquiar o sexo com o termo fazer amor. Se faço sexo não sou uma pessoa bem vista, então faço amor. É diferente, é outra coisa, mesmo que continue sendo a mesma coisa. Muitas mulheres ficam furiosas quando seus parceiros dizem: "vamos fazer sexo?" Eles têm que dizer: "vamos fazer amor", como se tivesse outro significado.

O problema é que muita gente não sabe mais se está fazendo sexo ou amor. Não conseguem saber se a noite passada representou sexo ou amor. Se não soubermos diferenciar as duas coisas corremos o risco de cada vez mais desaprender o amor. Arnaldo Jabor afirma: "sexo é animal, amor é poesia", tentando diferenciar as coisas. Sexo também é humano, bom, prazeroso, mas não é amor. Acreditando que é a mesma coisa perdemos a capacidade de aprender de verdade sobre o que sentimos. Quanto mais confundimos sexo com fazer amor, mais corremos o risco de decepção, de foras inexplicáveis, de mal-entendidos, de mágoas, de perdas. Quanto mais sabemos que sexo é sexo e, portanto, está à mercê de ser curtido, explorado, vivido e aproveitado, menos chance de nos iludirmos. Quanto mais achamos que sexo é fazer amor, mais chance de ilusão e, consequentemente, desilusão. Mais chance de falsas promessas, mais chance de traição, mais chance de dor. Sexo é muito bom, fazer amor é muito bom. Mas continuam sendo coisas diferentes.

A intimidade da vida adulta não pode ficar carregada e sobrecarregada de expectativas. Podemos, ao contrario, ter a sexualidade como um projeto pessoal em aberto. Muitos estão isolando-se da riqueza das relações, com medo de suas incertezas. Por outro lado, alguns casais me falam que ao mesmo tempo em que tem intimidade o suficiente para não terem nenhum tipo de cerimônia, um com o outro, é também um antiafrodisíaco comprovado. Resultado: uma intimidade gostosa nem sempre é sinônimo de sexo gostoso.

Prazer exige certo grau de egoísmo. E esse sentimento é algo com o qual as mulheres não lidam nada bem. Amor incondicional não impulsiona desejo incondicional, pelo contrário, o inibe. Esther Perel, terapeuta familiar e de casal, afirma que muitos casais, quando se acomodam no conforto do amor, deixam de abanar a chama do desejo. Esquecem-se de que o fogo precisa de oxigênio. A intimidade cresce com a repetição e a familiaridade, já o erotismo o desejo é o contrário, embota com a repetição. Erotismo gosta de mistério, suspense, novidade. Amor tem a ver com ter e sexo com querer. Onde nada resta a esconder, nada resta a procurar. A intimidade torna-se cruel quando exclui qualquer possibilidade de descoberta. A verdadeira carga sexual é sentir-se com autonomia.

Prazer e escravidão

"Diz-me como foste amado e eu te direi como fazes amor."

Autor desconhecido

Cada vez mais o ser humano tem vivido a era da busca do prazer. Um prazer que está sendo procurado de forma desenfreada e incontinente. O que era para ser algo libertador, agora me parece muito escravizador. A ética tem passado longe de tudo e de todos, porque os impulsos têm falado mais alto, as emoções sobrepostas ao nosso discernimento. Pessoas incontinentes, incapazes de refrearem-se ao comando do impulso. Adultos infantilizados, incapazes de dizerem um não. Porém, adultos capazes de fazer qualquer coisa para conseguir aquilo que desejam, muitas vezes sem alcançar a saciedade. Esta, então, parece mais distante a cada dia, apesar de vivermos em incessante busca pelo prazer. Mentir, roubar, ludibriar, até matar. Tudo é válido. É o egoísmo puro.

Não raro, usamos desculpas absurdas para o que chamo de incontinência. Usamos falsas justificativas para nossas ações e, pior, acabamos acreditando em nossas desculpas. Estou com medo desta cegueira que tem feito com que olhemos apenas para nosso umbigo. Porém, não confundam continência com retraimento ou repressão. Quando penso em continência refiro-me à compreensão de nossos pensamentos e emoções. É o ato de refletir sobre o que fazemos, sentimos e pensamos. A princípio isso pode parecer um papo careta e desestimulante, não é mesmo? Pode até ser! Afinal, a ética e a moral estão um pouco fora de moda, e isso incomoda. Um dia desses dei ao meu filho o livro *Os dez mandamentos da ética,* de Gabriel Chalita. Após alguns dias ele reclamou que o livro era muito chato.

Ele tem razão, a ética é chata e nos dá desconforto, mas, se não a retomarmos, seremos uma sociedade sem equilíbrio, sem justiça, sem compaixão, enfim, sem o bem. Acabaremos vivendo no prazer e pelo prazer, um prazer escravizador dos outros e de nós mesmos.

O preço pago por esta corrida desenfreada pelo prazer? Ressaca! Com dor de cabeça, angústia, ansiedade, agitação, falta de serenidade, de amizade, de compaixão, de sossego, de tranquilidade, de paz. Escravos de uma busca sem fim. Escravos de nós mesmos, escravos num poço sem fundo. Nos tornaremos prisioneiros do prazer, comandados pelos impulsos e distantes da consciência. Deveríamos ter nascido com um grilo falante dentro de nosso ouvido, chamando-nos a atenção sempre que preciso.

Como é fácil nos perdermos de nossos valores e daquilo que é realmente importante na vida. Prazer é bom, sem dúvida, desde que não seja o agente a comandar nossa vida. Se assim for, é escravizador. Prazer e ética deveriam andar sempre de mãos dadas, mas com você dona da sua sexualidade. Muitas mulheres sofrem com uma baixa libido em função de não se sentirem donas de sua sexualidade. Achar-se no direito de ter alguma coisa é um pré-requisito para a intimidade erótica. E quando nossos desejos mais íntimos se revelam, e nossa cara-metade os aceita e os legitima, a vergonha desaparece. Em contrapartida, se a mulher é recriminada no seu desejo ou em algum ato mais avançado, então ela se embota e a libido esconde-se para além de onde a mulher possa, às vezes, encontrá-la novamente. Roland Barthes citou: "o que a língua esconde é dito pelo meu corpo. Meu corpo é uma criança teimosa, minha língua é um adulto civilizado." Você está com um coquetel antiafrodisíaco quando a sexualidade passa a ser dever, conduzida pela pressão, pela culpa e preocupação. Quando sexo é uma obrigação é muito eficaz gozar depressa. A isso damos o nome de ejaculação precoce.

Dar ou não dar, eis a questão!

Acredito que você já tenha estado nessa situação. Você linda, pronta para sair e se divertir com aquele gato que, finalmente, a convidou para sair. Na hora da escolha da lingerie bate a dúvida e agora devo dar ou não? Você nem saiu de casa, mas a dúvida já a assola. Então, você liga para a primeira amiga e ela diz: "menina, li no livro *Sex and the City* que os homens perdem o tesão por mulheres que vão com eles para a cama na primeira noite. A gente precisa esperar pelo menos três noites, diz ela." Então você pega a calcinha mais velha que tem. Já a colocou, quando a segunda amiga lhe telefona e diz. Então, finalmente vai sair com o cara, capricha na calcinha. Na calcinha, pensa você. Então a amiga diz: "você não vai perder a oportunidade de transar com aquele gato e, além do mais, homens detestam mulheres frescas, que ficam se fazendo de puras, quando estão louquinhas para dar." Se eu for com um homem, isso significa que eu quero dormir com ele? Pág. 160, *Sex and the City*.

O problema está montado, você tira a calcinha horrorosa e não consegue colocar a outra. Fica assim, pelada na frente do espelho, começa a enxergar as inúmeras estrias que, nesse momento, acabam de eclodir, percebe que a barriga cresceu algumas gramas e vem a vontade e chorar e nem sair. Esta é a questão: dar ou não dar. A pessoa dessas mulheres não tem mais um corpo, o corpo é que tem uma pessoa, frágil, tênue, morando dentro dele. O que se quer não está em jogo. O que realmente está em questão é agradar o pretendente. O sexo continua tendo disso: pode escravizar, destruir ou elevar. Uma pena que o sexo deixe de ser espontâneo e divertido. A mulher quer ser amada e amar, embora tenham que ralar nos haréns virtuais inventados pelos machos. A liberdade da mulher numa sociedade ignorante como a nossa, deu nisso: superobjetos pensando-se livres, mas aprisionados numa exterioridade corporal que apenas esconde pobres meninas, famintas de amor e dinheiro. A liberdade de mercado produziu um estranho e falso mercado de liberdade, Arnaldo Jabor, pág.143.

Como saber o que se passa com ele? Como saber se, após uma tórrida noite de amor, ele nunca mais aparecerá e você se culpe a vida toda, afinal de contas o que você fez. Deu para ele! Ou um pensamento pior ainda: foi ruim a sua performance e por isso ele não voltou mais. Você resolveu que nem por nada no mundo abriria as pernas e ele nunca mais ligou, e você se odeia, afinal o que você fez que não deu? Por que ficou de mocinha virgem e pura? Oh, dor! Pobres mulheres, que não tem saída. Como achar a medida e não se perder em promiscuidade, nem em repressões absurdas. "Quando se conhece um cara, minha regra para um primeiro encontro é: "nada de festas de arromba, é suicídio! Não se vista a rigor, não se empolgue muito. Não fique passeando pelo salão. Os homens gostam de se sentir confortáveis. É preciso incitar o aconchego. Fale sobre o que eles são, porque a autoimagem de um homem costuma equivaler ao que eram aos 14 anos", pág. 228, *Sex and the City*. Costumo dizer que, com tanta informação, estamos perdendo o nariz. Nem sabemos mais o que sentimos. Algumas vezes nem sabemos se está frio ou quente. Sempre precisa ter alguém para dizer como o tempo está. Não somos doces em bandejas, que os meninos ficam olhando, sem saber qual pegar. Melhor dizendo, somos o doce sim, mas não na bandeja.

Mulheres desativadas

"Você é tão jovem quanto a sua fé, tão velho quanto sua dúvida, tão jovem quanto a sua autoconfiança, tão velho quanto seu temor, tão jovem quanto sua esperança, tão velho quanto seu desânimo."

Samuel Ullman

"A Vida não é a que a gente viveu, mas a que a gente lembra e, como lembra dela, pode contá-la."

Gabriel Garcia Marques

As pessoas não têm ideia da dor de uma mulher, ao sentir-se desativada. Seja como mãe ou como esposa. Quando mulheres são desativadas como esposas, por uma situação de divórcio, ou por uma etapa de vida, sentem profundamente a dor da perda de seu papel. Além de amargar a dor da perda do outro, a solidão, ainda precisam elaborar o sentimento de serem consideradas obsoletas. Sem uso. Não se sentir mais necessária traz um sentimento de vazio enorme. Não raro, as mulheres tornam-se agressivas, com elas próprias, com os outros e, principalmente, deprimidas. Sentem-se desmotivadas, apáticas e sem vontade de fazer qualquer coisa. Afinal, nunca souberam cuidar de si, sempre viveram a vida dos outros. Ficar sem trabalho é visto como o mesmo que se tornar inútil. E ser inútil é o mesmo que não ter uma vida significativa. O psicoterapeuta Irvin Yalon diz que no âmago de toda pessoa há um eterno conflito entre o desejo de existir e a consciência da morte inevitável. A percepção de se sentir desativada reforça este sentimento.

Lendo um comentário de Carol, personagem do livro de Irvin D. Yalom, do livro *Mentiras no Divã*, fiquei pensando nesse aspecto, do que as mulheres fazem e deixam de fazer. A personagem do livro cita: "Fui uma mãe para ele, uma esposa, sacrifiquei-me por ele. E desisti de outros homens por ele. Fico doente só de pensar nos homens que eu podia ter tido", pág. 67. É dessa maneira que vem a dor das mulheres, ao serem dispensadas. Não somente o que os maridos fizeram mas, principalmente, o que elas deixaram de fazer. Assim, um sentimento parecido de traição ronda a cabeça de algumas mães, a respeito dos filhos. A jornalista Anna Quindlen, na Newsweek, diz: "a maternidade consiste principalmente em um transcendente trabalho de merda – ser mãe é padecer no paraíso."

Parece contraditório, mas está absolutamente certo. Como é que você pode amar tanto alguém, que a deixa fora de si, e que faz tantas e tão constantes exigências? Susan Forward pergunta: "Como é que você pode devotar-se a uma vocação, na qual tem certeza que será periférica, ou mesmo redundante? Como é que você pode aceitar alegremente a ideia de que você deixou de ser o centro de seu próprio universo?" pág. 219. A maioria das mulheres conta apenas com os relacionamentos íntimos para sua gratificação emocional. Susan Forward, pág. 271. Quanto menos vida independente uma mulher tem, mais sentimento de ser desativada ou de estar desativada ela terá. O poeta Mario Quintana escreve, em um de seus poemas: "Ah! Nunca a vida fez uma história mais triste do que um caminho que se perdeu..." Nesse momento temos uma dificuldade enorme de dar-nos conta de que somos muito mais do que nossas circunstâncias atuais.

O médico e neurocientista, Ivan Izquierdo, coloca que nossa memória é a prova de que todos fizemos e fazemos algo na vida. Todos somos alguém. Alguém que é quem é, porque lembra de certas coisas e não de outras. Cada um de nós é quem é porque tem suas próprias memórias, ou fragmentos de memória. Somos rigorosamente aquilo que lembramos, disse o pensador italiano Norberto Bobbio, 1909-2004. Se nada somos, além daquilo que recordamos, o que recordamos, ou a forma pela qual damos valor ao que recordamos, é de suma importância para o valor pessoal. A memória seria a prima-irmã da estima. Também podemos, através da memória, imaginar o passado muito melhor do que ele realmente era. Chamamos de antigamente um tempo que costumamos supervalorizar e atribuir virtudes que, na verdade, podem ter existido, assim, da forma pensada, somente contribuindo para incrementar a sensação de perda.

O ninho vazio é um grande problema enfrentado pela mulher que somente viveu para o lar, para o marido ou para os filhos. Ninho vazio é chamado o momento de entrar na fase onde os filhos estão crescidos e vão fazer suas vidas. Então torna-se desnecessário aquele cuidado básico da mulher. Ela se sente sem função, em casos mais graves não vê um por que continuar vivendo. Não vê um motivo suficientemente bom para acordar de manhã. "Uma vida monótona deprime até o sistema imunológico que é um sistema de luta, a mais pura luta de defesa da individualidade de que tenho notícia! Ele reconhece qualquer substância alheia a nosso corpo e, via de regra, consegue neutralizá-la", segundo Gaiarsa, 1997, pág.,118. A mulher, por si só, pode não se considerar um bom motivo para viver. Dessa forma, acabam sobrecarregando o relacionamento com excessos de exigência, necessidades e expectativas emocionais.

Muitas acabam, nesse período, já de filhos crescidos, engravidando novamente. A psiquiatra da Colômbia University, Ruth Moulton, criou o termo *Compulsão de criar filhos*. A psiquiatra ressalta que há mulheres que tem a maternidade a serviço da evitação, em relação ao mundo externo. Mesmo aquelas com grandes sonhos profissionais, muitas vezes, escondem-se atrás de uma gravidez para evitar entrar no mundo do trabalho e dos negócios. Cada vez que o filho está em condições de ficar sem seus cuidados básicos e que, portanto, ela, mulher, poderia retomar ou ingressar no mercado de trabalho, engravida novamente. Você nunca conheceu uma mulher super batalhadora profissionalmente, que casa, engravida e nunca mais retoma seu espaço? Temos conhecimentos de muitos casos, não é mesmo?

Em alguns casos, o casamento e os filhos funcionam como objeto de evitação do mundo exterior. E não como uma gratificação interna de ser mãe. No filme *Etham From*, a personagem principal afirma que o que deixa uma mulher feliz é o fato de necessitarem dela. Mas como sentir-se importante e de valor em tarefas que se tornam rotineiras?

Seja no lar ou no trabalho fora de casa, quantas mulheres realmente valorizam o que fazem no cotidiano? Lavar, passar, cozinhar todos os dias, cuidar de todo funcionamento da casa, que valor isto pode ter? Que valor pode ter ser uma mulher de negócios? Quantas mulheres o são? O que isto tem de importante? Creio que este é um grande medo da mulher da atualidade, e sua grande busca: escapar de ser desativada. Escapar de se sentir desativada e, consequentemente, sem valor. A mulher busca fazer parte do trio das meninas super poderosas. Uma mulher com força inesgotável, com disposição incalculável e motivação indescritível. Precisa estar agindo o tempo todo. Para que eu exista, preciso agir. Se não estou agindo, não tenho valor e, assim, não existo. Porém o efeito disso pode ser desastroso. Se for preciso provar-nos como heroínas, as salvadoras, é porque precisamos dizer: "Olhe como você precisa de mim", "Sem mim você não é nada", "Ah, como você precisa de mim." Na verdade, são boas maneiras de driblar a baixa autoestima.

Além de, muitas vezes, tornarem-se umas chatas, muitos homens acabam até irritados com tamanha dedicação. Alguns já relataram: "se eu quiser uma empregada, contrato uma." Ou ainda, lembro-me de uma crônica chocante, mas muito significativa, de Rubem Alves, onde escreve:

Atenção demais sufoca. Atenção demais irrita. Zelo e cuidado excessivo incomodam. Um dos motivos é porque o cuidado pode ser muito bem confundido com controle. Frases como: "a que horas você vem jantar? A que horas você chega, onde você está, quem são estes seus amigos? você já vai sair?" E assim por diante. A intenção pode ser boa e ter um resultado catastrófico. As escritoras Margaret Mark e Carol Pearson observam: "zelo é uma questão complexa, repleta de conflitos e sacrifícios, além do difícil desejo de apoiar sem sufocar", 2001, pág. 219, *O herói e o fora da lei*.

Muitas mulheres, quando dizem que seus maridos reclamam de controle, acabam deixando claro que somente estão cumprindo o que lhes foi ensinado, ou seja, a tarefa de cuidar. É dessa atitude de controle que alguns homens queixam-se de sentirem-se sufocados, e, assim, muitos procuram uma amante. Em algumas situações, é a única coisa particular e privada que têm. Veja bem, não estou falando nem do sexo, estou falando em ter algo da qual a mulher não faça parte. Outros homens acabam por privar a mulher de certos assuntos, fazendo com isso que as angústias femininas somente aumentem.

Quando pergunto a esses homens porque eles não comentam certas coisas com suas mulheres, eles me respondem: porque ela tem que saber de tudo? Geralmente eles acabam tendo um hobby do qual elas não possam fazer parte.

Clarissa Estés, pág. 582, utiliza o termo *jeito maléfico de ser gentil*, para designar o comportamento onde a mulher usa de artimanhas para agradar os outros. Ela instiga o outro para conseguir o que quer, pois acredita que de outro jeito não conseguiria. Ela concorda em não ser ela mesma, para obter benefícios. Esse funcionamento é um autoengano. É uma auto-traição, porque renuncia à própria defesa. É um poder ilusório de controle. Ninguém tem controle sobre nada se auto-abandonando.

Segundo Theodore Roosevelt: "É muito melhor arriscar coisas grandiosas, alcançar triunfo e glória, mesmo expondo-se à derrota, do que formar filas com os pobres de espírito. Estes, nem sequer sofrem muito, porque vivem naquela penumbra que não conhece a vitória nem a derrota." Pois eu diria que conhecem a derrota sim, quando se sentem desativados. Quando percebem que seus filhos podem ter a liberdade. Um exemplo pode ser desde o filho poder dormir na casa de um coleguinha suportando a falta da mãe, até o filho dizer que não almoçará no final de semana em casa, sendo que ficará com a namorada. A forma de não se sentir desativada e, consequentemente, abandonada e não deixando a si mesma para assumir apenas o papel de esposa ou de mãe, é poder ter uma vida fora dos afazeres. É saber que por trás do afazer, tem uma mulher. Podemos chegar a essa fase associando com velhice, passividade e ressentimento. Ou podemos dar as grandes viradas e acabar com o abandono aprendido. Negue-se a ficar velha e ranzinza. Autores colocam que é uma dádiva passar da posição de preciso trabalhar para a de quero trabalhar. Mexa-se ou renda-se. A mocidade é um presente, é grátis, afirma Art Linkletter. A futura velhice requer esforço. Tenha a folga merecida com saúde. Esforce-se para ser feliz.

Quem cuida da cuidadora?

"As pessoas são muito mais generosas e muito mais fortes do que supomos e, quando uma tragédia inesperada ocorre, muitas vezes, ganham estatura para muito além do que imaginamos. Devemos lembrar que as pessoas são capazes de grandeza e de coragem, mas não no isolamento, precisam das condições próprias de uma unidade humana, solidamente entrelaçada, onde cada um esteja preparado para assumir responsabilidade pelos outros."

Arcebispo Anthony Bloom

Você seria capaz de se deixar cuidar? Você seria capaz de receber colo? Você dirá: "óbvio!" Ou ainda: "é o que mais quero!". Pois vou dizer que não estou certa disso. Conheço uma mulher que nunca conseguiu deitar sua cabeça no peito de alguém. Sempre foi hábil em dar o colo seguro e apoiador, mas nunca soube receber. Mulher dá colo por natureza ou porque lhe é imposto? Clarissa Pinkola Estés, no livro *Mulheres que correm com os Lobos*, afirma que o complexo de ser tudo para todos ataca a competência da mulher e a incita a agir como se fosse a grande curandeira, o que é destrutivo para a psique. Há certa arrogância em sempre cuidar e em sempre querer cuidar. Sugere uma determinada idealização dos outros, o que pode ser um tiro no próprio pé. Homem dá colo, se lhe é pedido. Porém, grande parte das mulheres crê erroneamente que se pedirem algo já não vale ou não tem o mesmo valor, portanto, ficam geralmente sem o que gostariam. Colo também é preciso e deve ser pedido. Eu creio que cresci ligeiro demais, depressa demais para cuidar dos outros, assim como tantas outras cuidadoras deixaram de ser amadas, para amar.

Temos um grande problema que é imaginar e fazer uma comparação: pedir ajuda ataca a competência. Tampouco a mulher quer denegrir sua imagem de toda poderosa. Pedir ajuda, muitas vezes, é visto como sinônimo de vulnerabilidade e fragilidade. Dar ajuda é visto como sinônimo de poder. Acredito na segunda afirmação, mas discordo com veemência da primeira.

Simon Baron Cohen relata que as meninas, já aos 20 meses de idade, respondem com empatia ao sofrimento alheio, demonstrando interesse por meio de olhares de preocupação, vocalizações de simpatia e comportamento solidário. Quando elas crescem não mudam muito não. Passados 20 anos, as mesmas meninas continuam preocupadas com todas as amigas e colegas de trabalho. Desta forma, também, são mais generosas em seus julgamentos em relação às outras pessoas. Cuidam mais do que dizem, agem com o intuito de não magoar. Entra de novo aqui a capacidade de empatia.

Algumas mulheres acreditam funcionar como posto de gasolina, sempre abastecendo. Algumas nem se dão conta que assumem esse papel. Como crianças pequenas, acreditam que a gasolina nasce da terra. A mulher não se dá conta de que, se quer abastecer, precisa sentir-se abastecida. "Queremos ser e fingimos ser uma fonte ilimitada para os outros. Nenhuma fonte, com tempo de uso, não secará. Não podemos ser as inesgotáveis. Tornamo-nos, assim, negativamente perfeccionistas. O psiquiatra Gaiarsa provoca dizendo: "o primeiro passo para você, minha senhora, começar a se comunicar de verdade com seus filhos, é esquecer a encenação da mãe que sabe e resolve tudo. Você já pensou quanto lhe custa essa glória", pág. 143. Porém, a ladainha, em relação aos filhos, sai como uma reza de pedidos, que nunca são escutados. Pelo contrário, muitas vezes, irrita filhos e marido. O que mais atrapalha é a diferença entre controle e cuidado. Ninguém pode controlar tudo o tempo todo.

A mulher, no intuito de moldar-se às necessidades, está sujeita a se auto-agredir tentando, desesperadamente, enquadrar-se no que acredita ser necessário. Lembro-me de uma história onde o enquadrar-se fica muito bem explanado:

Uma pessoa veio a um alfaiate para experimentar um terno. Em frente ao espelho, ele notou que o colete estava um pouco irregular, na parte inferior. Ora, disse o alfaiate, não se preocupe com isso, é só você puxar a ponta mais curta com a mão esquerda e ninguém vai notar. Enquanto fazia isso, o cliente notou que a lapela do paletó estava com a ponta enrolada, em vez de estar rente.

Isso? Perguntou o alfaiate, isso não é nada. É só virar a cabeça um pouquinho e segurar a lapela no lugar com o queixo.

O freguês obedeceu e, quando o fez, observou que a costura de entre-pernas estava meio curta e que o gancho lhe parecia um pouco apertado demais.

– Ora, nem pense nisso. Puxe o gancho para baixo com a mão direita e tudo vai ficar perfeito. O freguês concordou e comprou o terno.

No dia seguinte, o homem estreou o terno com todas as alterações de queixo e mãos. Enquanto ia mancando pelo parque, com o queixo segurando a lapela no lugar, uma das mãos puxando o colete e a outra agarrada ao gancho, dois velhos pararam de jogar damas para vê-lo passando com dificuldades. Meu Deus, disse o primeiro! Veja aquele pobre aleijado.

O segundo homem refletiu por um instante, antes de sussurrar. É, ele é bem aleijado mesmo, mas sabe o que eu queria saber, onde será que ele comprou um terno tão elegante? Assim somos nós, mulheres, que concordamos em ficar totalmente aleijadas, em prol de manter-se impecável.

Difícil ser mimada, se sempre nos adequamos e não demonstramos nossa fragilidade e que gostamos do cuidado. Acreditem: homem gosta de paparicar. Muitas mulheres não acreditam nisso. Para alguns homens, afirma John T. Molloy, 2005, em livro já citado: "mimar as mulheres faz parte do processo, portanto, devem relaxar e gozar." Ele ficará feliz se estiver fazendo você feliz. As mulheres são treinadas para entregarem a rédea da própria vida ao homem que irá protegê-las, para esperar que a solução de seus problemas opere-se fora delas.

Na verdade, lendo o livro de Marina Colasanti, 1984, *E Por Falar em Amor*, encontrei uma redefinição para o que eu pensava sobre poder. Ela afirma que quando o poder solucionador é entregue ao homem, ele lhe dá vida. Algo como a *Lâmpada de Aladim*: O gênio aparece e, com seus poderes mágicos, realiza todos os seus sonhos. Mas Aladim é o dono da lâmpada, é o dono do gênio, que só pode aparecer quando chamado. E isso o torna mais poderoso do que o gênio. Afirmar a um homem que ele é dispensável não é uma boa ideia, para quem quer manter o seu. George S. Clason, 2005, no livro *O Homem mais Rico da Babilônia*: "Cuidar adequadamente de uma esposa leal, confere auto-respeito ao coração de um homem e propicia força e determinação a seus propósitos", pág. 111.

Alguns homens, hoje em dia, até afirmam que gostam quando suas mulheres se negam a fazer certas tarefas domésticas. É como se estas conquistassem mais respeito. Veja bem, não estou querendo dizer que você não deva demonstrar suas habilidades domésticas. Apenas afirmo que homens pagam pelo serviço doméstico ou eles mesmos o fazem. Homens gostam de mulheres que se respeitam. Quando uma mulher vira serviçal fica muito fácil que o homem perca o respeito por ela. Mulheres que se deixam menosprezar e serem tratadas como empregadas, por seus maridos e pelos familiares dele, quase sempre ganham o efeito contrário do que gostariam. Ao invés de serem reconhecidas, passam a ser humilhadas.

Certa vez, quando comentei com meu marido que não tinha muitas habilidades culinárias, ele respondeu: "Não me casaria com uma cozinheira." A maioria das mulheres que os homens pensam e escolhem para casar, ao mesmo tempo, são mulheres que os tratam com carinho, ao mesmo tempo exigem ser tratadas da mesma forma. Elas podem, num momento levar o café na cama, mas sabem exigir reciprocidade.

"A compulsão das mulheres, no sentido de tudo curar, tudo consertar, é uma importante armadilha formada pelas exigências a nós impostas." Diz Clarissa Estés, 1994, pág. 354, os homens da atualidade não querem serviçais, pagam empregadas para isso. Mas querem mulheres que possam estar dispostas a demonstrar afeto e a cuidá-los, caso seja necessário. Sentir que uma mulher se preocupa com seu marido a torna especial, mas sentir que uma mulher vive a vida do seu marido a torna uma escrava.

É frequente a ideia de que o zelo só é importante quando direcionado para as crianças, os idosos, os doentes e os pobres. Mas a verdade é que "todo o nosso bem estar também depende de certo zelo contínuo, por trás do pano, que se tornou quase invisível na vida contemporânea", 2001, pág. 226, *O herói e o fora da lei*. E esse cuidado não diz respeito à questão de gênero.

Mas como regra, afirma o médico Dráuzio Varella, as mulheres são muito mais solidárias com os homens doentes do que eles com elas. Ele afirma que no consultório, de cada dez mulheres que comparecem regularmente para receber quimioterapia, no máximo uma vem acompanhada do marido ou por um filho, nove chegam sozinhas ou com outra mulher ao lado. Nos hospitais o fenômeno se repete, raro ver um homem fazer companhia a uma paciente, em tempo integral, pág. 170. Em uma frase, que infelizmente não recordo o autor, mas que mantive anotada: "Ter a presença de uma pessoa que se mostre receptiva à nossa dor faz toda a diferença do mundo". Dano causa trauma quando ninguém está por perto para nos socorrer, dando a impressão de que somos fracos, incompetentes, defeituosos e perseguidos. O tempo, por si só, não cura nada. Os demônios que nos atormentam vivem escondidos dentro de nós e sempre dão um jeito de se manifestar.

A maior semelhança é que, os homens e as mulheres que se recolhem a uma posição propiciadora, ao incluir todas as demais pessoas e sua vida no elenco de estrelas, estão os dois, matando com delicadeza. Ou seja, ao devotar sua vida a cuidar dos outros, eles desenvolvem a superioridade moral do masoquista ou a crença de que todos as outras pessoas são idiotas. Em resumo, eles são mártires profissionais, cuja alegria secreta é fazer com que os outros sintam-se endividados, culpados e pouco à vontade. Então, por trás de seus inacreditáveis atos de bondade, há inacreditáveis sentimentos de raiva, pág.174, Alon Gratch, 2001. A solidariedade tem muito a ver como fonte de alta valorização. Vem daí a extrema dificuldade em liderar e delegar certas coisas. Se eu mesma faço, porque darei a outros para fazer?

Por outro lado, o que a mulher não sabia é que a capacidade de servir, hoje seria exaltada por todos os consultores da atualidade. Eles apontam que para haver liderança é preciso primeiramente saber servir. Quem sabe não seja este o grande referencial feminino? A capacidade de servir? "Quem quiser ser líder deve primeiro ser servidor. Se você quiser liderar deve saber servir", *Jesus Cristo, o Monge e o executivo*, pág.57. Porém, não podemos confundir servir com ser usada. O limite é muito pequeno entre poder ajudar e ser usado. Eu diria que tem ocasiões em que as duas situações são quase similares. Porém, creio que há uma revolução silenciosa. "Os prestativos de hoje não querem ser perdedores", gente fácil de derrotar. Eles estão dispostos a ser duros, quando for preciso. Esperam ser respeitados e enfurecem-se quando são desprezados. O velho mártir já era e, em seu lugar, existe uma aspiração mais equilibrada: dar e receber, cuidar dos outros e ser cuidado pelos outros, *O herói e o fora da lei*, 2001, pág. 232, Margaret Mark e Carol S Pearson. Mas ainda tenho minhas dúvidas sobre esse assunto, quando pensamos em mulheres. Acredito que o caminho já está sendo percorrido para esta conquista, mas também vejo um caminho longo.

Se você tem um perfil de cuidadora, aquela pessoa que está sempre pronta para ajudar, é importante poder questionar se você faz isso para que gostem de você ou, simplesmente, porque quer ajudar. No caso de ser a primeira afirmação, busque ajuda é para você.

Tanta cobrança tem gerado vários sintomas somáticos nas mulheres. Vão de urticária, queda de cabelo, problemas estomacais, excesso ou falta de apetite, insônia, cansaço, desmotivação, tristeza, pressão alta, problemas vasculares, tendinites, problemas nas articulações, mas, sem dúvida, estamos progredindo. Fumamos mais, bebemos mais, dormimos menos e estamos, cada vez mais, ficando com cara de bunda.

Mulheres com caras de bundas

"A primeira coisa que voa pela janela quando estamos assoberbadas de responsabilidades é o nosso senso de humor".

Mary LoVERDE

Têm pessoas que parecem que já nascem com cara de bunda, outras acabam, ao longo da vida, ficando com cara de bunda, outras imitam o pai ou a mãe, que tem cara de bunda, outras ficam, às vezes, com cara de bunda e outros sempre tem cara de bunda. O que é cara de bunda? Também é conhecido por cara de quem comeu e não gostou, cara de quem está de mal com a vida, cara de quem está com fome. Uma coisa é certa: todos podem deixar de ter cara de bunda. Não requer plástica , nem mágica. Requer sifragól, consciência e querer mudar.

Qual o motivo para isso? O motivo é que tenho certeza que a cara de bunda poderia viver melhor. As pessoas teriam mais estima por ela, mais carinho, mais desejo de estar com ela. O marido da cara de bunda ficaria orgulhoso, não ficaria constrangido. Não é por nada que o cara de bunda também é conhecido por cara de poucos amigos. Você pode me dizer, estou nem aí para os outros, coisa tipicamente adolescente, mas digo que, se você quiser além da alegria de ter pessoas que te querem bem, ter maior sucesso profissionalmente, sem dúvida, perca a sua cara de bunda. Ricardo Jordão Magalhães, presidente da Bizrevolution, afirmou que 85% do que usamos foi indicado por um ser humano, não por um marketeiro ou vendedor. Isto significa que não adianta apenas você ser um bom profissional, entender muito bem do conteúdo da sua função. É preciso empatia, simpatia, capricho no trato com o outro.

Vamos imaginar que você seja um profissional liberal. Você entende muita da sua profissão e isto é sabido, porém você tem cara de bunda, o que acontece? Quando você inicia um trabalho, a princípio, todos indicam, até por uma questão de respeito, já que você pediu indicação, por facilidade de acesso, porque você é conhecida de alguém e outros. Se a pessoa for atendida com cara de bunda, até virá numa segunda vez, numa nova tentativa, mas na terceira vez, além de não vir mais, ainda sairá dizendo: era um bom profissional, mas tinha cara de bunda. Para os outros profissionais é vantagem que você tenha cara de bunda, isto significa que o prejudicado é somente você e os seus. Não se confunda achando que tem que ser queridinha, pois hipocrisia o cliente vê de longe e, cá entre nós, nós também vemos, não é mesmo?

Também é preciso fazer uma distinção entre um humor descabido e destrutivo do humor da espirituosidade. Aristóteles, *Ética a Nicômaco*, livro 4, colocou: "As pessoas, porém, que gracejam com bom gosto, são chamadas espirituosas, ou seja, dotadas de presença de espírito, que se traduz em repentes pertinentes; tais repentes são considerados movimentos do caráter e, da mesma forma que o corpo é apreciado por seus movimentos, o caráter também o é. Gabriel Chalita, em seu livro *Os dez Mandamentos da Ética,* pág. 103, escreve: "Uma total falta de humor torna uma pessoa enfadonha e indisposta ao convívio social, dando origem a uma situação de isolamento na comunidade, além, é claro, do aborrecimento geral."

Mulheres, seus projetos e naufrágios

"Você não pode conseguir sempre o que quer, mas se você tentar em outro dia pode ser que descubra que consiga o que precisava".

Rolling Stones

Você pode já ter vivido esta situação: a amiga chega, faz uma proposta tentadora de sociedade para abrir um negócio e você, com toda a culpa de nunca ter feito nada, ou de estar sem um trabalho externo, aceita e, cheia de boas intenções, resolve levar em frente a ideia. Porém, sem ações a intenção não é nada.

Intenções – ações = nada. A estrada para o inferno é pavimentada de boas intenções, cita James Hunter, no livro *O Monge e o Executivo*, pág. 69. Muitos projetos acabam não dando certo porque falta a ação e, muitas vezes, o conhecimento para iniciar um negócio. As mulheres são peritas em dar um jeitinho em tudo, mas isso não funciona quanto o assunto é montar um negócio. Muitas mulheres, quando criam um negócio, ainda se encontram presas às pessoas a quem serviam. Não conseguem desligar-se um minuto da equação filhos, casa e vida profissional.

Conheço uma pessoa que, por estar numa empresa familiar, não tem maiores problemas com o chefe que é sócio do marido. Pelo menos cinco vezes ao dia o filho telefona para assuntos banais. Certa vez, quando foi questionada sobre isso, disse: "Não consigo não atendê-lo à toda hora, o que me custa muito tempo de concentração. Mas se não o atendo sinto-me uma má mãe. Acabo não rendendo no trabalho e não ficando com ele." Por mais bem qualificada e competente que uma mulher possa ser, muitas vezes é difícil tirar a roupagem de mãe. Certa vez um paciente comentava que teria que demitir a secretária.

Falou que não suportava o cheiro de cebola dela todo dia ao amanhecer, uma vez que ela deixava o almoço preparado para a família.

O filósofo Dinamarquês Kierkegaard disse "não tomar uma decisão já é uma decisão." Não fazer uma escolha já é uma escolha. Portanto, não adianta fazer uma escolha somente por parecer escolher. Projetos, para darem certo, precisam da mente e da ação em sintonia. Isso depois de um objetivo traçado. Muitas mulheres querem sair correndo para fazer qualquer coisa. Quando pergunto onde querem ir ou o que querem com isso, muitas não sabem responder. Se você está na direção errada, não adianta correr. Velocidade menos precisão dificilmente é uma boa forma de sucesso. Muita gente me diz que é muito desorganizada para ter um negócio, mas mesmo assim eu prefiro, como li certa vez, uma atividade desorganizada do que uma inatividade organizada. Um dos grandes problemas é quando a pessoa visualiza uma grande possibilidade e fica cega para com o que está percorrendo. Vou tentar ser mais clara, contando uma pequena parábola do livro *Por favor ajude-me com essa família*, de Mauricio Andolfi, 1998: "Algumas pessoas sobem em uma árvore para pegar uma maçã. Elas estão muito contentes enquanto vão subindo, cada vez mais alto, e tudo vai indo muito bem.Têm certeza de que vão pegar a maçã, mas não percebem que a mesma pertence à árvore ao lado". Falando de maneira simples, os passos estão certos, mas não vão resultar, necessariamente, na solução correta ou na melhor solução melhor, pág. 197.

Para começar qualquer negócio é preciso estar pronto para o que se quer. Não necessariamente ter a certeza do que se quer, mas estar certo da necessidade de investimento, caso contrário, já nasce fadado ao insucesso. Um bom começo geralmente faz um bom fim, diz um provérbio chinês. Fazer alianças é fundamental quando se quer investir em qualquer segmento. Em curto prazo pode até não representar muita coisa. Mas garanto que a longo prazo as alianças que fizemos podem fazer a grande diferença entre um negócio dar certo e ter sucesso ou fracassar.

O sucesso é, muitas vezes, motivado por esse tipo de medo, a sensação de que poderia não dar certo. "Quanto mais sucesso se faz, mais há para perder. Portanto, paradoxalmente, o sucesso do sobrevivente não lhe garante uma sensação de segurança", Gratch, 2001, pág. 231, *Se os homens falassem*. A palavra sucesso vem do verbo suceder, que significa simplesmente vir depois de, acontecer em consequência de. Ser bem sucedido, fazer sucesso é sempre consequência de algo bem feito. Porém, neste caso, aparece outro problema, o desejo de confiança que justamente acaba prejudicando a exatidão da tomada de decisões. Eles e, afirmo, mais elas, injetam as informações extras na equação já superlotada que estão construindo em suas cabeças e acabam ficando ainda mais confusos, afirma Malcolm Gladwell, em seu livro *Blink*.

Vale também você, que é subordinada, prestar atenção nesse aspecto: Não trate o chefe como o papai. Ele, com certeza, não está preocupado com o desempenho da filhinha. Ele quer o melhor, que significa produtividade, e somente isso. Não perca tempo querendo agradar, mais vale a investida em fazer certo e bem. Ele não é e nunca será o papai. Nem o pai bom, nem o pai ruim. Será simplesmente o chefe. Ficar à espera de consideração não é um bom negócio.

Se você quer ter um projeto de sucesso precisa lutar contra outro grande problema: a preguiça. A preguiça, associada à falta de disciplina e motivação são geralmente expressas em pretensas justificativas "eu não tenho tempo para estudar, eu não tenho tempo para fazer mais, eu não tenho tempo para prosperar". O paradoxo do tempo, pelo escritor francês Jean Louis Servan-Sreiber, empresário francês, em *A arte do tempo*:

"É que são raros os que acreditam ter o tempo suficiente, embora todos tenham a sua totalidade. Como todo recurso, o tempo está disponível e destinado a ser usado. E o recurso mais democraticamente repartido: o poderoso ou o miserável, o trabalhador ou o vagabundo, o inteligente ou o burro, cada um estritamente o mesmo tempo à disposição. O tempo é o único bem não renovável. Ao contrário dos outros recursos ele não pode ser comprado ou vendido, emprestado ou roubado, estocado ou economizado, fabricado ou substituído, multiplicado ou modificado. Só serve para ser usado. E, se não o gastamos, ele desaparece da mesma forma. Dominar o tempo é dominar a si mesmo. Pior para aqueles que esperam por milagres e acreditam que Deus é brasileiro."

A qualidade nunca se obtém por acaso, ela é sempre resultado do esforço inteligente. É você quem tem que alcançar os resultados e atingir os objetivos que propôs para si na vida. Ninguém pode fazer isso em seu lugar.

Faça um prognóstico das suas dificuldades. É preciso conhecer-se. Antes de gerenciar qualquer coisa, gerencie primeiro a sua cabeça. A essa altura, você já se deu conta que a tendência a agir como menininha em negócios não funciona. Assim, se for chefiar alguma coisa, primeiramente a postura deve ser observada. Caso contrário, mesmo na frente de subordinados, você vai gaguejar e parecer que a dona é sua funcionária e não você. Não espere procurar ajuda caso sinta que isso seja uma possibilidade. Não adianta somente se dar conta, é preciso uma postura de dona e de respeito para poder chefiar qualquer projeto. Eu acredito que a maior liderança e poder que podemos criar é montarmos uma identidade bem definida de quem somos e do que fazemos.

Procure não perder tempo fixando-se o tempo todo em problemas, encontre soluções. Muitas vezes as soluções são óbvias e, como temos a mania de complicar as coisas, acabamos por não percebê-las. Cuide com o pessimismo. Ele acaba com qualquer projeto e com qualquer busca de solução. Se você pensar num projeto e colocar como tempero o que chamamos de espírito de porco, com certeza ficará desmotivada. Espírito de porco é aquele pensamento que sempre põe você para baixo. O pessimismo, aliado ao espírito de porco é paralisante. Ficamos acovardados quando nosso pensamento futuro é catastrófico. Considerar problemas é fundamental, mas ficar alimentando-os é auto-sabotagem. É como por areia no motor. É tirar a motivação e a fé de si mesmo e do que acredita. Muitas coisas não darão certas porque é normal que não dêem, mas para a mulher, quando alguma coisa não dá certo, logo acredita que a culpa é dela. Acredita que foi um erro pessoal que ocasionou o problema. A nossa forma de ver os nossos atos ou a forma como os avaliamos pode destruir ou construir a nossa confiança. Alexandre o Grande, que não canso de citar: " a coragem que vem de nossas próprias convicções é inabalável. E demonstrar estas convicções é igualmente importante", *A Sabedoria de Alexandre, o Grande*, pág. 136.

Esteja atenta quando lhe oferecerem um negócio, no sentido de examinar se é algo que você quer e que teria possibilidade de retorno e progresso, ou se é apenas uma forma de ocupar-se. Muitos maridos são peritos em arrumar coisas para as mulheres fazer, ou melhor, ocupar-se. Na maioria das situações, esses projetos nunca dão certo, porque não era algo desejado ou pensado. Toda vez que surge um projeto, você precisa se perguntar: tenho habilidades e vontade em relação ao que está sendo proposto?

Principalmente, é importante perguntar-nos se o que pretendemos desenvolver é do nosso conhecimento. Não adianta você querer ser uma criadora de vacas, se nunca ouviu a respeito disso, ou se nunca teve conhecimento a esse respeito, mesmo, aparentemente, sendo um bom negócio. Outra coisa a questionar é: vou melhorar meu padrão de vida, ou vou aliviar a minha consciência e a de quem me rodeia? O que tenho a perder? Dificilmente, uma mulher pensa no que ela tem a perder. Você conhece aquela amiga que o marido, depois do caso que teve com a secretária, lhe oferece uma loja de roupas femininas, para que ela se ocupe e pare de pensar no que ocorreu? Afinal, o que aconteceu, agora são águas passadas.

Projetos talentos e seu nome

"Somos livres para sermos qualquer coisa, exceto não livres".

Irvin Yalon

Voltando à questão dos projetos é importante que você descubra quais são suas habilidades. Tenho certeza que, antes de ser mãe ou esposa, já era um indivíduo que tinha talentos e habilidades que podem estar na gaveta, sem serem usados. O que somos é nossa maior marca. Nosso jeito, nossa maneira de fazer as coisas. Sempre acreditei que minha mãe fosse uma excelente administradora. Não pelo fato de saber que, quando jovem, havia administrado um hotel. É que ela sabe transformar uma galinha em seis refeições. Coisa que considero extraordinária.

Toda mulher tem problema com aparecer, aprendemos desde cedo. Na maioria das vezes, o que não falta para as mulheres é qualidade em seu trabalho mas, na hora de saber vender-se, é outra história. Escondem-se, como já vimos, por trás dos bastidores, o que dificulta, em muito, promoções e o reconhecimento do trabalho. O doutor Bruce Heller, presidente da empresa de consultoria Strategic Leadership Solutions, sediada na Califórnia, orienta profissionais para pensar em si como marcas a serem vendidas. Dizer isso a uma mulher é quase uma heresia. Então façamos de uma maneira mais simples: o que você sabe fazer? Eu sei que um grande diferencial meu não está na minha formação acadêmica. A minha formação pessoal começou bem cedo, quando gravava vinhetas de comerciais de propaganda para a rádio. Depois, fui palhaça nas ruas distribuindo panfletos. Meu marido costuma brincar que, hoje em dia, somente não entrego mais panfletos e não estou mais vestida de palhaça, mas que continuo a mesma.

Sem dúvida, isso me ajudou um bocado em colocar o bom humor na minha vida e no meu trabalho. Este exemplo é somente para que você comece a aprender a valorizar o que sabe fazer e a mostrar aos outros. Tirar da gaveta seus projetos, seus escritos e tenho certeza que podes ter um livro aí, engavetado. Mostre-os. Sabendo, principalmente, que não está fazendo isso para os outros, mas para você. Tenho certeza de que você poderá ser muito útil para as outras pessoas. se colocar seus projetos em ação. Dê uma chance para você mesma e para os outros para verem e descobrirem você. Li numa revista que nunca deve-se usar o diminutivo ou um apelido para referir-se a si próprio. Bem, levei um choque, afinal eu sou Maria Cristina Friedrichs Manfro, conhecida simplesmente como a Cris. Foi então que comecei a pensar no assunto de como os outros referem-se a nós.

Estudiosos afirmam que todo diminutivo ou adjetivo carinhoso tem a tendência a diminuir a pessoa. Eles afirmam que, mesmo quando é uma maneira carinhosa de se referir a alguém, tem uma conotação que reduz sua importância. Comecei a prestar a atenção nesse detalhe e percebi que não conheço muitos homens que usam o diminutivo tirando a questão do Jr.

Na verdade, o diminutivo, na maioria das vezes, é usado para as mulheres ou então é usado um adjetivo gentil, mas que somente também faz desvalorizar a profissional que muitas mulheres são. Tenho cuidado no consultório e tenho mudado quando o assunto é referir-me ao Dr. Fulano de tal, com nome e sobrenome e me dirigir a uma mulher simplesmente como querida. A princesinha do pai, a lindinha da mamãe tem nome fora do lar. Um nome completo e que pode dizer muito a respeito de si mesma. Falando nisso, claro que meu nome não poderia ser outro do que Maria Cristina, ou seja, Maria: referência ao nome de Nossa Senhora e Cristina que significa filha de Cristo, em resumo a salvadora. Pudera que diminui para Cris mesmo. Quem sabe você também possa pensar um pouco em como as pessoas referem-se em relação a você. Sabe-se lá o que poderá descobrir.

Tenha coragem de aventurar-se em novos caminhos. Como a palavra diz, aventurar-se pode ser muito bom. Cheio de emoções. Acuse-se quando souber que na empresa em que trabalha tem alguma vaga que está prestes a ser aberta, ou quando uma promoção parecer surgir. Use a sua voz. Mostre-se com vontade e com preparo para assumir novas dificuldades e novos projetos. Caso tenha dificuldade em mostrar suas habilidades, talentos, contrate um profissional adequado para o caso. Existem pessoas especializadas em marketing pessoal. Sempre tenho vontade de contratar uma dessas pessoas e sempre morro de vergonha. Isso mesmo. Lá venho eu julgar meu eu, quando penso em me expor. Meu primeiro livro foi assim. Sentia vergonha de contar às pessoas que não me conheciam que eu tinha um livro. Acredite, se quiser. Não levava os livros às livrarias, porque ficava constrangida em pedir para que expusessem-no.

Nunca esqueça que marketing requer consistência. Quanto mais consistência e marketing, maiores serão suas possibilidades. Depois me escreva contando tudo aquilo que já conseguiu. Pode ser desde vender um trabalho manual, como um crochê feito num pano de prato, que somente você sabe fazer, a tornar-se uma diretora de uma empresa. É engraçado, mas percebo que muitas vezes é mais fácil para os outros acreditarem e apostarem nas mulheres, do que elas próprias. Lembro-me que, quando Carlos Arturo Molina-Loza falou em publicar meu primeiro livro, o que veio acompanhando minha felicidade era um sentimento de desconforto e o pensamento eu? Livro? Um livro meu? Ele era motivador e dizia: "Claro, já é um sucesso." Tenho que confessar que eu adoro meu primeiro livro, mas, ao mesmo tempo, vejo que ele poderia ter sido muito mais respeitado por mim. Mostrando-o mais efetivamente, falando dele, procurando pessoas especializadas que pudessem fazê-lo crescer, mas aí eu teria que estar disposta a aguentar essa exposição. Sucesso, afirma Lois P. Frankel, já citada, tem 90% de visibilidade.

Mulheres Joanas D'Arc, Santas ou Loucas?

Acredite, no interior de onde venho, costumamos dar nomes aos bois, não é uma metáfora não. Falo de bois mesmo e isso inclui também as vacas, geralmente chamadas de Rosa ou Mimosa. Herdei essa mania de rebatizar todos à volta e, claro que não escapariam meus pacientes. Se eles gostam ou não, a verdade é que funciona, quando o assunto é podermos comparar o nome recebido às suas características. De um tempo para cá percebi que eu tinha mais do que uma Joana, Joana D'Arc, para ser mais exata. Dei-me conta que eu era e sou uma privilegiada, de conhecer uma legião de guerreiras que lembram em tudo a personagem histórica. Lembram-me na maneira destemida de lutar, no cansaço aparentemente inexistente, na ousadia, valentia, no choro contido e na certeza de não desistir. Lembram-me na ausência da dor, superada pela certeza de ter que continuar. Justiceiras obstinadas pelo que é certo ou errado, justo ou não justo, são determinadas. Feridas nem sempre percebem, até que alguém lhes aponte ou que sucumbam em dor. Gaiarsa, no livro *Briga de Casal*, mostra que este é o primeiro dogma falso, o primeiro dos preconceitos do convício social: "estamos todos convictos de que, se for preciso ou conveniente disfarçar emoções, nada mais simples – é só disfarçar!"

Conta a história que Joana D'Arc, aos 17 anos, junto com suas tropas, libertaram a cidade de Orléans, em 1429. Mulheres mais velhas também tem lugar importante na história. De acordo com *O Código Beneditino de Liderança,* de Craig S. Galbraith e Oliver Galbraith, pág. 38, a famosa poetisa Sappho, 605 A .C, não era mais uma jovem quando deu início à sociedade para mulheres na ilha de Lesbos. A rainha Boudicca, dos Icenos, era uma mulher viúva de meia idade, mãe de filhas adultas quando liderou uma revolta britânica contra os invasores romanos, em 61 D.C. Mas, voltando à Joana D'Arc, contam que, em uma batalha, ela grita com sua espada em punho, enfaticamente: "Avante... Vamos... Em frente...", ao que seu leal escudeiro tenta chamar-lhe a atenção. Como ela não lhe dá ouvidos, ele lhe dá um tapa, como forma de despertá-la de sua luta obstinada e diz: "Olha para ti".

Então Joana para e percebe que tem uma lança cravada no peito. Uma lança! Somente, então, esmorece. Ao despertar, é o tempo de empunhar sua espada novamente e gritar: "avante!"

Já sei. Você acaba de se dar conta que também conhece algumas Joanas. Você pode ser casado com uma delas? Você é uma delas? Tirando a questão heróica, minha preocupação é o destino das Joanas. Ficam num misto de santas e loucas. Recentemente, a igreja católica canonizou Joana D'Arc. Mas isso não vem ao caso, porque independente da postura de santa ou louca, o destino geralmente é o mesmo: a fogueira.

Esse é o grande dilema das mulheres da atualidade, achar o meio termo: nem santas, nem loucas. Não é fácil encontrar o equilíbrio que leva à verdadeira conquista, principalmente da liberdade e da paz. Essa tomada de consciência é fundamental para a própria proteção e para as conquistas que estão por vir, que requerem guerreiras, como somente muitas mulheres sabem ser. É difícil, em algumas situações, para as mulheres, entender que guerreiro destruído não serve a ninguém, tão pouco a si mesmo.

É preciso ter cuidado com grandes viradas de mesa, elas precisam ser pensadas e trabalhadas. Ute Ehrhardt fala-nos que não é da noite para o dia que uma pessoa insegura, hesitante e indecisa se torna uma heroína corajosa. Tentativas de pouco fôlego ou saltos ousados não são recomendáveis. Não adianta querer, de um dia para o outro, sair pedalando pelo mundo, se você não está preparada para isso.

"Sou apenas uma coleção de espelhos, refletindo o que os outros esperam de mim e nunca criando ou vivendo minha própria vida".

Rollo May em seu trabalho: Man's Search for himself.

Mulher e as forças ocultas do além

"Dizem que sou um cara de sorte... Só sei que, quanto mais me esforço, mais sorte tenho."

Jack Nklaus

Muitas pacientes chegam ao meu consultório, depois de primeiro terem passado pelas mãos de uma cartomante, vidente, astróloga, pai-de-santo e outras formas de previsão. Quem não gostaria de saber se existe um moreno a nossa espera na próxima lua? Algumas mulheres sentem-se beneficiadas com as muitas possibilidades das cartas, principalmente se o profissional sabe vender bem o seu peixe e dar uma polidinha no ego do cliente, com coisas do tipo: Sim, ele deixará a esposa, é somente uma questão de tempo. Agora não é o momento para vocês.

Ficar juntos, mas é claro que ficarão, quando a lua estiver em netuno. O sol está a favor, mercúrio está em Vênus, você está entrando na décima casa, etc... Não queremos a dúvida, buscamos certezas. Mario Quintana apontava muito bem esse assunto, em seu poema *Da dúvida*: "Felizmente parece que o Além não resolve coisa alguma, e a confusão continua a mesma, senão maior... Posso, pois, morrer descansado e levar os meus problemas comigo, que não me faltará distração...", 2005, pág.86.

Gutemberg B. de Macedo, pág. 155, comenta que a história de sucesso de empreendedores que honram a humanidade, com suas realizações, revela sempre a saga de homens e mulheres que não acreditam em destino, mas em seu talento e capacidade e, acima de tudo, no trabalho duro e persistente, realizado com paixão e disciplina. Não pense que estou condenando toda e qualquer forma de magia. Pelo contrário, se você beneficia-se por ela, isso é que conta. E jura que eu já não fui? Porém, não podemos colocar o futuro de forma tão simplista. Os astros querem ou não minha felicidade, ou então, a maré está favorável ou não. Principalmente, quando o assunto é amor e sucesso profissional. Mitch Albom, em *A Última Grande Lição, O sentido da Vida,* pág. 62, coloca: "...Muitas pessoas que conheço passam muitas horas úteis do dia lamentando-se da sorte. Como seria bom se pudessem estabelecer um limite diário às lamúrias."

Eu diria além, que a autopiedade em relação à sorte exime a pessoa da responsabilidade pelo seus atos. Iara Camarata Anton, pág. 81, cita que, quando a vida se encaminha por rumos sombrios, surge forte a inclinação por explicações de ordem sobrenatural, de modo a atribuir à má sorte e a um destino pré-fixado, escrito nas estrelas, as frustrações que se sucedem. As pessoas defendem-se do terror que se lhes representa serem as autoras da própria história, responsáveis, em grande parte, por suas escolhas, seus sucessos e fracassos. Assumir a autoria de realizações desastradas produz graves danos ao narcisismo e, principalmente, acentua as impressões de impotência, podendo gerar um verdadeiro estado de pânico em indivíduos que não estão aptos a compreender suas motivações pessoais, sua força e seu poder.

Maria Helena Matarazzo, em *Namorantes*, afirma: "é preciso ter cuidado para não criar um trio infernal: você, o outro e a magia." Crescemos acreditando em profecias e superstições. As histórias infantis estão repletas delas. Um bom exemplo é o da Bela Adormecida, onde uma bruxa anuncia que, aos quinze anos, ela furará o dedo com uma roca e morrerá, ao que uma bela fada, amenizando o encanto, diz que ela somente dormirá por cem anos, mas não morrerá.

O que nos faz pensar que, na atualidade, uma menina de quinze anos não soubesse manejar uma roca, ou mesmo que se interessaria em por o dedo numa? Subestimamos nossas heroínas, assim como subestimamos a nós e hoje, ainda, subestimamos nossas filhas. Não acreditando no futuro construído por nós, acabamos cheias de pessimismo, cheias de dúvidas, incertezas e descrenças. Queremos o aval, queremos uma comprovação inicial, queremos uma garantia de que as coisas podem dar certo.

Certa vez, uma paciente, finalmente, iria a um encontro muito esperado. Naquele dia, ela telefona para mim e diz: "Li meu horóscopo hoje de manhã e ele diz que o dia não está favorável ao amor, acho que não vou ao encontro dele." Fiquei maluca com o que ela me dizia e em seguida lembrei-me de Ute Ehrhardt, que afirma em *E a cada dia menos boazinha*, pág. 38: "É inconcebível que uma mulher possa acreditar mais nas estrelas do que nas suas próprias habilidades, que adquiriu durante toda a vida." Essas crenças independem de nível social, poder econômico ou mesmo intelectual. O desejo de previsão e de causas e efeitos predeterminados é grande no ser humano e, disparado, nas mulheres.

Desta forma, muitas mulheres fogem de desafios. Utilizam os astros como boa desculpa para não responsabilizarem-se por suas desistências, ou para investir em situações que sua inteligência entende como investimentos falidos. Os astros falaram que sim, ou astros falaram que não. Esqueçam as estrelas, as cartas, os búzios e usem as mãos e o trabalho. A sorte está em quem trabalha, se aperfeiçoa, se conhece e age. "A oportunidade é uma deusa desdenhosa que não perde tempo com os que não estão preparados", nos diz George S. Clason, no livro *O Homem mais Rico da Babilônia*, 2005, pág. 28.

Uma vez fui dar uma palestra em uma igreja evangélica. O nome da palestra era: *Os mapas de amor*. O pastor gentilmente ligou perguntando o que seria mesmo este tema, de mapas do amor, porque a igreja não gostaria que fossem falados assuntos envolvendo superstição. Sorri e disse que meus mapas de amor eram feitos da descoberta pessoal e diária do outro. Nesta crença eu acredito. Como dizia William Shakespeare, dramaturgo, poeta e ator "nosso destino não está nas estrelas, está em nós mesmos." Nossa vida é muito preciosa para ser entregue a outrem. E é um erro acreditarmos que outra pessoa possa saber mais de nós, do que nós mesmos.

"A grande maioria das pessoas exime-se de qualquer compromisso ou responsabilidade individual, ao contrário, mergulha na imensidão oceânica da apatia e da indiferença, ou entrega-se ao mais perverso e insano dos fatalismos, a sorte, ou a suposta vontade de Deus, um argumento equivocado, absurdo e falso. Deus jamais seria conivente com a indolência e a ociosidade", pág. 149, Gutemberg B. de Macedo.

Carl Sagan, em *O mundo Assombrado pelos demônios – A Ciência vista como uma vela no escuro*, afirma: " Não é apenas nas casa dos camponeses, mas também nos arranha-céus das cidades que o século XIX vive ao lado do século XX. Cem milhões de pessoas usam a eletricidade e ainda acreditam nos poderes mágicos, sinais e exorcismos... As estrelas de cinema procuram médiuns. Os aviadores, que pilotam mecanismos milagrosos criados pelo gênio homem, usam amuletos em seus suéteres. Como são inesgotáveis suas reservas de trevas, ignorância e selvageria." Também está escrito no livro *O Homem mais Rico da Babilônia,* pág. 99: "Não responsabilize os deuses por sua própria fraqueza. O azar persegue todo homem que pensa mais em pedir emprestado do que em pagar."

Mas, falando em sorte ou azar lembrei de uma história:

"Um fazendeiro perdeu o cavalo. "Que azar", disse o vizinho.

"Sorte, azar. Ninguém sabe ao certo", replicou o velho fazendeiro.

No dia seguinte, o animal fujão voltou com outros seis belos cavalos.

"Que sorte!" Exclamou o vizinho.

"Sorte, azar. Ninguém sabe ao certo", disse o fazendeiro.

No outro dia, o filho do fazendeiro quebrou a perna ao cair

e um dos cavalos, quando tentava domá-lo.

"Que azar", disse o vizinho.

"Sorte, azar. Ninguém sabe ao certo", replicou o fazendeiro.

No dia seguinte, chegaram à fazenda pessoas recrutando gente para o exército, ordenando que todos os rapazes seguissem imediatamente para cumprir o serviço militar. Mas como o filho do fazendeiro estava preso à cama, com a perna quebrada, os soldados deixaram-no ficar.

"Que sorte!" Exclamou o vizinho.

"Sorte ou azar. Ninguém sabe ao certo", disse o fazendeiro.

Acabo de lembrar das superstições familiares. Aquelas que nem sabemos, ao certo, o que querem dizer. Lembro de quando eu era adolescente e queria fazer alguma coisa, em determinados momentos que desagradava meu pai, ele dizia: "bem, se quer fazer tal coisa faça, mas já sabe... O já sabe, eu não sabia o que queria dizer. Mas ficava com um sentimento ruim de que algo muito mal pudesse acontecer. Lembro-me de uma paciente que certa vez me relatou que iria sair e o pai não queria deixar. Por fim, ele deixou mas disse a ela: "quer ir vá, mas já sabe...se algo acontecer..." Minha paciente foi ao passeio e não conseguiu aproveitar absolutamente nada... Estava sempre com medo de que algo pudesse acontecer. Algo que ela não sabia o que era, mas totalmente supersticiosa, sabia que algo poderia acontecer, afinal ela já sabia...

Muita superstição é válida para os pais, mas não cabe mais na atualidade e muito menos para você. Identificar quais as profecias que delegaram a nós também é algo importante. Cada uma de nós já nasce com uma profecia passada pela família. A minha, sem dúvida, era que eu seria a salvadora. Fugir dessas profecias não é nada fácil. É como querer livrar-se de algo que já está marcado e, consequentemente, mesmo que tenha um efeito catastrófico é seguro. Querer agradar, correspondendo às expectativas do que esperam de nós, mesmo que seja sendo o bode expiatório da família, somente faz as expectativas aumentarem. Faça um exercício para saber quais foram as profecias familiares já traçada para você.

Como identificamos o que pensamos a respeito das coisas é o que determina como nos sentiremos ou reagiremos, veremos como sorte ou azar ao longo da vida, o que em determinado momento nos pareceu sorte, pode ter sido pensado, mais adiante, como ruim e vice-versa.

E, em todo caso, querendo ter algum tipo de amuleto, não esqueça de ter uma ferradura. Afinal pouca gente sabe que a ferradura é um amuleto de sorte, que representa a vagina feminina e era usada nas casas para espantar os maus espíritos. Mas não contem isso para os homens, caso contrário, ela desaparecerá rapidinho.

A descoberta da autoestima

"Quando nada parece ajudar eu olho o cortador de pedras martelando a rocha, talvez cem vezes, sem que uma só rachadura apareça. No entanto, na centésima primeira martelada a pedra se abre em duas, em cem, em mil e eu sei que não foi aquela que conseguiu, mas todas as que vieram antes."

Autor desconhecido.

"Feliz é o homem que dá um bom destino a si mesmo. É com boas disposições, boas inclinações, boas ações que se faz um bom destino."

Marco Aurélio.

Ouvi um termo, há algum tempo atrás, pelo qual me apaixonei. Um termo que se referia às mulheres. O termo era: espertas ativas. Na atualidade, estas mulheres chamadas de espertas ativas estão desenvolvendo o seu potencial e alcançando poder e posição por si mesmas. É preciso acabar com todas as profecias negativas a respeito das mulheres. Profecias que chegam com palavras e atitudes vindas de pai, mãe, religião, cultura, educação, minadas de preconceitos. Reconhecer quais as profecias que são jogadas para as mulheres, que são delegadas a cada mulher, já é um bom começo. Existem várias profecias.

Profecias ligadas ao insucesso, profecias de fragilidade, profecias de solidão, profecias de incapacidade, profecias de medo. Uma das que eu considero mais perigosa é a profecia de desqualificação. A partir da descoberta de suas profecias vem a parte mais difícil, porém, não deixa de ser emocionante, eu até diria que vem a melhor parte: aprender a tomar conta de si própria, lutando contra profecias já estabelecidas.

As profecias a nosso respeito têm um poder enorme em nossa vida. Um poder muito maior do que podemos identificar. O psicanalista Milton Erickson defendia a capacidade de atuarmos em nós mesmos, como faria uma boa mãe, amarmos a nós próprios maternalmente pode ter um efeito anestésico, ou seja, aliviar nossa dor e dúvidas interiores. Eu penso além, vejo isto como um gesto curativo e não somente anestésico, como ele pensava. O terapeuta de família e casal, Moisés Groismam, diz no seu livro *Família é Deus*, pág. 33: "é preciso, antes de mais nada, descobrir as repetições familiares e, ao mesmo tempo, desenvolver sua originalidade tornando-se realmente uma pessoa, com todas as diferenças e semelhanças que temos em nossa família." O sobrenome não pode sobrepujar o nome.

Através do seu entendimento e de suas atitudes aprenda a ser responsável por você. Assuma o seu cuidado pessoal. Ajude você mesma a manter e a encontrar o equilíbrio, fonte de toda a tranquilidade e paz. Gostaria que você pensasse se você está fazendo o melhor que você pode por si mesma. Se a resposta for sim, relaxe e esqueça o desempenho cobrado, a desejada performance. Mas, se na sua análise sincera, você percebe que poderia fazer melhor por você mesma: "just do it", que quer dizer simplesmente, faça. A falta de uma atitude positiva em relação a si mesma é um grande problema. Através desta falta de atitude, invariavelmente cresce a raiva.

O que mais pode atrapalhar você de crescer é a raiva de si mesma. Quando você se desagrada e cria raiva de si, não tem como querer salvar a estima. Às vezes, o que precisamos é de um estímulo, de uma pequena mudança. Mas precisamos ter um cuidado muito grande com o que eu chamo de anorexia emocional. Uma anorexia ao contrário. Na anorexia propriamente dita, apesar de termos pouco peso, sempre nos vemos com muito peso. Na anorexia emocional ao contrário, independente de já ter ganhado peso em muitas coisas na vida, continua a sentir magro e fraco.

Lembra do capítulo *Não sentir-se boa o suficiente*? Pois bem, este sentimento faz com que, assim como na anorexia, tenhamos um sentimento e percepção distorcida a nosso respeito e isto acaba com a autoimagem positiva. Se você não busca resolver esse sentimento, independente do que você faça, sempre vai ficar um sentimento de dependência dos outros. Sempre com a sensação que precisa de instruções ou ordens externas.

A maioria das mulheres não é desajustada, como muitas vezes se sentem, ao não encaixar em caixinhas mentais pré-moldadas, determinadas por nós mesmas ou pelos outros. Não podemos nos encaixar num sapatinho que não nos serve, sem sentirmos a dor da violência, sem virar fantoche.

É preciso querer abrir mão de minar a própria vida e os pensamentos. Eu não gosto muito do clichê *você precisa se amar*. Até porque tem vezes que nem sabemos o que significa este tal de se amar. Certa vez, ouvi uma afirmação de Érico Veríssimo: "eu me amo, mas não me admiro". Isso é possível? A mulher é especialista em pedir este amor e esta estima ao homem que, também, muitas vezes, nem sabe o que esta frase quer dizer: A frase "você precisa me amar" é muitas vezes dita, mas muito pouco entendida. Geralmente, os homens me respondem: "mas eu a amo , então o que ela quer?"

Qual o significado de amar para você? Acredite, o significado de se sentir amada é muito diferente de mulher para mulher. Prefiro, então, usar a expressão: trate-se bem. Assim como você trataria sua melhor amiga ou alguém da sua família. Digo isso porque somos muito mais polidas, generosas e tolerantes com os outros. Não tenho dúvida. Somos mais carinhosas, preocupadas e solidárias com os outros. O consultor Gutemberg de Macedo escreve: "Cada pessoa tem oportunidade de fazer mais por si mesma do que geralmente faz, em seu meio, com sua inteligência, com sua energia e com seus amigos", pág. 166.

Procure em você coisas que goste. Se não está encontrando, não quer dizer que elas não existam, pode ser que você não saiba identificar. Isto é bem simples, mas a tendência é sempre procurarmos o que não gostamos em nós. Pergunte aos outros o que eles veem de bom e aprenda a valorizar o que você descobre como qualidades ou como potencialidades. Um olho bonito, uma habilidade esquecida, algum talento que você nem perceba. Qualquer coisa em que você possa potencializar a sua estima. A escritora Lya Luft colocou: "nisso reside nossa possível tragédia, o desperdício de uma vida com seus talentos truncados, se não conseguirmos ver ou não tivermos a audácia para mudar para melhor, em qualquer momento, e em qualquer idade", Perdas e Ganhos, pág.22. Não confunda paz com pasmaceira. Paz sem movimento é isso: pasmaceira.

Busque reconhecer o amor dos seus pais. Do jeito que eles são. O amor dos pais gera amor nos filhos. Quanto mais se ama, mais isso se reflete nos filhos e nos outros, de forma afetuosa. Formamos desta maneira uma nova maneira de pensar e, quem sabe, uma nova maneira de demonstrar esse amor, com muito mais qualidade.

Paciência com você. Causamos muito prejuízo por não ter paciência com nossa evolução, que por seus próprios desígnios e necessidades requer muito tempo e muitas mudanças de rumo. É preciso paciência para deixar as coisas acontecerem, ao mesmo tempo em que precisamos estar cuidando para que o sono do entorpecimento não nos faça dormir por anos intermináveis. Vivendo em eterna espera. Fuja da espera.

A autocondenação não é humildade, é humilhação. Quanto mais você se compraz em si mesmo e menos no elogio, pior fica. A palavra humildade vem de Hum, que significa que veio do barro. Sendo assim, ser humilde significa ter os pés no chão, não significando, de maneira nenhuma, menosprezo e humilhação. O professor e palestrante C. S. Lewis afirma que muita gente confunde humildade também com preguiça e covardia. É preciso cuidar com a introspecção e a crença de que se acreditarmos muito as coisas acontecerão, porque desejamos muito. Querer, para mim, não é poder. No texto a seguir podem ter uma ideia de como penso.

Querer não é poder

Tenho certeza de que você já leu e, muitas vezes, escutou o dito: querer é poder. Os fãs da autoajuda vão querer o meu pescoço, mas vou dizer que é o ditado mais errado que já escutei. Querer não é, nem nunca será, poder. Quantas pessoas querem uma porção de coisas e nada conseguem? É porque não quiseram o suficiente? Elas fizeram pensamento positivo, mentalizaram, rezaram, esperaram e nada! Nada aconteceu. Não desejaram ou não quiseram o bastante?

Querer não é poder. Fazer é poder. Estamos mal acostumados, ainda vivemos no conto de fadas, onde a fada madrinha ou um padrinho dará um jeito. Vivemos uma preguiça coletiva e parece que contagiosa, onde esperamos que o simples querer transforme nossa realidade. Não queremos estudar, pesquisar, refletir e investigar. Estamos ainda contaminados pelo tipo de aprendizagem que entrega os deveres para serem decorados e repetidos. Esperamos alguém vir nos dar a lição. Não queremos fazer para não errar e erramos porque não fazemos nada.

Outro comentário que escuto é que Deus resolverá tudo. É mais fácil colocar a responsabilidade de tudo dar certo nos ombros de Deus. Assim, nossos ombros ficam livres do compromisso com a tarefa. Basta querer e algo mágico acontecerá. Esta é a grande mentira. Lembro de uma historia que um paciente me contou. Houve uma grande enchente numa cidade. As águas subiam velozes e todos os moradores corriam em busca de socorro, menos um morador. Ele subiu no telhado de sua casa e começou a rezar. Estava ele rezando, quando chegou um bote salva-vidas com algumas pessoas. Ele disse: "muito obrigado, mas podem seguir o caminho, que meu Deus virá me salvar." Não demorou muito para que um segundo bote aparecesse e o morador, sentado no telhado ,também o dispensou. As pessoas não entendiam aquilo muito bem, mas respeitavam a vontade do homem. Veio ainda um terceiro bote. O homem somente fez um sinal de adeus. Morreu afogado! Chegando ao céu, ficou muito brabo e pediu com urgência para falar com Deus. Chegou indagando e cobrando. Havia sido um homem bom, havia rezado bastante e como é que Deus o abandonara, deixando que morresse afogado? Deus, então, não entendendo muito bem o ocorrido, pergunta: "seu nome não é Juca da Silva?" O homem responde que sim. Então, Deus diz: "deve ter havido algum engano, pois mandei três botes para me certificar que serias salvo". Moral da história, precisamos identificar os botes que aparecem e claro, remar e remar, ajudando no resgate de todos e no bem comum. Querer sem trabalhar é utopia. Falar em querer, mas sem comprometimento e sem ação, é demagogia.

O desejo, por si só, não influencia a estima de ninguém, mas os resultados, mesmo que pequenos, tem o poder de motivação e de levantar a estima. É como um time de futebol. Se ele somente perde, não tem como calibrar a estima, porém, se percebe pequenas mudanças, isto já pode servir como um novo paradigma. Nem sempre sabemos o que vem primeiro, se a dificuldade de ter uma boa imagem ou o pessimismo e as dúvidas a respeito de si mesmo. São nossas dúvidas e nosso pessimismo a respeito de nós mesmos que atacam nossa imagem e impedem essa imagem de ser boa, ou o contrário? É uma imagem ruim a respeito de nós mesmos que nos torna pessimistas e cheios de dúvidas a nosso respeito? O psicanalista Alexandre Lowen fala que existem pessoas que se apóiam na base firme do autoconhecimento e da autoaceitação e, portanto, colocam fé em si mesmo. E existem aquelas que colocam a orientação de forma externa, essas estão sempre à procura de alguma coisa fora de si mesmo, o que pode gerar constantemente desapontamentos.

O problema é dizer a palavra "sim" a si próprio. Este sim não é coisa fácil quando nos referimos às mulheres. A gata borralheira moderna pode dizer sim a si mesma, para mudar toda a sua história. Basta que ela trabalhe e decida ir ao baile. Dizer sim, eu vou, sim eu faço, provoca muitas mudanças. Claro que, hoje em dia, não podemos contar com fadas mágicas. Podemos contar com uma gama de cosméticos e intervenções que podem tranquilamente funcionar muito melhor do que as fadas madrinhas porque, passada a meia-noite, o encanto não se desfaz. Podemos contar com o aluguel de roupas apropriadas e nem precisamos de carruagem, nada que um táxi não possa resolver.

As mudanças que você faz dão uma sensação de poder. A cada movimento pequeno você vai percebendo as mudanças de que você é capaz. Quanto mais você espera que o outro cuide de você ou do relacionamento, menos poder você sente em si mesmo. Quanto mais você deixa claro o que quer, sendo específica nos seus pedidos, menos raiva, irritação e consequente mágoa. Muitas mulheres não querem pedir, mas oferecem dar o que for possível, pensando em ter a estima de volta. "Dizer sim a si mesmo pode ser mais difícil do que dizer não a uma pessoa amada: é sair da acomodação, pegar qualquer espada – que pode ser uma palavra, um gesto ou uma transformação radical, que custe lágrimas e sangue – e sair à luta", afirma a escritora Lya Luft, pág. 184, em *Pensar é transgredir*.

Mesmo que, internamente, uma voz maligna teime em se manifestar criticando e recriminando, fazendo generalizações com o intuito de menosprezo.

Eu adoraria ter escrito as palavras dos psiquiatras McKay e Fanning. Eles dizem que todos temos duas vozes dentro de nós. Uma voz amiga e uma voz inimiga. E que é fundamental podermos identificar as vozes inimigas, que tem várias funções:

Faz você se culpar pelas coisas que dão errado;
Compara você aos outros sempre negativamente;
Exige realizações impossíveis e castiga você pelo menor erro;
Mantém uma lista atualizada de todos os seus fracassos, mas nunca lhe fala dos seus sucessos;
Dita uma série de regras de como você deveria ser e viver e o condena impiedosamente, cada vez que você transgride alguma dessas normas;
Chama-o de burro, incompetente, feio, egoísta, fraco e faz você acreditar que tudo isso é verdade.

Faz você ler a mente dos outros e achar que eles estão chateados, desapontados ou desligados, sempre por sua culpa.

Exagera os seus defeitos, insistindo em que você: "só fala besteira, é devagar, não entende de política e nunca lembra as suas qualidades.

Para que essa voz inimiga não continue é preciso pará-la, ou melhor é preciso substituí-la, afirma McKay. Isso equivale para mim a deixar as vozes antigas para trás, para começar a escutar uma nova voz, vinda do interior de cada um. Assim, provavelmente, não choraremos e pensaremos e agiremos muito mais. É preciso que a mulher torne-se a autora de sua própria história. Algumas vezes, é preciso reescrevê-la em partes ou por inteira. Quando reescrevemos a nossa história sentimos força e poder, poder que ocasiona milagres construídos no trabalho pessoal e na prática de novos caminhos. Não podemos esperar que ninguém cuide de nós melhor do que nós mesmas, a não ser que estejamos dispostas a permanecer infantilizadas eternamente. Mas podemos aceitar o cuidado dos outros com muito gosto, em determinados momentos. Alegrando-se em poder baixar as defesas e permitindo-se ser cuidada, não como sinônimo de dependência, mas como sinônimo de direito.

Quantas mulheres me falam, magoadas, que foram deixadas de lado nas suas vontades, nos seus projetos, mas se você pergunta o que elas fizeram a respeito, a resposta é: nada. A autopiedade é sempre mais fácil.

Esse tipo de comportamento vai acarretando perdas. O problema é que, quando as perdas são lentas e gradativas, nem sempre são percebidas. Lembra do capítulo dos maus-tratos? Muitas vezes pensamos que nem doeu, ou pensamos: "o que eu queria nem era tão importante". Somente vamos perceber as perdas depois que o tempo passou e nossa juventude foi embora. Nesse momento, novamente, temos a chance de começar de novo ou nos atolarmos num mar de lamúrias e queixas eternas.

Minha sogra, a escritora Dalva Vieira dos Santos, em 2005, começou a fazer parte de uma oficina literária. Falava orgulhosa de seus textos e do quanto aprendia com o professor e os colegas. Um dia, telefonou com um convite especial. Ela faria parte de uma coletânea de contos. O nome do livro é: *102 que Contam*. Adorei o nome do livro e seu significado. O significado de compartilhar as histórias. Conto isso porque ela afirmou, nos seus 60 anos, que esperou a vida para escrever e eu na hora pensei: esperou nada, escreveu. Trocou a queixa pela ação. Deveríamos ter nossos sonhos atemporais, sem pensar na idade ou no tempo. Li, certa vez, numa revista chamada *A Melhor Idade,* a seguinte frase: "Eu não tenho idade, tenho vida."

Cada vez me convenço mais que fazer as perguntas certas a nós mesmas nos ajuda muito. Questionar para achar respostas. Várias perguntas você deve fazer:

Uma delas é: percebo que não estou cuidando de mim?
Como percebo o que deixei de fazer por mim?
Estou satisfeita em como tenho usufruído minha vida?
A outra pergunta diz respeito aos relacionamentos:
Quanto me anulei e me abneguei em função do meu relacionamento?
Quanto me anulei e deixei de fazer coisas que queria,
alegando inúmeras desculpas?
O quanto me responsabilizo por minhas escolhas?
Quanto atribuo às minhas perdas e o que deixei de fazer aos outros?
Quais são as minhas necessidades de treinamento e desenvolvimento?
Qual é o meu plano de autodesenvolvimento?

A maior parte dos insucessos é não saber o que queremos da vida, diz Gutemberg B. de Macedo, pág. 24, em seu livro *Carreira que rumo seguir?* Esse é um dos grandes problemas: viver adormecido e acordar sem saber para onde ir e o que desejar. Podemos buscar algo, se sabemos o que queremos ou, pelo menos, o que não queremos. Em algumas situações, a única coisa que sabemos é onde não queremos mais estar. Porém, precisamos cuidar para não termos somente curas geográficas. Mudar de lugar não necessariamente traz mudança de sentimento.

Os pais reforçam uma coisa errada, afirma Lenora Millian, pág. 230, no livro *Clube das segundas esposas*. Que a manha resulta em doces, um comportamento negativo resultar em recompensa. Vivemos muito mais queixosas do que a maioria dos homens. Não que não se tenha motivo, mas somente queixa não faz crescer. O que faz crescer é a atitude. E ter atitude também pode ser não ter determinadas atitudes.

Uma das atitudes que devemos abolir é a de querer eternamente a aprovação dos outros. Anotei a frase: "A compulsão de obter a aprovação dos outros tem raízes na sua necessidade de dar um empurrãozinho em si mesma, para alimentar a autoconfiança", pág. 41, Lenora Millian, já citada. "Acredito que esperar e delegar a estima saudável para alguém é o pior erro que podemos cometer. Quanto menor a autoestima, mais tendência ao desrespeito. Deveríamos considerar uma opinião como um presente, mas primeiro ver se ela está certa." *A cura de Schopenhauer*, pág. 159. A opinião que o outro tem de mim não altera, ou não deve alterar, a opinião que eu tenho de mim mesmo.

Não é nada fácil, mas deveríamos treinar para não permitir que os outros tivessem o poder em relação ao nosso humor e bem-estar. Somente você pode obrigar-se a sentir uma determinada emoção. Você já pensou em quanto poder é delegado aos outros, em relação a como você se sente, a cada manhã?

Como somos prisioneiros da nossa mente, a autoimagem negativa predispõe à decepção e ao sofrimento, porém, se na prática assumimos atitudes positivas, aos poucos nossa mente também vai aprendendo a ser diferente e aprende a acreditar mais nas próprias potencialidades. Mesmo que uma força interna diga que não. A tendência, na prática, é que, mesmo que a mulher já tenha alcançado o sucesso almejado e mudando todo o seu contexto, se a crença interna a respeito de si mesma continua igual, o sentimento não muda. Fica igual.

Clarice Lispector dizia: "você sabe que a pessoa pode encalhar numa palavra e perder anos de vida?" Afonso Romano de Santana sugere, também, em sua crônica *Palavras que Atrapalham e Ajudam a Viver,* que um bom exercício é escrever num papel as palavras que paralisam ou fizeram sua vida avançar, lembrando que palavras podem ser palavras-pessoas. Ele afirma que têm palavras tão duras e montanhosas que nem com trator, só dinamitando. Assim vejo em determinados momentos o significado da terapia: um dinamitar de montanhas de palavras e atitudes opressoras. A consciência, afirma a psicoterapeuta Claudia Riecken, é um caminho para aumentar a resiliência. Este termo significa energia armazenada em um corpo deformado elasticamente; é a energia potencial de deformação. A psicoterapeuta Claudia Riecken dá um exemplo: Quando uma pessoa senta-se sobre uma almofada está é pressionada e afunda. Ao cessar a pressão, quando a pessoa levanta-se, a almofada retorna ao seu estado original, por si mesma. Este efeito é chamado, pela física de resiliência.

"As pessoas são salvas ou destruídas com base no que acreditam, a autocondenação é uma dessas crenças destrutivas", segundo Mark W. Baker, no livro *Jesus, o maior psicólogo que já existiu*, pág. 24. As mulheres precisam estar abertas a novas crenças e a novas ideias a respeito não somente das coisas, mas a respeito de si mesmas. Nesse contexto, a terapia é muito importante. Porque ela é a possibilidade de rever ideias, crenças, profecias e sentimentos a respeito de si mesma. Quanto mais consciências de nós mesmas, mais chances têm de mudar, de se reforçar e crescer. Também é possível primeiro crescer e depois ter essa consciência.

O crescimento pode preceder a descoberta de si mesmo. Quando uma mulher não consegue ver-se, não tem como descobrir-se. Como diz a terapeuta Susan Foward, no livro *Homens que odeiam suas mulheres & as mulheres que os amam*: "Precisamos manter as qualidades que nos tornam singulares:

intuição, conforto com sentimentos e emoções fortes, capacidade de nutrir e acalentar, ao mesmo tempo em que abandonamos os comportamentos negativos que nunca nos serviram. Ser uma mulher não significa ser passiva, submissa e se anular. Também não significa se tornar um homem honorário, com a imitação do papel masculino", pág. 277.

A mulher precisa de tempo e precisa de repouso criativo. A mulher precisa declarar internamente seus direitos. Sabemos que temos direitos, mas não identificamos quais são. Susan expressou muito bem os direitos da mulher, declarando:

Declaração de direitos pessoais – Susan

Você tem o direito de ser tratada com respeito.
Você tem o direito de não assumir a responsabilidade pelos problemas de qualquer outra pessoa ou por seu mau comportamento.
Você tem o direito de ficar com raiva.
Você tem o direito a dizer não.
Você tem o direito de cometer erros.
Você tem o direito de ter seus próprios sentimentos, opiniões ou decidir por um modo de agir diferente.
Você tem o direito de negociar uma mudança.
Você tem direito de pedir apoio ou ajuda emocional.
Você tem direito de protestar contra crítica ou tratamento injusto.

Não somente nosso pensamento a respeito de nós influencia-nos. Lembro de um time que está sempre perdendo e de repente ganha. Nada é mais motivador do que sentir que se pode. O sentimento nesse caso não vem do afeto, mas vem da realidade. "Nosso comportamento também influencia nossos pensamentos e nossos sentimentos", *O monge e o Executivo*, pág. 112. "Muitas pessoas pensam ou dizem que mudarão o seu comportamento, quando sentirem vontade de fazê-lo. Infelizmente, muitas vezes, esse sentimento e essa vontade nunca vem", pág. 113. Dessa forma, quando mudarei?

Um aspecto que julgo fundamental é poder manter muitos relacionamentos. Amigos, boas relações e convivência são grande fonte de energia. Mesmo aqueles que não são palpáveis, como os amigos da internet. Cheguei a escrever uma crônica que deu o nome ao meu primeiro livro, que se intitula *Conectados na Alma Histórias de Dores e Amores*. A crônica diz:

Certa vez recebi uma mensagem, a qual dizia que receber e-mails faz bem à saúde. Inclusive parece que isso já foi até comprovado. Se isto tem algum embasamento científico não sei, mas, se olhar para os meus sentimentos, não tenho dúvida alguma de que isso é uma realidade. Nos últimos tempos tenho tido o privilégio de conhecer pessoas simplesmente fantásticas que entraram na minha vida, e eu na delas, nos momentos mais inesperados, trazendo mensagens de otimismo, de qualidade de vida , de humor, de exemplos. Todos os dias eu tenho estado perto, mesmo que a milhares de quilômetros, de pessoas que se tornaram importantes em minha vida através do computador e da boa vontade. "Fico impressionada por conhecermos pessoas com disposição e disponibilidade para serem generosas e afetivas, dizendo-nos palavras de conforto, ajuda e incentivo", pág. 230. Algumas pessoas, mesmo quando me escrevem para criticar algum artigo ou parte dele, são fantásticas, na forma delicada e cuidadosa com que dão suas preciosas contribuições e opiniões, as quais vejo com uma visão diferenciada de determinado assunto que, quando expressada de forma respeitosa , só nos faz crescer.Quem não gosta do computador é porque ainda não se familiarizou com ele ou com as possibilidades de aconchego que ele pode proporcionar. Já me disseram que ele não substitui um bom abraço. Mas vou lhes dizer que nas últimas semanas tenho me sentido muito abraçada. São pessoas que me encaminham poemas, músicas e crônicas. Há aquelas que já me apresentaram suas famílias, além de outras que já me presentearam com suas habilidades, as quais vão de livros editados à fantásticas bolachinhas. Chamam isso de amizade virtual? Pois vou lhes dizer que algumas pessoas, de virtual não têm nada, pois já colocaram no concreto, de maneira palpável, seu afeto. Onde eu poderia imaginar uma coisa assim?

Em pouco tempo muitas pessoas entraram no meu computador, deram o seu recado e saíram. Outras se mantêm constantes e já não fazem somente parte da agenda do computador. Confesso que ocupam um lugar cativo no meu coração. Espero suas mensagens, como se eu fosse uma adolescente à espera dos amigos. Se isso realmente é coisa de adolescente, vou lhes dizer que para algumas coisas não deveríamos crescer nunca. Lógico, como tudo na vida, a intensidade e a frequência com que usamos esse recurso, esse tipo de possibilidade de encontro e relacionamento devem ser levados em consideração.

O inesperado de sermos surpreendidos com uma mensagem carinhosa, que vem carregada de afeto, causa uma verdadeira corrente interna de energia, a qual pode, em muitos momentos, ser terapêutica. Num determinado momento pode até parecer enfadonha ou sem propósito, extensa demais, demorada demais para abrir, mas podem ter certeza que quando você menos espera lá estará você, precisando daquela palavrinha ou daquela imagem. Às vezes você já nem espera um retorno e, de repente, lá está a mensagem que tanto esperava. Você pode até dizer que também recebemos muita porcaria através do computador. Mas não é assim também na vida? Nossa tarefa é fazermos a seleção do que é bom ou ruim. Também devemos saber o que queremos passar para os outros. Que tipo de mensagem eu transmito? É de força, de preconceito ou opressão?

O que sei é que não tenho esquecido muitos nomes devido a duas palavras fundamentais: iniciativa e investimento. Essas pessoas passaram a ter espaço garantido em meu coração. Algumas vezes, fica difícil responder a todos, na hora em que se quer. Mas estou certa que vale muito a pena dedicarmos parte do nosso tempo para espalhar carinho e amor, para mostrar que independentemente de quem possamos ser, nomes, sobrenomes ou conta bancária, somos importantes na vida de alguém. Que tenhamos responsabilidade tanto com nossos atos no computador como em nossos relacionamentos de amizade, no dia-a-dia. Que tenhamos respeito para com quem está do outro lado, à espera de algo bom de nós. Assim, não tenho dúvida, muitos poderão ser beneficiados em sua estima com um simples comando de enviar.

Ter muitas ligações é fundamental para uma vida plena e evitá-las, por achar que causarão sofrimento, é uma boa receita para viver só, ou pela metade. Tem pessoas que vivem varias relações como se fossem masturbações mentais. Quero dizer, sem um aprofundamento, sem a intensidade necessária para que ela seja concreta e inteira.

Eu nunca tinha observado que a palavra responsabilidade vem de Resposta + habilidade = responsabilidade. A cada vez que nos damos mais respostas, criamos mais habilidades e criamos mais respostas e assim assumimos a vida e nosso destino, com muito mais responsabilidade. "Todos os estímulos vêm a nós: contas a pagar, maus chefes, problemas com vizinhos e o que mais houver. O estímulo sempre vem a nós mas, como seres humanos, temos a habilidade de escolher nossa resposta, pág. 119, *O Monge e o Executivo*. Isso se soubermos o tipo de resposta que estamos acostumados a dar, caso contrário, será sempre uma repetição. E como eu, muitas mulheres que estarão lendo esse livro, já estarão no papel de mães e, portanto, poderão se perguntar que mensagens estarão dando a seus filhos e principalmente às suas filhas. Estaremos abrindo caminhos para que a estima delas cresça forte e valorizada? Estaremos calibrando o bom humor, numa convivência afirmativa e incentivadora?

O doutor Norbert Schwartz, psicólogo do Instituto de pesquisa Social da universidade de Michigan, afirma que nosso humor geralmente determina se estamos satisfeitos ou não com a vida. Passamos uma vida acreditando o contrário. "Acreditamos que se fizermos a viagem dos sonhos, ou se comprarmos a casa dos sonhos nossa vida mudará e nos sentiremos mais felizes e, é muito decepcionante quando fazemos tudo, compramos tudo e descobrimos o mesmo vazio. Porém, em algumas coisas simples do dia, tais como um bate-papo com um amigo, um sorriso de um filho, pode mudar consideravelmente o nosso humor para melhor." Coisas muito pequenas podem deixá-lo temporariamente de bom humor e, portanto, iluminar o resto do seu dia", afirmação do livro *Mulheres que fazem demais*, pág.53.

Acredite, o que chamam de micro ações nos ajudam a vencer as expressões: "sim mas, talvez e o pois é." Durante muito tempo eu fui a Sra. Pois é. Cheguei a fazer um trabalho pessoal chamado genograma, onde minhas colegas junto com a coordenadora, fizeram-me uma proposta, que eu passasse do pois é ao será. Pronto, virou meu carro-chefe, não somente na minha vida e em relação a todos aqueles que procuro auxiliar no meu trabalho. As micro ações nos tiram da frase: "eu quero fazer", para a frase: "eu posso e vou fazer". Ouvi a frase " se a capacidade de adaptação às circunstâncias é a mãe da sobrevivência, a criatividade é a madrinha."

Você precisa aprender a dar crédito a você e isso significa dar crédito a todas as mulheres. Você precisa parar de acreditar que os outros sabem sempre mais do que você. Parar de acreditar que os outros sempre são mais competentes e mais inteligentes que você. Parar com a comparação que, invariavelmente, faz você sentir-se diminuída. Parar de ver outras mulheres mais incríveis e fantásticas do que você, valorizando sempre o que está fora de você, externo a você. Ninguém pode fazer você sentir-se inferior sem o seu consentimento, afirma a terapeuta Eleonora Roosevelt.

Não podemos esquecer do que chamo de atualização da autoimagem. Não adianta avançar, crescer, superar-se se a autoimagem não acompanhar. Devíamos colocar validade nos rótulos que nos empregamos.

Os homens têm uma capacidade gigantesca de afirmar, mesmo coisas erradas, com uma convicção que simplesmente nos convencem. Isso somente acontece porque nunca temos certeza se o que sabemos ou acreditamos realmente está certo. A dúvida sobre nossas crenças sempre paira no ar. Assim acusamos, muitas vezes, os homens de nos convencer do contrário, sendo que nós deixamos claro que podemos facilmente ser convencidas de qualquer coisa. Mas não acredito, em hipótese nenhuma, que devamos blefar com nós mesmas. Falo em crescimento real. A queda, quando blefamos para nós mesmas, sempre é maior. A confiança excessiva nos cega tanto quanto a desqualificação.

A relativa felicidade tem três origens: o que se é, o que se tem e o que se é para os outros. Irvin Yalom, em *A cura de Schopenhauer*, afirmava que devemos nos fixar somente no primeiro, porque não podemos controlar as outras coisas, elas podem e serão tiradas de nós. Passamos a maior parte da vida fixadas na terceira parte. O que os outros pensam sobre nós.

A autoestima, baseada no mérito interior, resulta numa autonomia que não pode ser tirada de nós. A autoestima fica em nosso poder, enquanto que a fama jamais está em nosso poder. Eu me sinto livre quando acredito no que sou e no que faço. Se eu tenho autonomia eu tenho liberdade. Não fico à espera e nem com a angústia de agradar. Deixo de ser refém. Refém da opinião dos outros. Respeito-me mais quando gosto de mim e me incentivo a crescer e a aprender, mas sem desqualificar quem já sou.

É preciso encontrar o meio termo. Ter o discernimento das coisas. Encontrar o discernimento, diz o escritor Gabriel Chalita, é o que permite fazer escolhas conscientes e éticas, livres das pressões pela busca do prazer e da evitação do sofrimento, que podem confundir e desviar nossas intenções e nossos pensamentos, pág. 139. Quanto menos nos colocarmos em julgamento, melhor. Porque dessa forma, em julgamento, nos tornamos tensas, inseguras, angustiadas, em resumo, tornamo-nos quem não somos. Negue-se a aceitar qualquer coisa. INCOMODE-SE.

Não podemos perder a capacidade de sorrir, coisa socialmente induzida a fazer. Precisamos quebrar a crença de que cara feia vai trazer a respeitabilidade, o inverso também é verdadeiro. Também é um direito não estar disposta a sorrir. A mulher nunca vai deixar de querer ver todo mundo bem e feliz. Principalmente se em sua cabeça esta felicidade e o bem-estar da família dependem em parte dela. Mas talvez deva achar o limite do exagero de doação. Isso começa até pelas roupas. Canso de ver mulheres vestir muito bem os seus filhos com o bom e o melhor e quando é para elas compram qualquer coisa. Ouvi uma consultora de moda falar uma vez: "Compre roupas que digam onde você quer chegar e não onde você acha que está." Algumas mulheres já ocupam cargo de chefia, mas continuam vestindo-se como se fossem eternas donas de casa, e isso somente tira sua credibilidade. Neste caso, a roupa faz o monge sim. Toda mulher devia reservar um dinheirinho para adquirir algumas roupas novas a cada estação. Um único motivo para isso: renovação.

A dor na vida é inevitável em determinados momentos, mas o sofrimento, este sim, pode ser opcional. Escolha livrar-se dos seus sofrimentos. Esta é a essência da superação. Vou dizer de novo, uma vez que é muito importante: "Ninguém pode fazer você se sentir inferior, sem o seu consentimento", afirma Eleonora Roosevelt.

Não é egoísmo você poder atender as suas próprias necessidades ou desejos. Mesmo que isso incomode aos outros. Não negue a sua força. Mulheres podem e devem assumir o comando de muitas coisas mas, para isso, o fundamental é que assumam o comando de suas vidas. E que acomodem o seu senso de incompetência, constante que as massacra. Força não é controlar os outros, mas controlar a própria vida. "A negação do poder corrói a autoconfiança e perpetua as profecias auto-realizáveis."

O que entusiasma você? Se eu perguntar a você o que faz seus olhos brilharem, você saberia me dizer? Se eu perguntar o que aborrece você e, no entanto, você perpetua, você saberia me dizer? Tem certas situações que nem sabemos, ou não temos o chamado tempo para saber.

Não receba menos do que os outros sem discutir. Recebemos menos porque acreditamos que devamos receber menos. Acreditamos que é assim mesmo ou pior, acreditamos com poucas palavras que recebemos muito mais do que deveríamos ter ganho. Quando nos damos conta é bem o contrário. Vale poder brigar em favor pessoal. Mas se brigar é visto como algo ruim e se autodefender também é visto como algo ruim, a tendência é a mulher evitar qualquer tipo de discussão que venha a mobilizar os outros. A maioria das mulheres foge da palavra confronto. Fuja das queixas, deixando claro suas ideias e desejos.

O psiquiatra Diogo Lara, em seu livro *Temperamento forte e Bipolaridade*, pág. 90, lembra bem: "Comecemos pelo princípio fundamental: só evolui psicologicamente quem consegue perceber que pelo menos em parte é, ou será responsável por seus próprios problemas. Quem acha que suas qualidades produzem tudo o que dá certo e os outros são a causa de tudo que dá errado, está fadado à estagnação psicológica." Voltando às palavras, Afonso Romano de Santana lembra que as palavras também curam, e também são caminhos para encontrar as coisas perdidas. Creio que uma das palavras mais poderosas no momento para mim é a palavra compromisso. Compromisso com a felicidade. Meu compromisso também está em me tratar melhor, me cuidar, me gostar, ou se preferirem usarei o termo me amar e amar os outros, mas com menos aflição. Há um tempo para pensar e para analisar, mas que hoje seja o seu tempo de ação. Escutei uma frase fantástica que dizia que a vida é uma grande campanha.

Então pergunto, qual é o teu slogan motivador? Qual é a sua base eleitoral para com você mesma? Em relação ao compromisso com os outros as mulheres são muito boas. Porém, compromisso com você mesma pode ser algo totalmente novo. Acrescento uma frase de J. P. Sartre, que diz: "Não importa o que o passado fez de mim, importa o que eu farei do que o passado fez de mim." Cada vez me convenço mais de que se não estivermos presos rigidamente a uma identidade única, sólida, mais criaremos oportunidades. A base da flexibilidade, afirma a psicoterapeuta Claudia Riecken, permite muitas danças, muitas coreografias, não a mesma todos os dias. Podemos ser de todos os jeitos. De preferência nem otimistas demais e tampouco pessimistas demais. Não permita que os outros decidam por você, como você vai viver. Restaure-se de todas as invalidações, diz a psicoterapeuta Claudia Riecken. Mas, o principal de tudo: ponha a palavra para andar.

Falar é fácil, fazer é outra coisa...

Mas vamos lá... Mãos e pés à obra e prometa para mim levantando a mão direita:

Não faço contrato com a infelicidade!

Poema lido por Ana Maria Braga em um de seus programas matinais

Oremos
"Senhor, me ajude a nunca desistir de ser mulher.
Coloque um espelho no meio do meu caminho entre a lavanderia,
o supermercado, o sapateiro, o colégio e a locadora.
E que, ao me olhar, eu goste do que veja.
Não deixe que eu passe uma semana sem usar um batom bem vermelho,
uma bota bem alta ou um jeans bem justo.
Proteja meus cachos do vento e os brincos
e anéis de olhares invejosos.
Nunca deixe faltar na minha vida
comédias românticas e boas depiladoras.
Se eu estiver com vontade de chorar,
faça com que eu chore um dilúvio.
E que tenha saído de casa sem pintar o olho.
Para cada dia de TPM, me dê uma vitrine com sapatos lindos.
Já que eu nunca pedi milagres,
faça que minhas celulites sejam ao menos discretinhas.
Me dê saúde, tempo livre, silêncio.
E que nunca falte absorvente na minha bolsa.
Nos engarrafamentos, faça com que eu ligue o rádio
e esteja tocando minha música preferida.
Dê forças para eu insistir que meus filhos comam salada,
digam "por favor" e "obrigado", limpem a boca no guardanapo,
façam as pazes e puxem a descarga.
Cegue meus olhos para as sujeiras nos cantos
e os brinquedos no meio da sala (eles vão estar sempre lá, isso eu já vi).
Ajude para que eu chegue do trabalho
e ainda consiga brincar,
ver desenho, contar histórias ou fazer cócegas!
E se eu não tiver a menor condição de me manter em pé
faça com que meu filho chegue dormindo da escola.
Em dias difíceis, me dê persistência para seguir na dieta.
Dê, também, firmeza para os meus seios.
Proteja minhas poucas horas de sono e não me julgue mal,
caso eu não acorde no meio da noite para cobrir os filhos.

Não deixe que a minha testa fique franzida
a ponto de parecer uma saia plissada e, eu, uma louca estressada.
Faça com que o sol seja meu personal trainer,
meu complexo de vitaminas, meu carregador de bateria,
mas, quando eu pedir um diazinho de chuva, não pergunte porquê.
Para cada batata quente no trabalho,
me dê um café recém-passado.
Entenda que, quando eu rezo para cancelarem uma reunião
(não é gastar reza à-toa, pode ter certeza).
No meio de tudo isso,
faça com que ache tempo pra virar namorada de novo,
ir no cinema, jantar fora, beijar na boca, dormir abraçadinha.
Ilumine o espelho do banheiro e proteja minhas pinças,
meus cremes e segredos.
Ajude a não faltar gasolina e não furar o pneu
e, por favor, afaste os motoqueiros do meu retrovisor.
Senhor, por pior que seja o meu dia,
faça com que ele termine, e eu não.
Amém".

(Autor desconhecido)

Eu estou com uma dificuldade enorme em encerrar esse livro. Não consigo parar de ler qualquer livro sem ter como foco este e nem estou conseguindo deixar de escrevê-lo. Compreendo por que: ele não tem fim. A história não tem fim. É uma história que está mudando a todo o momento, sendo construído por todos nós, homens e mulheres. Mudar e evoluir não significa nada, se não estiver associado à felicidade e bem sabemos, nem sempre é. Quero desenvolver e desejo o mesmo para todos, um sentimento de responsabilidades pelos nossos atos e comportamentos, mas, principalmente, pelas nossas escolhas. Ninguém vai cuidar disso por mim, nem por você.

Devemos crescer e desenvolver, desde que isso não represente apenas mais uma tarefa a cumprir, ou mais um desempenho a ser avaliado. Eu gostaria de combinar e fazer um acordo com você. A proposta é de que você e eu comecemos a fazer tudo que temos dificuldade. Proponho que comecemos uma ginástica mental e prática, que aos poucos nos trará a verdadeira "boa forma". Treinar para criar o hábito de gozar a vida, aproveitar os prazeres, ser mais livre. Eu gostaria que pudéssemos nos respeitar mais e sermos menos julgadoras, cobradoras, muito mais parceiras, incentivadoras, acalentadoras de nós mesmas e umas das outras. O que sei é que continuo o meu caminho, na tentativa de encontrar o meu tom. Ao final deste livro, talvez, você possa se responder: qual é o seu tom?

E ter claro: "Eu tenho alguém que cuida de mim: EU mesma".

Bibliografia

ALBOM, Mitch. A última grande lição, O sentido da vida. Rio de Janeiro. Sextante, 1998.

ALBOM, Mitch. As Cinco pessoas que você encontra no céu. Rio de Janeiro. Sextante, 2004.

ALVAREZ, Oriana. Violência em la cultura: riesgos y strategias de intervención. Santiago do Chile. Sociedad Chilena de psicologia Clínica, 2000.

ALVES, Rubem. Navegando. Campinas. Papirus. São Paulo, 2000.

ALVES, Rubem. O Retorno E Terno. Papirus. São Paulo,1998.

AMADOR. X.; KIERSKY. J. Ser Solteiro, num mundo de casados. São Paulo. Editora Gente, 2003.

ANDOLFI, M, HABER, R. Por Favor Ajude-me com esta família. Porto Alegre. Artes Médicas, 1998.

ANDOLFI, M.; ANGELO, C.; SACCU,C. O Casal em Crise. São Paulo. Summus Editorial, 1995.

ANDOLFI, M. A crise do Casal. Uma Perspectiva Sistêmico-Relacional. Porto Alegre, Artmed, 2002.

ANTON, Iara Camarata. Homem e mulher. Seus vínculos secretos. Porto Alegre. Artmed Editora, 2002.

ANTON, Iara Camaratta. A escolha do cônjuge: um entendimento sistêmico e psicodinâmico. Porto Alegre. Artmed,1998 e 2000.

AURÉLIO, Marco. Meditações de Marco Aurélio, Imperador de Roma. São Paulo. Madras, 2004.

BAKER, Mark. W. Jesus o maior psicólogo que já existiu. Rio de Janeiro. Sextante, 2005.

BAUMAN, Zigmunt. Vidas desperdiçadas. Rio de Janeiro. Jorge Zahar Ed, 2005.

BAUMAN, Zygmunt, 1925. Amor Liquido: sobre a fragilidade dos laços humanos. Rio de Janeiro. Jorge Zahar Ed., 2004.

BEALTIE, Melody. Co-dependência nunca mais. Rio de Janeiro. Record, 2003.

BETTELHEIM. A Psicanálise dos contos de fada. Rio de Janeiro. Editora Paz e Terra S/A, 1980.

BLACK, Evan Imber. Os segredos na terapia e na terapia familiar. Porto Alegre. Artes Médica,1994.

BONDER, N. A cabala da inveja. Imago Editora, Rio de Janeiro,1992.

BOWLBY, J. Separação. São Paulo. Martins Fontes,1984.

BURUNDARENA, Maitena. Mulheres alteradas 2.Rio de Janeiro: Rocco,2003.

BURUNDARENA, Maitena. Mulheres alteradas 4. Rio de Janeiro. Rocco, 2004.

BUSHNELL. C. Sex and the City. Rio de Janeiro. Editora Record, 2004.

CASEMENT, P. Aprendendo com o paciente. Rio de Janeiro. Imago, 1986.

CERBASI, Gustavo. Casais Inteligentes Enriquecem Juntos. São Paulo. Editora Gente, 2004.

CHALITA,G. Mulheres que mudaram o mundo. São Paulo. Companhia Editora Nacional, 2005.

CHALITA, Gabriel; BENEDITO, Isaac. Os dez mandamentos da ética. Rio de Janeiro. Nova Fronteira, 2003.

CHALITA, Gabriel. Educação: A solução esta no afeto. São Paulo. Editora Gente, 2001.

CHALITA, Gabriel. Pedagogia do amor: a contribuição das histórias universais para a formação de valores das novas gerações. São Paulo. Editora Gente, 2003.

CHOPRA, DEEPAK. As sete leis espirituais do sucesso. São Paulo. Editora Best Seller,1994.

CLASON, George S. O homem mais rico da babilônia. Rio de Janeiro. Ediouro, 2005.

COHEN, Simon. A diferença essencial: A descoberta sobre o cérebro de homens e mulheres. Rio de janeiro. Objetiva, 2004.

COLASSANTI, Marina. E Por falar em amor. Rio de Janeiro. Editora Rocco,1984.

COLLINS, Francis. A Linguagem de Deus. São Paulo. Editora Gente, 2007.

CONNELL. C; PARENT. G. A arte da guerra para apaixonados. Ediouro, 1999.

COPELAN, Rachel. Monogamia sem Monotonia. Rio de Janeiro. Editora Record, 2000.

CORSO, Diana; Lichtenstein, Mário Corso. Fadas no divã-psicanálise nos contos infantis. Porto Alegre. Artmed, 2006.

COSTA, G. Conflitos da vida real. Porto Alegre. Artes Médicas,1997.

COSTA. J. F. Sem Fraude nem favor: estudos sobre o amor romântico. Editora Rocco,1999.

COWAN.C, KINDER, M. Mulheres inteligentes, escolhas insensatas. Rio de Janeiro. Rocco,1997.

DAOLIO, Evandro A . Ria agora! Para não chorar depois.São Paulo. Arx, 2005.

DE MASI, D. O ÓCIO CRIATIVO. Rio de Janeiro. Sextante, 2000.

DE MASI, D. A economia do ócio. Rio de Janeiro. Sextante, 2001.

DIDION, Joan. O ano do pensamento mágico. Rio de Janeiro. Nova Fronteira, 2006.

DOLTO, F. Sexualidade feminina. São Paulo. Martins Fontes, 1984.

DOWLING.C. Complexo de Cinderela. São Paulo; Melhoramentos, 1987.

DOWLING. C. O complexo da perfeição. São Paulo. Círculo do Livro.

DOWLING. C. O Mito da fragilidade. Rio de Janeiro. Record, 2001.

FROMM, Erich. A arte de amar. São Paulo. Martins Fontes, 2000.

EHRHARDT, U. E a cada dia menos boazinha. Rio de Janeiro. Editora Objetiva,1998.

EHRHARDT, U. Meninas boazinhas vão para o céu, as más vão à luta. Rio de Janeiro. Editora Objetiva, 1996.

ELKAIM, M. Se você me ama, não me ame. Campinas. Papirus,1990.

ESTÉS, C. P. Mulheres que correm com os lobos. Rio de janeiro. Rocco,1994.

FALABELLA, M.; FILHO, DANIEL. A Partilha. Rio de Janeiro. Objetiva, 2001.

FARREL, W. Por que os homens são como são. Ed. Rosas dos Tempos,1991.

FORWARD. S; Torres, J. Homens que odeiam suas mulheres & as mulheres que os amam. Quando amar é sofrer e você não sabe. Rio de Janeiro. Rocco,1988.

FRANKEL, Lois P. Mulheres ousadas chegam mais Longe: 101 erros inconscientes que atrapalham sua carreira. São Paulo. Editora Gente, 2005.

GAIARSA, José Ângelo. Briga de casal – lições de amor. São Paulo. Editora Gente,1997.

GALBRAITH, Craig S.; OLIVER, Galbraith. O código Beneditino de Liderança: Organização e gerenciamento de empresas de resultados. São Paulo. Editora Landscape, 2005.

GASPARETTO, Z. Tudo valeu a pena. São Paulo. Vida e Consciência Editora, 2004.

GASPARETTO. Tudo tem seu preço. São Paulo. Vida e Consciência Editora, 2002.

GICOVATE, F. Sexo e amor. São Paulo. MG Editores Associados,1984.

GLADWELL, Malcolm. Blink: A decisão num piscar de olhos. Rio de Janeiro. Rocco, 2005.

GOLDIN, A. Histórias de Amor e Sexo. Homens e mulheres escrevem sobre sua vida íntima. Rio de Janeiro. Editora Objetiva,1998.

GOLDSMITH, O. O Clube das desquitadas. São Paulo. Círculo do Livro,1992.

GRATCH, Alon. Se os homens falassem. Como compreender as atitudes masculinas. Rio de Janeiro. Editora Campus, 2001.

GROISMAN, M. Família é Deus. Rio de janeiro. Eldorado, 2000.

GUCCI, Patrizia. Solteira: O insuperável fascínio da mulher livre. São Paulo. Ediouro, 2005.

H. Erickson. São Paulo. Editorial Psi II,1994.

HALM,Paulo. Amores Possíveis. Rio de Janeiro. Objetiva, 2001.

HANSEN M. V.LINKLETTER, Art. Como Envelhecer Sem Ficar Velho. Porque o melhor ainda está por vir. Rio de Janeiro. Editora Thomas Nelson Brasil, 2007.

HARRISON, Kathryn. Com os pés atados. Rio de Janeiro. Objetiva 2001.

HELLINGER. B. Constelações familiares. São Paulo. Cultrix,1996.

HOSSEINI, Khaled. O caçador de pipas. Rio de Janeiro. Nova Fronteira, 2005.

HUNTER, James. C. O monge e o Executivo. Uma história sobre a essência da liderança. Rio de Janeiro. Sextante, 2004.

IZQUIERDO. I. A arte de esquecer. Cérebro, memória e esquecimento. Rio de Janeiro. Vieira & Lent, 2004.

JABOR, Arnaldo. Amor é prosa, sexo é poesia. Rio de Janeiro. Objetiva, 2004.

JACOBBI, Paola. Eu quero aquele sapato – tudo sobre uma obsessão feminina. Rio de Janeiro. Objetiva, 2005.

KAFKA, Franz. A metamorfose. São Paulo. Companhia das Letras, 2000.

KEYES. M. MELANCIA. Rio de Janeiro. Bertrand Brasil, 2003.

KRUGER. I. Da impossibilidade de viver sem mentir. Editora Pensamento,1998.

KURKE, Lance B. A sabedoria de Alexandre, o grande. Rio de Janeiro. Relume Dumará, 2005.

LAMA, Dalai; GOLEMAN, Daniel. Como lidar com emoções destrutivas. Rio de Janeiro. Campus, 2003.

LARA, Diogo.Temperamento forte e bipolaridade, dominando os altos e baixos do humor. Porto Alegre. Diogo Lara, 2004.

LAZARUS, Arnold A. Mitos conjugais. São Paulo. Editorial Psy,1992.

LEVITT. S. D. DUBNER. S. J. Freakonomics, o lado oculto e inesperado de tudo que nos afeta. Rio de Janeiro. Editora Campus, 2005.

LEWIS. C. S. Cristinanismo Puro e Simples. São Paulo. Editora Martins Fontes, 2005.

LoVERDE, Mary. Mulheres que fazem demais: para você que trabalha 24 horas por dia, 7 dias por semana e ainda acha que é pouco. São Paulo. Editora Gente, 2003.

LUFT, Lya. Pensar é transgredir. Rio de Janeiro. Record, 2004.

LUFT, Lya. Perdas e Ganhos. Rio de Janeiro. Record, 2003.

MACEDO, Gutemberg de. Carreira: que rumo seguir? Saiba tudo que você deve e não deve fazer para assumir o controle de sua vida profissional. São Paulo. Editora Gente, 2005.

MALDONADO. M. T. Casamento, término e reconstrução. Rio de Janeiro. Editora Vozes,1986.

MANFRO, M. Cristina. Conectados na alma. Histórias de dores e amores. Belo Horizonte. Artesã, 2007.

MARK, Margaret, CAROL S. Pearson. O herói e o fora-da-lei – Como construir marcas extraordinárias usando o poder dos arquétipos. Cultrix/meio mensagem. São Paulo, 2001.

MÁRQUES, G. G. Vivir para Contarla, Buenos Aires. Editorial Sudamericana, 2003.

MASI, Domenico. O ócio criativo. Rio de Janeiro. Sextante, 2001.

MATARAZZO. M. H. Namorantes. São Paulo. Editora Mandarim, 2001.

MATARAZZO. M. H. Nós dois. São Paulo. Editora Gente, 2001.

MEDEIROS, Martha. Coisas da vida. Porto Alegre. L&PM, 2005.

MEDEIROS, Martha. Montanha Russa. Porto Alegre, 2003.

MILLÁS, Juan José. Contos de adúlteros desorientados. Rio de Janeiro. Ediouro, 2005.

MILLIAN, Lenore Fogelson Stephen Jerry Millian. O clube das segundas esposas: deixe de engolir sapos e seja feliz. São Paulo. Gente, 2003.

MIZRAHI, L. La mujer transgressora. Buenos Aires. Grupo editor latinoamericano,1987.

MOLLOY, John T. Porque os homens se casam com algumas mulheres e não com outras. Rio de Janeiro. Sextante, 2005.

MORRIS, Desmond. A mulher nua, Um estudo do corpo feminino. São Paulo. Globo, 2005.

OMER. H. Autoridade sem violência.O resgate da voz dos pais Belo Horizonte. Artesã, 2002.

PAGE, Susan. Como tornar o relacionamento a dois agradável e durável. São Paulo. Mandarim,1998.

PAPP, Peggy. Casais em perigo: Novas diretrizes para terapeutas. Porto Alegre. Artmed Editora, 2002.

PEASE, Allan & BARBARA. Por que os Homens Mentem e as Mulheres Choram. Rio de Janeiro. Sextante, 2003.

PEASE,A; PEASE.B. Porque Os homens fazem sexo e as mulheres fazem amor? Rio de Janeiro. Sextante, 2000.

PEREL,Esther. Sexo no cativeiro. Rio de Janeiro. Objetiva,2007.

PEREIRA. G. A energia do dinheiro. Estratégias para reestruturar sua vida financeira. São Paulo. Editora Gente, 2001.

PITTMAN, Frank. Mentiras privadas. A infidelidade e a traição da intimidade. Porto Alegre. Artes Médicas,1994.

PRADO, L. C. Famílias e Terapeutas, construindo caminhos. Porto Alegre. Artes Médicas,1996.

QUINTANA. M. Sapato Florido. São Paulo. Editora Globo, 2005.

ROSEN, Sidney. Minha Voz irá contigo. São Paulo. Editorial Psy,1997.

ROSSET. S. O casal nosso de cada dia. Curitiba. Editora Sol, 2005.

RIECKEN, Claudia. SOBREVIVER, Instinto de Vencedor. São Paulo. Saraiva, 2006.

SAGAN, Carl. O mundo assombrado pelo demônios – A ciência vista como uma vela no escuro. São Paulo. Companhia das Letras,1977.

SANTANNA, Afonso Romano de. O homem que conheceu o amor. Rio de janeiro. Rocco,1988.

SANTANNA, Affonso Romano de. O homem que conheceu o amor. Rio de Janeiro. Rocco,1994.

SPRING, Janis Abrahms; MICHEL, Spring. Depois do caso: curando a ferida e reconstruindo a relação depois que o parceiro foi infiel. Rio e Janeiro. Record,1997.

SUPLICY, M. De Mariazinha a Maria. Ed. Vozes,1985.

TAJES, C. Dores, Amores & Assemelhados. Porto Alegre. L&PM 2002.

TAMARO, S. Vá aonde seu coração mandar. Rio de Janeiro. Rocco,1997.

TURNDORF, J. Até que a morte nos separe. São Paulo. Cultrix, 2000.

VARELLA, Drauzio. Por um Fio. São Paulo. Companhia das Letras, 2004.

VEIGA, Francisco Daudt da. O amor companheiro. A amizade, dentro e fora do casamento. Rio de Janeiro. Sextante, 2004.

VENTURA, Z. Inveja, mal do século. Rio de Janeiro. Objetiva,1998.

WALDROOP, J; BUTLER,T. Sucesso máximo. Quebre os 12 hábitos que ameaçam a sua carreira. Rio de Janeiro. Campus, 2001.

WALSTON, Sandra Ford. Coragem: coração e alma de toda mulher. Rio de Janeiro. Sextane, 2003.

WEINSTEIN, Matt ; LUKE, Barber. Cão que late não morde. prenda com seu cachorro a ser Feliz. São Paulo.Francis, 2005.

WELLAUSEN, A . Consumismo. Editora Tchê,1988.

WHITAKER,C. A; BUMBERRY, W. M. Dançando com a família: uma abordagem simbólico-experiencial. Porto Alegre. Artes Médicas,1990.

WINNICOTT, D. W. O brincar e a realidade. Rio de Janeiro. Imago,1975.

WOLF, N. O mito da beleza. Rio de Janeiro. Rocco,1991.

XAVIER, Amador; JUDITH, Kiersky. Ser solteiro(a) num mundo de casados. São Paulo. Editora Gente, 2003.

YALOM, Irvin D. A Cura de Schopenhauer. Rio de Janeiro. Ediouro, 2005.

YALON, Irvin D. Mentiras no Divã. Rio de Janeiro. Ediouro, 2006.

YALON, Irvin D. O Carrasco do Amor. Rio de Janeiro. Ediouro, 2007.

ALC/\NCE®

33 anos de Alcance

Prêmio Jabuti

(51) 98535 3970

Rua Bororó, 5 - Bairro Assunção - Porto Alegre/RS - 91900-540

(51) 98537 0000 (51) 99103.3566 **TIM** (51) 98233 7038 (51) 99669 0908

rossyr@editoraalcance.com.br www.editoraalcance.com.br /EditAlcance